工程概预算

（第 3 版）

张建平　主编

重庆大学出版社

内 容 简 介

全书共分 7 章,主要内容包括:概预算常识、工程造价与费用计算、建设工程定额、工程量计算与基础定额应用、土建工程预算编制示例、安装工程预算简介、公路工程概预算简介。

本书可作为高等学校土木工程、工程管理专业的教材,也可作为从事工程造价管理的工程技术人员和广大的概预算人员极有实用价值的参考书。

图书在版编目(CIP)数据

工程概预算/张建平主编 . —3 版 . —重庆:重
庆大学出版社,2012.3(2017.7 重印)
土木工程专业本科系列教材
ISBN 978-7-5624-2371- 3

Ⅰ.①工…　Ⅱ.①张…　Ⅲ.①建筑工程—概算编制—
高等学校—教材②建筑工程—预算编制—高等学校—教材
Ⅳ.①TU723.3

中国版本图书馆 CIP 数据核字(2012)第 018816 号

工程概预算

(第 3 版)

张建平　主编

责任编辑:周　立　　版式设计:周　立
责任校对:蓝安梅　　责任印制:赵　晟

*

重庆大学出版社出版发行
出版人:易树平
社址:重庆市沙坪坝区大学城西路 21 号
邮编:401331
电话:(023)88617190　88617185(中小学)
传真:(023)88617186　88617166
网址:http://www.cqup.com.cn
邮箱:fxk@ cqup.com.cn(营销中心)
全国新华书店经销
重庆升光电力印务有限公司印刷

*

开本:787mm×1092mm　1/16　印张:13.75　字数:343 千
2016 年 5 月第 3 版　2017 年 7 月第 16 次印刷
印数:48 501— 50 500
ISBN 978-7-5624-2371- 3　定价:30.00 元

土木工程专业本科系列教材
编审委员会

前言

学习工程概预算,说难并不难,关键要得法,要学以致用、能解决问题。作者在长期的教学实践中,深感教材作为知识载体的重要。特别是一本简明实用,通俗易懂的教材,将对在校学生及社会上其他初学者起到事半功倍的作用。

与当今流传的大多数同类教材不同,作者站在初学者的角度,从"学什么"、"怎样学"出发来组织教材内容:

首先,初学者应了解什么是概预算,怎样编制概预算;

其次,初学者应全面了解工程造价的概念、组成内容、计算方法;

再次,初学者应较为深刻地学习理解定额原理,因为定额是编制预算的重要依据,而定额原理是理解概预算定额、预算基价以及工程造价的基础;

最后,按一般预算定额的分部(章节)顺序,学会如何正确计算工程量,套价并计算直接费。

这样一种编排,实现了从宏观到中观再到微观的认识过程,对初学者十分有利,这是本教材的特色之一。

本教材是由重庆大学出版社组织编写的,面向21世纪土木工程专业本科系列教材之一。进入21世纪,土木工程专业已不在是过去单一化的工业与民用建筑专业,而是向着"宽口径、厚基础"的方向发展,为适应这一转变,本教材在以土建工程为主的同时,编入了安装工程和公路工程的内容,这是本教材的特色之二。

工程概预算,总体上讲是一门实用技术,作为教材——一本介绍当今普遍受欢迎的实用技术的教材,它的读者不应仅限于校园内的学生,而应面向大众,面向一切希望通过学习以提高自身素质的人们,本教材力求做到通俗易懂、图文并茂、方便自学,这是本教材的特色之三。

我国幅员辽阔,作为预算编制依据的定额及工程量计算规则,各个省区在具体规定上总有差异,面对我国加入 WTO 的实际,"内部堡垒"应该打破,全国应该是一个统一的大市场。鉴于此,本教材编写的主要依据是建设部发布的《全国统一建筑工程基础定额(土建)》《全国统一建筑工程预算工程量计算规则(土建部分)》《全国统一安装工程预算定额》和交通部发布的《公路工程概算定额》、《公路工程预算定额》。这是本教材的特色之四。

本教材一共有7章。第1章为概预算常识,第2章为工程造价与费用计算,第3章为建设工程定额,这三部分是基础,是通用知识。第4章为工程量计算与定额应用,第5章为土建工程预算示例,这两章是本教材篇幅最大,内容最为丰富的部分,编有大量的实例。第6章为安装工程预算简介,第7章为公路工程预算简介,为本教材的扩展内容。使用本教材时,应结合各种现行地方定额(或预算基价)来学习。基础部分必须全部学习,而后面部分学习内容可多可少,关键要能"举一反三""融会贯通"。

本书可作为高等学校土木工程、工程管理专业开设《工程概预算》的主要教材,也可以作为从事工程造价管理的工程技术人员和广大的概预算人员极有实用价值的参考书。

本书由张建平主编。具体分工是:张建平编写第1,2,3,5章,卢勇琴编写第4章4.1~4.5节并为第5章提供了样图,蔡义泉编写第4章4.6~4.10节;谷铁汗编写第4章4.11~4.15节,朱景伟编写第4章4.16~4.18节及第6章;吴培关编写第7章;最后由张建平统稿。在本书编写过程中,昆明理工大学建筑学系孙晔为插图绘制、修改提供了帮助,云南省建设工程造价管理协会张继忠工程师对初稿进行了审阅,提出了宝贵的修改意见。

本书在编撰过程中,参考了新近出版的有关著作和教材,特别是选用了一些插图,并得到了重庆大学出版社、参编院校教务、教材部门的大力支持,谨此一并致谢。

本书是所有主参编人员教学经验的总结,我们的良好愿望,是为我国的工程建设事业尽一份力,但由于现阶段我国在工程造价确定与控制方面的理论与实践还不完善,加之我们对有些问题的认识还有待提高,书中不足与错误在所难免,敬请读者批评指正,待再版时修改完善。

编 者

2016年4月

目录

第 **1** 章
概预算常识

任何一个学科,都有其特定的研究对象,"工程概预算"就是本课程研究的特定对象。为了给初学概预算的读者一个清晰的学习思路,一个建立在宏观基础上的关于工程概预算的完整概念,本章主要介绍概预算方面的基本常识,解决好"学什么"的问题。

1.1 概预算的基本问题

1.1.1 概预算的含义

概预算是指工程建设项目在开工前,对所需的各种人力、物力资源及资金的预先计算。其目的在于有效地确定和控制建设项目的投资和进行人力、物力、财力的准备工作,以保证工程项目的顺利建成。

概预算作为一种专业术语,实际上又存在着两种理解。广义理解应指概预算编制这样一个完整的工作过程,狭义理解则指这一过程必然产生的结果,即概预算文件。

1.1.2 概预算的分类与作用

根据建设活动开展阶段的不同,概预算可分为:

(1)投资估算

投资估算是指在编制建设项目建议书和可行性研究阶段,对建设项目总投资的粗略估算,它是建设项目决策时的一项主要参考性经济指标。

(2)设计概算

设计概算是指在工程项目的初步设计阶段,根据初步设计文件和图纸、概算定额(或概算指标)及其有关费用定额等,对工程项目所应发生费用的概略计算。它是国家确定和控制基本建设投资额、编制基本建设计划、选择最优设计方案、推行限额设计的重要依据,也是计算工程设计收费、编制招标标底和投标报价、确定工程项目总承包合同价的主要依据。

当工程项目采用三阶段设计时,在扩大初步设计(也称技术设计)阶段,随着设计内容的深化,应对初步设计的概算进行修正,称为修正概算。

(3)施工图预算

施工图预算是指一般意义上的预算,指当工程项目的施工图设计完成后,在单位工程开工前,根据施工图纸和设计说明、预算定额、预算基价以及费用定额等,对工程项目所应发生费用的较详细的计算。它是确定单位工程、单项工程预算造价的依据;是确定招标工程标底和投标报价,签订工程承包合同价的依据;是建设单位与施工单位拨付工程款项和竣工决算的依据;也是施工企业编制施工组织设计、进行成本核算的不可缺少的文件。在本书中,以介绍施工图预算为主。

(4)施工预算

施工预算指施工单位在施工前编制的工程预算。它是施工单位编制施工作业进度计划,实行内部定额管理、班组核算的依据。

上述几种概预算文件均是在工程开工之前计算的。而在项目动工兴建过程中和竣工后,还须要分阶段编制工程结算和竣工决算,以确定工程项目的实际建设费用。它们之间存在的差异,如表1.1所示。

表1.1 不同阶段的概预(决)算特点对比

类别	编制阶段	编制单位	编制依据	用途
投资估算	可行性研究	工程咨询机构	投资估算指标	投资决策
设计概算	初步设计或扩大初步设计	设计单位	概算定额	控制投资及造价
施工图预算	工程承发包	建设单位委托的工程咨询机构和施工单位	预算定额	编制标底、投标报价、确定工程合同价
施工预算	施工阶段	施工单位	施工定额	企业内部成本、施工进度控制
竣工结算	竣工验收前	施工单位	预算定额、设计及施工变更资料	确定工程项目建造价格
竣工决算	竣工验收后	建设单位	预算定额、工程建设其他费用定额、竣工结算资料	确定工程项目实际投资

根据编制对象的不同,概预算还可以分为:

(1)单位工程概(预)算

单位工程概(预)算,是根据设计文件和图纸、结合施工方案和现场条件计算的工程量和概(预)算定额以及其他各项费用取费标准编制的,用于确定单位工程造价的文件。

(2)工程建设其他费用概(预)算

工程建设其他费用概(预)算,是指根据有关规定应在建设投资中计取的,除建筑安装工程费用、设备购置费用、工器具及生产工具购置费、预备费以外的一切费用(详见第2章内容)。工程建设其他费用概(预)算以独立的项目列入单项工程综合概(预)算和(或)总概(预)算中。

(3)单项工程综合概(预)算

单项工程综合概(预)算,是由组成该单项工程的各个单位工程概(预)算汇编而成的,用于确定单项工程(建筑单体)工程造价的综合性文件。

(4)建设项目总概(预)算

建设项目总概(预)算,是由组成该建设项目的各个单项工程综合概(预)算、设备购置费用、工器具及生产工具购置费、预备费加工程建设其他费用概(预)算汇编而成的,用于确定建设项目从筹建到竣工验收全部建设费用的综合性文件。

不同对象的概预算,其相互关系如图 1.1 所示。

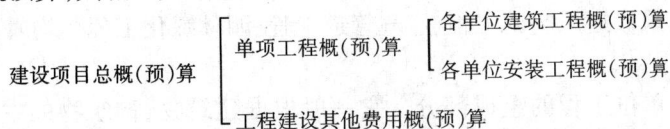

$$
建设项目总概(预)算
\begin{cases}
单项工程概(预)算
\begin{cases}
各单位建筑工程概(预)算 \\
各单位安装工程概(预)算
\end{cases} \\
工程建设其他费用概(预)算
\end{cases}
$$

图 1.1　不同对象的概预算相互关系图

根据单位工程的专业项目,概预算还可分为:

①建筑工程概(预)算,含土建工程及装饰工程;

②装饰工程概(预)算,专指二次装饰装修工程;

③安装工程概(预)算,含建筑电气照明、给排水、暖气空调等设备安装工程;

④市政工程概(预)算;

⑤仿古及园林建筑工程概(预)算;

⑥修缮工程预概(预)算;

⑦煤气管网工程概(预)算;

⑧抗震加固工程概(预)算。

1.1.3　建设项目的分解

任何一项建设工程,就其投资构成或物质形态而言,是由众多部分组成的复杂而又有机结合的总体,相互存在许多外部和内在的联系。要对一项建设工程的投资耗费计量与控制,必须对建设项目或建设工程进行科学合理的分解,使之划分为若干简单、便于计算的部分或单元。另外,建设项目根据产品生产的工艺流程和建筑物、构筑物的使用功能,按照设计规范要求也必须对建设项目进行必要而科学的分解,使设计符合工艺流程和使用功能的客观要求。

根据我国现行有关规定,建设项目一般分解为若干单项工程、单位工程、分部工程、分项工程等。

(1)建设项目

建设项目指在一个总体设计或初步设计的范围内,由一个或若干个单项工程所组成的经济上实行统一核算,行政上有独立机构或组织形式,实行统一管理的基本建设单位。

一般以一个企业或一个事业单位作为一个建设项目。如一座工厂、一所学校等。

(2)单项工程

单项工程指具有单独的设计文件,建成后能够独立发挥生产能力和效益的工程。单项工程又称为工程项目。它是建设项目的组成部分。

工业建设项目的单项工程,一般是指能够生产出设计所规定的主要产品的车间或生产线以及其他辅助或附属工程。如工业项目中某机械厂的一个铸造车间或装配车间等。

非工业建设项目的单项工程,一般是指能够独立发挥设计规定的使用功能和效益的各项独立工程。如民用建筑项目中某大学的一栋教学楼或实验楼、图书馆等。

一个建设项目,可以是一个单项工程,也可能包括若干个单项工程,随具体建设项目情况而定。

(3)单位工程

单位工程指具有单独的设计文件,独立的施工条件,但建成后不能够独立发挥生产能力和效益的工程。

它是单项工程的组成部分。如:建筑工程中的一般土建工程、室内外给排水工程、电气照明工程、弱电工程、采暖通风空调工程、煤气管道工程、园林绿化工程等均属于单位工程。

(4)分部工程

分部工程是各单位工程的组成部分。它一般根据建筑物、构筑物的主要部位、工程的结构、工种内容、材料结构或施工程序等来划分。如土建工程将分部工程划分为土石方、桩基础、砌筑、混凝土及钢筋混凝土、屋面及防水、金属结构制作及安装、构件运输及预制构件安装、脚手架、垂直运输、超高增加费、楼地面、门窗及木结构、装饰、防腐保温隔热等。

(5)分项工程

分项工程是各分部工程的组成部分。它是工程造价计算的基本要素和概预算最基本的计量单元,是通过较为简单的施工过程就可以生产出来的建筑产品或构配件。如砌筑分部的砖基础、砖墙、砖柱;混凝土及钢筋混凝土分部中的现浇混凝土基础、梁、板、柱;预制混凝土屋架;钢筋制安等。编制概预算时,各分项工程费用由施工过程直接耗费的人工费、材料费、机械台班使用费所组成。人工、材料、机械台班的单位耗用量是由全国基础定额具体规定的。由分项工程计算确定的人工费、材料费、机械台班使用费三者之和称为预算基价,即为工程直接费(或称定额直接费)。

下面以某大学的建设项目,来进行项目分解,如图1.2所示。

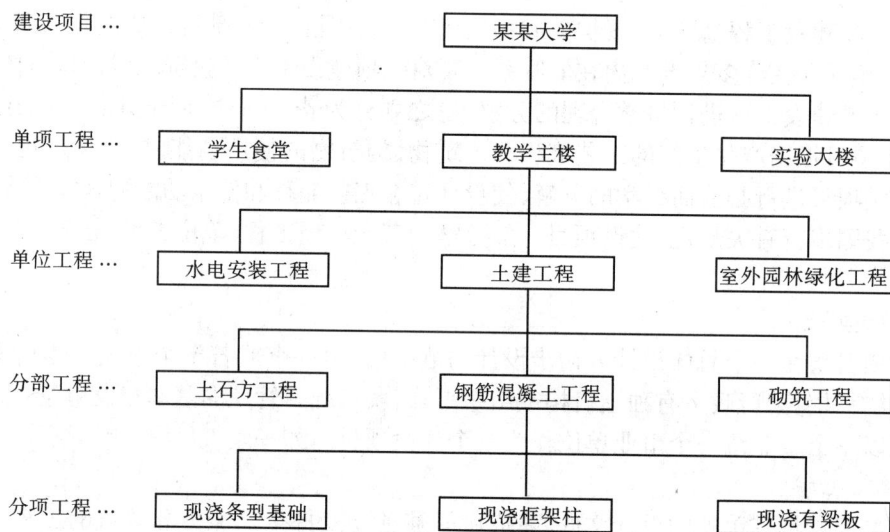

図1.2 建设项目分解图示

1.2 概预算的编制

上一节介绍过,概预算按阶段不同分为投资估算、设计概算、施工图预算和施工预算,各个阶段在编制内容、方法上有很大的不同,其中以施工图预算使用最为普遍和最广泛,编制也最复杂,学会了施工图预算编制,对其他阶段的概预算编制就可以举一反三。因而,本书以介绍施工图预算编制为主,其他的编制只做一般性介绍。

1.2.1 投资估算编制方法

(1)按设备费用的百分比估算法

以拟建项目的设备费为基数,根据已建成的同类项目或装置的建筑安装工程费和其他费用等占设备价值的百分比,求出相应的建筑安装工程及其他费用,其总和即为项目或装置的投资。

(2)朗格系数法

以设备费为基数,乘以适当系数(朗格系数)来推算项目的建设费用。

(3)生产能力指数法

根据已建成的、性质类似的建设项目或生产装置的投资额和生产能力与拟建项目或生产装置的生产能力比较来估算项目的投资额。

(4)单位指标估算法

投资估算指标的形式很多,有元/m²,元/m³,元/kVA等。根据这些指标,乘以所需的面积、体积、容量等,就可以求出相应的土建工程、安装工程的投资。

1.2.2 设计概算编制方法

(1)扩大单价法

当初步设计达到一定深度、建筑结构比较明确时,可采用扩大单价法。

(2)概算指标法

当初步设计深度不够,不能准确计算工程量,但工程采用的技术比较成熟而又有类似概算指标可以利用时,可采用概算指标法。

(3)类似工程概算法

当工程设计对象与已建成或在建工程相类似,结构特征基本相同,或者概算定额和概算指标不全时,可采用类似工程概算法。

(4)单位估价法

类似于编制预算,即用概算定额和相应的取费标准来编制,其步骤参照预算编制。

1.2.3 施工图预算编制

(1)编制方法

一般施工图预算的传统编制方法主要有两种:

1)单位估价法

单位估价法是指根据分部分项工程量直接套用预算基价,计算出定额直接费后,再根据费用定额计算其他费用的一种编制方法。土建及安装工程多采用此种方法。

2)实物造价法

实物造价法是指不直接套用预算基价,而根据实际施工的人工、材料和机械台班消耗量,分别乘以当地人工工资标准、材料预算价格和机械台班价格,汇总后再计算其他各项费用的编制方法。二次装饰工程多采用此方法。

(2)编制依据

施工图预算的编制依据也就是编制时应具备的条件和根据,有了这些条件和依据,就可以

顺利地编制施工图预算。一般地说,施工图预算的编制依据是:

①已经批准的施工图纸、标准图集和施工方案;

②现行的预算定额或预算基价(或称为单位估价表);

③当地的人工工资标准、材料预算价格和施工机械台班价格;

④各项费用取费标准(也称综合费用定额);

⑤价差文件;

⑥预算工具书、软件和规定表格(各地表格有所不同,教学中应因地制宜)。

在上述依据中,具有已经批准的施工图纸是编制预算的先决条件,因为施工图已经批准,就意味着项目被批准,就意味着项目是真实存在的,因而编制预算也就有了目标和有了实际的意义。

(3)编制步骤

长期以来,我国的概预算编制都采用单位估价法,因为它直截了当,只要有一本现行的预算定额(预算基价或单位估价表)和费用定额,必要的材料市场价,不需要更多的其他资料,就可以很方便地编制预算,因而此种方式仍是我国大多数省市普遍使用的方式。采用单位估价法编制施工图预算的步骤主要有:

①熟悉施工图纸、了解现场;

②根据预算定额,结合施工方案划分分项工程;

③按规则计算每一个分项工程的工程量(一般在工程量计算表上完成);

④套用预算单价,计算定额直接费(可在预算表上手工完成或由预算软件自动生成);

⑤套用定额消耗量,作工料分析,汇总形成材料清单(可在工料分析表上手工完成或由预算软件自动生成);

⑥计算其他直接费、间接费、利润和税金等,确定单位工程预算造价(可在费用汇总表上手工完成或由预算软件自动生成);

⑦技术经济指标分析;

⑧编写编制说明,装订成册。

(4)预算书的组成

预算书通常所指的就是一份预算文件,是预算工作完成后所产生的结果,也就是把预算人员的劳动变成了反映在纸介质上的数字和信息。一般报送审定的预算书应有以下内容:

①封面;

②编制说明;

③各项费用计算汇总表;

④工程预(决)算表;

⑤材料清单。

而作为计算底稿的工程量计算表和工料分析表,一般留在预算人员手中备查。

上述表格形式如图1.3、表1.2、表1.3所示。

工程预(结)算书

协议编号：

预结算编号：

建设单位：＿＿＿＿＿＿＿＿＿＿＿ 建筑面积：＿＿＿＿＿＿＿＿＿＿＿

工程名称：＿＿＿＿＿＿＿＿＿＿＿ 预(结)算造价：＿＿＿＿＿＿＿＿＿

结构类型：＿＿＿＿＿ 层数：＿＿＿＿ 单位造价：＿＿＿＿＿＿＿＿＿＿＿

施工单位： (公章) 建设单位： (公章) 审核单位： (公章)

编制：姓名： 审核：姓名：

　　资格证书： 　　资格证书：

　　　年 月 日 　　　年 月 日

图1.3 预算书封面

表1.2 建筑安装工程费用汇总表

(一)	直接费 = ① + ② + ③	(三)	定额外其他费
①	人工费 =	(四)	税金 = {(一) + (二) + (三)} × 计税系数
②	材料费 =	(五)	建安工程造价 =
③	机械费 =	(六)	设备购置费 =
(二)	综合费 = ① × 综合费率 =	(七)	总造价 =

注：此表为云南省使用的简化表

表1.3 工程预(结)算表

序号	定额编号	项目名称	单位	数量	单价/元					合价/元				
					基价	其中			未计价材或设备费	基价	其中			未计价材或设备费
						人工费	材料费	机械费			人工费	材料费	机械费	
1														
2														

1.2.4 工程量清单

(1)工程量清单的含义

工程量清单是把承包合同中规定的，准备实施的全部工程项目和内容，按工程部位、性质以及它们的数量、单价、合价等用列表的方式表示出来，用作投标报价和中标后计算工程款的依据，是一种国际上通用的概预算编制方法。

工程量清单一般包括以下内容：

1)前言

说明工程量清单在合同中的地位，工程量的计算规则，应摊入单价内的费用内容，对工程量清单中没有列入和漏报项目的处理原则，以及使用工程量清单所应注意的问题等等。

工程概预算

2)工程量清单表

如表 1.4 所示。

表 1.4 工程量清单表

序号	工程项目名称	单位	数量	单价/元	合价/元
1	2	3	4	5	6
1	人工场地平整				
2	人工挖基槽(坚土)				
3	现浇混凝土带型基础				
4	钢筋制安				
…	…				

3)计日工表

计日工(即点工)表给出了在工程实施过程中,可能发生的临时性或新增加的工程计价方法和名义数量。一般应列有劳务、材料和机械 3 个表。表中的单价和合价由投标单位填入。

4)汇总表

将各分部、分项工程量清单表总计及暂定金额(计日工表及不可预见费)汇编入本表,构成汇总表。

(2)工程量清单的单价内容

工程量清单的单价是由投标单位经过对清单中所列项目的逐一分析,通过计算来确定的。一般招标文件中不要求投标单位提供单价分析表。

工程量清单中每一项的单价一般应包括以下内容:

1)直接费用

①人工费;

②材料费;

③永久设备费;

④施工机械费。

2)间接费用

3)利润及风险分析

(3)工程量清单的作用

①是按工程进度进行计量支付的依据;

②是处理工程变更单价及费用的依据;

③是处理索赔事件的直接参考依据。

第 **2** 章
工程造价与费用计算

概预算的主要目的是确定工程造价。本章介绍工程造价的概念及组成内容,以及组成工程造价的各项费用的计算方法。

2.1　工程造价

2.1.1　工程造价的含义

工程造价一般是指包括工程建设、城市建设、村镇建设在内的建设项目,从立项决策到竣工验收交付使用所需的全部投入费用。或者说,是指建设项目在建筑安装过程中施工企业发生的生产和经营管理的费用总和,也就是建造价格。

工程造价有两种理解,广义上的理解应是工程项目从立项决策到竣工验收交付使用所需的全部投入费用,也就是建设投资。狭义上的理解是指在建筑安装过程中施工企业发生的生产和经营管理的费用总和。前一种理解是对投资者即建设单位而言,后一种理解是对工程项目的建造者,即施工单位而言。实际上,我们平时所说的工程造价是指后一种理解,比如我们说某一栋大楼预算造价多少,是说建造这栋大楼要花多少钱。

2.1.2　我国现行工程造价的组成内容

在我国,建设项目从筹建到竣工验收、交付使用整个过程的投入费用既称为工程造价,也称为基本建设费用,它所包括的内容,如图2.1所示。

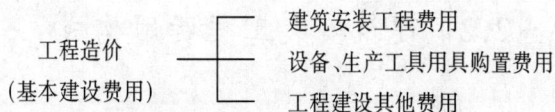

工程造价
（基本建设费用）
　　　建筑安装工程费用
　　　设备、生产工具用具购置费用
　　　工程建设其他费用

图 2.1　我国工程造价的构成示意图

2.1.3　国外工程造价的组成内容

国外工程造价的组成内容与我国的工程造价组成内容有很大的不同,如世界银行的工程造价的组成内容为:

(1)项目建设直接成本

其费用包括:土地征购费、特殊的场外设施费用、场地费用、工艺设备费、设备安装费、管道系统费用、电气设备费、电气安装费、仪器仪表费、机械的绝缘和油漆费、工艺建筑费、服务性建筑费用、工厂普通公共设施费、车辆费、其他当地费用等。

(2)项目建设间接成本

其费用包括:项目管理费、开工试车费、业主的行政性费用、生产前费用、运输和保险地方税等。

(3)应急费

包括:未明确项目的准备金、不可预见准备金。

(4)建设成本上升费

2.1.4　工程造价构成原理

建设工程项目作为一种商品,其造价也应当同其他商品一样,应包括各种活劳动和物化劳动的消耗费用,以及这些费用消耗所创造的社会价值。但是,建筑工程造价又有其特殊性。

1)建筑工程造价应分为三部分:物质消耗支出(价值转移的货币表现)、劳动报酬(即劳动者为自己的劳动所创造价值的货币表现)、盈利(劳动者为社会的劳动所创造价值的货币表现)。

2)和一般的工业产品价格的构成不同,工程造价的构成还具有某些特殊性,其主要表现是:

①建筑工程在其竣工后,一般不在空间上发生物理运动,可直接移交用户立即进入生产和生活消费,因而价格中不包括一般商品具有的生产性流通费用。如商品包装费、运输费、保管费。

②建设工程固定在一个地方,和土地连成一片,因而价格中一般应包括土地价格或使用费;另一方面,由于施工人员和施工季节要围绕建设工程流动,因而有的工程价格中还包括施工企业远离基地的调迁费用或成建制转移所发生的费用。

③建设工程的生产者包括建设单位、勘察设计单位、建筑安装企业,因而工程造价中包含的劳动报酬和盈利均是指包括建设单位在内的总体劳动者的劳动报酬和盈利。

2.2　建筑安装工程费用构成

根据建设部、中国建设银行建标[1993]894号《关于调整建筑安装工程费用项目组成的若干规定》的规定,我国现行建筑安装工程费用由直接工程费、间接费、计划利润、税金4个部分内容组成。其组成关系详见表2.1。

2.2.1　直接工程费

直接工程费是指施工企业直接用于施工生产上的费用。它由直接费、其他直接费和现场经费组成。

表 2.1　建筑安装工程费用项目组成表

直接工程费							间接费			税金		
直接费					现场经费							
	材料费											
人工费	计价材费	未计价材费	施工机械使用费	其他直接费	临时设施费	现场管理费	企业管理费	财务费	其他费	计划利润	营业税	城市维护建设税	教育附加费

(1)直接费

直接费是指施工过程中耗费的、构成工程实体和有助于工程实体形成的各项费用。包括人工费、材料费、机械费。

1)人工费

人工费是指直接从事建筑安装工程施工的生产工人开支的各项费用,内容包括:

①基本工资,是指按工人技术等级发放的基本工资。

②工资性津贴,是指按规定标准发放的物价补贴,煤、燃气补贴,交通补贴,住房补贴,流动施工津贴,地区津贴等。

③生产工人辅助工资,是指生产工人年有效施工天数以外非作业天数的工资,包括职工学习、培训期间的工资,调动工作、探亲、休假期间的工资,因气候影响的停工工资,女工哺乳期的工资,病假在 6 个月以内的工资及产、婚、丧假期的工资。

④职工福利费,是指按规定标准计提的职工福利费。

⑤生产工人劳动保护费,是指按规定标准发放的劳动保护用品的购置费及修理费,徒工服装补贴,防暑降温费,在有碍身体健康环境中施工的保健费用等。

2)材料费

材料费是指施工过程中耗用的构成工程实体的原材料、辅助材料、构配件、零件、半成品的费用和周转使用材料的摊销(或租赁)费用,内容包括:

①材料原价(或供应价);

②供销部分手续费;

③包装费;

④材料自来源地运至工地仓库或指定堆放点的装卸费、运输费及途耗。

⑤采购及保管费。

3)施工机械使用费

施工机械使用费是指使用施工机械作业所发生的机械使用费以及机械安、拆和进出场费,内容包括七项:

①折旧费;

②大修理费；

③经常修理费；

④安拆费及场外运输费；

⑤燃料动力费；

⑥人工费；

⑦养路费、车船使用税及营运管理费。

（2）其他直接费

其他直接费是指直接费以外施工过程中发生的其他费用,内容包括:

①冬雨季施工增加费；

②夜间施工增加费；

③二次搬运费；

④仪器、仪表使用费；

⑤生产工具用具使用费；

⑥检验试验费；

⑦特殊工种培训费；

⑧工程定位复测、工程点交、场地清理等费用。

（3）现场经费

现场经费是指现场施工准备、组织施工生产和管理所需费用,内容包括:

1)临时设施费

临时设施费是指施工企业为进行建筑安装工程施工所必需的生活和生产用的临时建筑物、构筑物和其他临时设施费用等。

临时设施包括:临时宿舍、文化福利及公共事业用房与构筑物、仓库、办公室、加工厂以及规定范围内道路、水、电、管线等。

临时设施费用内容包括:临时设施的搭设、维修、拆除及摊销费。

2)现场管理费

内容包括:

①现场管理人员的基本工资、工资性补贴、职工福利费、劳动保护费；

②办公费,是指现场管理办公用的文具、纸张、账表、印刷、邮电、书报、会议、水、电、烧水和集体取暖(包括临时宿舍取暖)用煤等费用；

③差旅交通费,是指职工因工出差期间的旅费、住勤补助费、市内交通费和误餐补助费,职工探亲路费,劳动力招募费,职工离退休、退职一次性路费,工伤人员就医路费,工地转移费及现场管理使用的交通工具的油料、燃料、养路费及牌照费；

④固定资产使用费,是指现场管理及试验部门使用的属于固定资产的设备、仪器等的折旧、大修、维修费及租赁费等；

⑤工具用具使用费,是指现场管理使用的不属于固定资产的工具、器具、家具、交通工具和

检验、试验、测绘、消防用具等的购置、维修和摊销费等；

⑥保险费,是指施工管理中用于财产、车辆保险,高空、井下、海上作业等特殊工种安全保险的费用；

⑦工程保修费,是指工程竣工交付使用后,在规定时间以内的修理费用；

⑧工程排污费,是指施工现场按规定交纳的排污费用；

⑨其他费用。

2.2.2　间接费

间接费是指施工企业用于经营管理的费用,它由以下 3 个部分组成：

(1)企业管理费

企业管理费是指施工企业为组织施工生产经营活动所发生的管理费用,内容包括：

①管理人员的基本工资、工资性补贴及按规定计取的职工福利费；

②差旅交通费,是指职工因工出差、工作调动的差旅费、住勤补助费、市内交通费和误餐补助费,职工探亲路费,劳动力招募费,职工离退休、退职一次性路费,交通工具的油料、燃料、养路费及牌照费；

③办公费,是指企业办公用的文具、纸张、账表、印刷、邮电、书报、会议、水、电、烧水和集体取暖用煤等费用；

④固定资产折旧、修理费,是指企业属于固定资产的房屋、设备、仪器的折旧及维修等费用；

⑤工具用具使用费,是指企业管理使用不属于固定资产的工具、用具、家具、交通工具、检验、试验、消防等的摊销和维修费用；

⑥工会经费,是指企业按职工工资总额 2 % 计提的工会经费；

⑦职工教育经费,是指企业为职工学习先进技术和提高文化水平按职工工资总额 1.5% 计提的费用；

⑧劳动保险费,是指企业支付离退休职工的退休金(包括提取的离退休职工劳保统筹基金)、价格补贴、医药费、易地安家补助费、职工退职金、6 个月以上的病假人员工资、职工死亡丧葬补助费、抚恤金、按规定支付给离休干部的各项经费；

⑨职工养老保险费及待业保险费,是指职工养老金的积累及按规定标准计提的职工待业保险费；

⑩保险费,是指企业财产保险、管理用车辆等保险费用；

⑪税费是指企业按规定交纳的房产税、车船使用税、土地征用税、印花税及土地使用费用等；

⑫其他,包括技术转让费、技术开发费、业务招待费、排污费、绿化费、广告费、公证费、法律顾问费、审计费、咨询费等。

(2)财务费用

财务费用是指企业为筹集资金而发生的各项费用,包括企业经营期间发生的短期贷款利息支出、汇兑净损失、调剂外汇手续费、金融机构手续费以及企业筹集资金发生的其他财务费用。

(3)其他费用

其他费用是指按规定支付的工程造价(定额)管理部门的定额编制管理费及劳动定额管理部门的定额测定费,以及按有权部门规定支付的上级管理费。

2.2.3　计划利润

计划利润是指按规定应计入建筑安装工程造价的利润,依据不同投资来源或工程类别实施差别利率。

2.2.4　税金

税金是指国家税法规定应计入建筑安装工程造价内的营业税、城市维护建设税及教育费附加。

2.3　建筑安装工程费用计算

2.3.1　我国现行建筑安装工程费用的一般计算方法

我国现行建筑安装工程费用的一般计算方法主要是依据各种预算定额和费用定额来计算,其方法如表2.2所示。

表 2.2　我国现行建筑安装工程费用的一般计算方法

费用项目			一般计算方法
直接工程费	直接费	人工费	∑(人工工日定额量×日工资单价×实物工程量)
		材料费	∑(材料定额消费量×材料预算价格×实物工程量)
		机械使用费	∑(机械台班定额量×机械台班预算单价×实物工程量)
	其他直接费		土建工程:(人工费+材料费+机械费)×相应费率
	现场经费	临时设施费	安装工程:人工费×相应费率
		现场管理费	
间接费	企业管理费		土建工程:直接工程费×相应费率
	财务经费		安装工程:人工费×相应费率
	其他费用		
盈利	计划利润		土建工程:(直接费+间接费)×利润率
			安装工程:人工费×利润率
	税金		(直接工程费+间接费+利润)×税率

2.3.2　西部各省、自治区计算方法

(1)云南省

如表2.3所示。

表 2.3　云南省建筑安装工程费用计算方法

费用项目		一般计算方法
直接费	人工费	Σ（人工工日定额量×日工资单价×实物工程量）
	材料费	Σ（材料定额消费量×材料预算价格×实物工程量）
	机械使用费	Σ（机械台班定额量×机械台班预算单价×实物工程量）
综合费	其他直接费	不分土建安装：　人工费×综合费率
	现场经费	
	间接费	
	计划利润	
定额外其他费		按合同双方共同认定方法计算
税金	营业税	在市区：（直接费＋综合费＋定额外其他费）×0.0341
	城市维护建设税	在县城、镇：（直接费＋综合费＋定额外其他费）×0.0335
	教育费附加	其他地方：（直接费＋综合费＋定额外其他费）×0.0322
工程造价		直接费＋综合费＋定额外其他费＋税金

（云建标［1998］第 1056 号文发布执行）

（2）四川省

如表 2.4 所示。

表 2.4　四川省建安工程费用计算方法

费用项目				一般计算方法
直接费	直接工程费	定额直接费	人工费	与全国计算方法一致
			材料费	
			机械费	
		其他、临近、现场费用	其他直接费	定额直接费×其他直接费系数
			临时设施费	定额直接费×临时设施费系数
			现场管理费	定额直接费×现场管理费系数
	其他直接工程费	材料价差调整	单调材料价差	材料价差＋临调价差
			未计价材料费	
			地区材料综合调整价差	材料费×调整系统
		施工图预算包干费		定额直接费×包干系数
间接费		企业管理费		直接工程费×企业管理费系数
		财务费用		直接工程费×财务费系数
		劳动保险费		直接工程费×劳动保险费系数
计划利润		施工利润		（直接工程费＋间接费）×利润系数
		技术装备费		（直接工程费＋间接费）×装备费系数
规定允许按实计算的费用				
定额管理费				（直接费＋间接费＋计划利润＋按实计费用）×定额管理费系数
税金	构件增值税		钢筋混凝土预制构件	钢筋混凝土预制构件基价×钢筋混凝土预制构件系数
			木门窗制作	木门窗制作基价×木门窗制作系数
	其他税			（直接费＋间接费＋计划利润＋按实计费用＋定额管理费）×税金系数
工程造价				直接费＋间接费＋计划利润＋按实计费用＋定额管理费＋税金

（川建委[1994]906号文批准）

(3)四川省攀枝花地区

如表2.5所示。

表2.5 四川省攀枝花地区建安工程费用计算方法

费用项目			一般计算方法
直接费	F_1 直接工程费	(f_1)定额直接费 — 人工费	与全国计算方法一致
		材料费	
		机械费	
		(f_2)其他费 — 其他直接费	定额直接费×费率
		临时设施费	
		现场管理费	
	F_2 其他直接工程费	(f_3)综合价差	定额材料费×费率
		(f_4)单调价差或未计价材料费	
		(f_5)施工图预算包干费	定额直接费×费率
	F_3 间接费	(f_6)企业管理费	F_1 直接工程费×费率
		(f_7)财务费用	
		(f_8)劳动保险费	
		(f_9)远地施工增加费	
		(f_{10})施工队伍迁移费	
		(f_{11})攀枝花地区增加费	
F_4 计划利润			(F_1 直接工程费+F_3间接费)×利润率
F_5 按规定允许按实计算的费用			
F_6 定额管理费			($F_1+F_2+F_3+F_4+F_5$)×费率
F_7			
F_8 税金	(f_{12})营业税等税		($F_1+F_2+F_3+F_4+F_5+F_6+F_7$)×税率
	(f_{13})构件增值税等税		
F_9 工程造价			$\sum F_1+F_1+\cdots+F_8$

2.3.3 西部各省、自治区取费标准

(1)云南省

如表2.6所示。

表2.6 云南省现行建安工程费用计算取费标准

工程类别		计算基数	综合费率/%
土建工程	一类工程	人工费	100.26
	二类工程		83.4
	三类工程		70.58
	四类工程		52.27

续表

工程类别		计算基数	综合费率/%
分包工程	桩基现场灌注工程	人工费	70.58
	预制桩打桩工程		111.30
	金属结构制作工程		100.47
	金属结构安装工程		133.91
	预制构件制作工程		89.89
	预制构件安装工程		103.94
二次装修装饰工程			65.37
独立土石方工程	人工施工		39.42
	机械施工		177.00
安装工程	管道安装工程	人工费	56.93
	线路安装工程		58.64
	电气安装工程		60.40
	炉窑安装工程		62.21
	设备安装工程		64.08
	工艺金属结构工程		66.00
包工不包料工程	土建工程	人工费	41.37
	安装工程		33.10
签证记工和零星借工			14.89

(2)四川省

如表 2.7 所示。

表 2.7 四川省现行建安工程费用计算取费标准(土建工程)

费用项目	计算基数	计费系数/%
其他直接费	定额直接费	3.46
临时设施费		2.2
现场管理费		2.39
施工图预算包干费		1.5
企业管理费	直接工程费	4.55
财务费		0.92
劳动保险费		2
施工利润	直接工程费 + 间接费	2.8
技术装备费		3.2
定额管理费	直接费 + 间接费 + 计划利润 + 按实计费用	0.17
钢筋混凝土预制构件增值税	钢筋混凝土预制构件基价	10
木门窗制作增值税	木门窗制作基价	8.5
其他税收	直接费 + 间接费 + 计划利润 + 按实计费用 + 定额管理费	

(3)四川省攀枝花地区

如表 2.8 所示。

表 2.8　四川省攀枝花地区现行建安工程费用计算取费标准

费用项目	计算基数	费率/%（土建）	费率/%（安装和装饰）
其他直接费	定额直接费（人工费 FR）	13.21	89.85
临时设施费			
现场管理费			
综合价差	定额材料费	1.8	1.8
施工图预算包干费	定额直接费（人工费 FR）		
企业管理费	直接工程费（人工费 FR）	7.55	50.62
财务费		0.75	4.83
劳动保险费		1.2	10.1
攀枝花地区增加费		2.6	16
施工利润	直接工程费 + 间接费（人工费 FR）	3.0	26
定额管理费	直接工程费 + 其他直接工程费 + 间接费	1.3	1.3
营业税等	直接工程费 + 其他直接工程费 + 间接费 + 计划利润 + 按实计费用 + 定额管理费 + F7	3.5	3.5

注：表中安装及装饰工程计算基数用括号中的人工费 FR。

2.3.4　工程类别划分

工程类别划分对费用计算有特殊意义，不同的工程类别有不同的取费标准。按云南省现行的划分办法，工程类别划分为：土建工程；分包工程；二次装饰装修工程；独立土石方工程；安装工程；包工不包料工程；签证记工和零星借工。

在这七大类中，还将进一步细分为若干的类别，现详述如下：

（1）土建工程划分内容

土建工程按工程项目建筑总高度、跨度、工程规模以及施工技术的复杂程度等因素，综合考虑划分为四类。详见表 2.9。

表 2.9　云南省土建工程类别划分表

类别 项目	一类	二类	三类	四类
工业与民用建筑	1. 跨度 > 24m 2. 层数 > 9 层或高度 > 27m 3. 面积 > 10 000m² 的大型公共建筑和单层工业厂房 4. 高度 > 20m 和柱网 > 5.7m × 8.7m（或 49.59m²）的多层工业厂房	1. 18m < 跨度 < 24m； 2. 6 层 < 层数 < 9 层或 18m < 高度 < 27m 3. 7 000m² < 面积 < 10 000m² 的中型公共建筑和单层工业厂房 4. 高度 > 20m 和柱网 < 5.7m × 8.7m（或 49.59m²）的多层工业厂房 5. 高度 < 20m 和柱网 > 5.7m × 8.7m（或 49.59m²）的多层工业厂房	1. 12m < 跨度 < 18m； 2. 4 层 < 层数 < 6 层或 12m < 高度 < 18m； 3. 12m < 高度 < 20m 柱网 < 5.7m × 8.7m（或 49.59m²）的多层工业厂房	1. 跨度 < 12m 2. 层数 < 4 层或高度 < 12m

续表

项目\类	一类	二类	三类	四类
构筑物	钢筋混凝土结构 1. 高度>30m 2. 跨度>15m 3. 容积>700m²	1. 钢筋混凝土结构 ①高度<30m ②跨度<15m ③容积<700m² ④框架式设备基础 2. 砖石与混合结构 ①高度>30m ②跨度>15m ③容积>700m²	砖石与混合结构 ①高度<30m; ②跨度<15m; ③容积<700m²	砖石、毛石、混凝土独立块体构筑物
其他		1. 人防工程 2. 机场道路工程 3. 市政工程中的: ①隧道工程 ②桥涵工程 ③道路工程	1. 抗震加固工程 2. 修缮工程 3. 园林及仿古建筑工程 4. 市政工程中的: ①给排水工程中的构筑物工程; ②防洪堤防工程	一般室外道路、围墙、围栏及砖石挡墙、花台、花池及其他零星工程

1)名词解释

①跨度:指按设计图纸标注的相邻两横向定位轴线的跨距。

②高度:房屋建筑指室内地面至房屋檐口上沿之间的距离,有地下室的建筑指最底层地下室地面至房屋檐口上沿之间的距离,构筑物指地面至本体最高点之间的距离。

③层数:指建筑物分出的自然层数。凡层高超过2.2m(不含2.2m)可以计算建筑面积并作为技术层使用的结构层均应计算层数。

④面积:指单位工程的建筑面积。

⑤容积:指构筑物储存各种相关介质的空间体积。

⑥柱网:指单元柱网纵横定位轴线间距或其乘积。

2)工程类别划分中有关条件的认定:

①单位工程按表列范围划分类别,凡工程条件符合表列范围之一者,均按就高类别认定。

②同一建筑物或构筑物有高有低,跨度或容积有大有小,按就高不就低、就大不就小的原则划定。工业建筑柱网不同时,用各种柱网所占建筑面积衡量多少,按占多数的部分划类。地下室的层数或高度以及构筑物顶部附属房屋的高度应纳入划类。

③突出屋面的尖塔、桅杆、天窗、建筑小品、绿化照明、电器仪器等设施,女儿墙、水箱护栏、上屋面的独立楼梯间(但不含电梯间)和露天楼梯以及屋顶附设局部玻璃温室等所占空间高度,都应纳入划类。

3)工程类别划分中跨度、高度、柱网所取定位线是:

①框架柱网柱中线;

②顶层砖墙中线;

③独立砖柱中线；

④带壁柱砖墙中线；

⑤金属及钢筋混凝土工业厂房排架边柱外沿线、中柱中心线；

⑥公共建筑屋盖横向承重结构支承面中线；

⑦取定部位最靠近建筑物或构筑物的室外设计标高；

⑧最底层地下室地坪标高；

⑨檐口部位屋面顶板结构表面标高；

⑩构筑物本体最高点标高。

4)工程类别划分中的大、中型公共建筑泛指：

①礼堂、会堂、影剧院、俱乐部、音乐厅、报告厅、排练厅、文化宫、青少年宫；

②图书馆、博物馆、美术馆、展览馆、游泳馆、室内溜冰馆、档案馆、影视摄影棚；

③城市火车站、汽车客运站、机场候机楼、航运站客运楼；

④科学实验研究楼、医疗技术楼、门诊楼、住院楼、邮电通讯楼、大专院校教学楼、试验楼；

⑤综合商业服务大楼、多层商场、会议贸易科技大楼、国宾馆、高级宾馆、饭店、招待所。

(2)安装工程类别的划分内容

安装工程按工程性质、施工技术的复杂程度以及套用的预算定额,综合划分为：

①管道安装工程；

②线路安装工程；

③电气安装工程；

④炉窑砌筑工程；

⑤设备安装工程；

⑥工艺金属结构工程。

(3)独立土石方工程及分包工程划分

1)独立土石方工程分为：

①人工施工；

②机械施工。

2)分包工程划分为：

①桩基工程：又分为桩基现场灌注工程和预制桩打桩工程；

②金属结构制作工程；

③金属结构安装工程；

④预制构件制作工程；

⑤预制构件安装工程。

2.3.5　直接费的计算

直接费的计算,即指定额直接费的计算。它是根据施工图纸、预算定额划分出分部分项工程后,计算出每一分项工程的工程量,再套用预算单价后得到的费用。它由定额人工费、定额

材料费(计价材费)、未计价材费和定额机械费构成。其计算方法如下:

定额人工费 ＝ ∑(分项工程工程量 × 定额人工费单价)

定额材料费 ＝ ∑(分项工程工程量 × 定额材料费单价)

未计价材费 ＝ ∑(分项工程工程量 × 主材市场单价 × 定额消耗量)

定额机械费 ＝ ∑(分项工程工程量 × 定额机械费单价)

直接费的计算一般在《建筑安装工程预(决)算表》上进行,在此之前,必须正确划分分项工程项目,准确计算出工程量,掌握主材价格信息,再查找套用预算单价,用工程量乘以单价即得合价,合价相加即得定额直接费。

2.3.6　间接费(综合费)计算

按《云南省建筑安装工程综合费用定额》(99 修订本)规定,综合费用包含了现行直接工程费中的其他直接费、现场经费及间接费、计划利润等项费用。其计算方法如下:

(1)计费基数

建筑安装工程综合费用均以经过调整的"计费人工费"为计费基数计算。即

計費人工費 ＝ 定额基价人工费 × 报告期相关工资类区计算调整系数

其中:报告期相关工资类区计算调整系数由建设行政主管部门发布。

(2)计算程序

见表 2.10。

表 2.10　云南省费用计算程序表

序号	费用名称	计算方法
(一)	直接费 ＝ ① + ② + ③ + ④	
	①人工费	定额基价人工费 × $R_{计}$
	②计价材费	定额基价计价材费 × $C_{地}$ × $C_{时}$
	③未计价材费	∑分项工程工程量 × 主材市场单价 × 定额消耗量
	④机械费	定额基价机械费 × $J_{时}$
(二)	综合费	按① × 综合费率计算
(三)	定额外其他费	按合同议定条款及签证和有关规定计算
(四)	税金	[(一) + (二) + (三)] × 计税系数
(五)	建安工程总造价 其中: ①定额编制管理费 ②劳动保险基金	按(一) + (二) + (三) + (四)计算 (此两项已包含在综合费中) 按(五) × 计算系数 按(五) × 计算系数

(3)相关计算系数

本教材所收录数据均为 1999 年度报告期。

1)$R_{计}$

$R_{计}$ 是指不同基期 <定额基价> 人工费换算成各类区报告期定额人工费的计算调整系数。如表 2.11 所示。

表 2.11　人工费计算调整系数($R_{计}$)

适用范围			自 1999 年 1 月 1 日起		
基价	调整内容		类区系数		
			一	二	三
91 基价	$R_{计}$	土建工程(含装潢)	4.585 2	4.335 5	4.082 8
		安装工程	3.567 7	3.365 4	3.163 1
94 基价	$R_{计}$	土建工程(含装潢)	2.279 2	2.153 7	2.028 1
		安装工程	2.334 0	2.201 7	2.069 4
98 基价	$R_{计}$	土建工程(含装潢)	1.00	0.944 9	0.889 8
		安装工程	1.00	0.943 3	0.886 6

2) $C_{地}$

$C_{地}$是计价材(辅材)地区价差系数,以距离昆明公路里程按表 2.12 计取。

表 2.12　计价材(辅材)地区价差系数表

里程/km	51 ~ 100	101 ~ 200	201 ~ 300	301 ~ 400	401 ~ 500	501 ~ 600	601 ~ 700	701 ~ 800	801 ~ 900	901 ~ 1000
$C_{地}$	1.01	1.02	1.03	1.04	1.05	1.06	1.07	1.08	1.09	1.10

3) $C_{时}$

$C_{时}$是计价材(辅材)时间价差系数。见表 2.13。

表 2.13　计价材(辅材)时间价差系数表

基价 \ 类别	土建	安装					
		管道	线路	电气	设备	工艺金属结构	炉窑砌筑
91 基价	1.35	1.46	1.41	1.35	1.35	1.36	1.2
94 基价	0.98	1.00	1.00	1.00	1.00	1.00	1.00
98 基价	1.00	1.00	1.00	1.00	1.00	1.00	1.00

4) $J_{时}$

$J_{时}$是机械费时间价差系数。见表 2.14。

表 2.14　机械费时间价差系数表

	土建工程	安装工程
91 基价	2.00	2.00
94 基价	1.20	1.54
98 基价	1.00	1.00

(4)计算方法

表 2.15　云南省建筑安装工程费用汇总表

(一)直接费 = ① + ② + ③ + ④				
①	人工费 = <定额基价> 人工费 × $R_{计}$ =			
②	计价材费 = <定额基价> 计价材费 × $C_{地}$ × $C_{时}$ =			
③	未计价材费 = Σ(定额量 × 现行预算单价) =			
④	机械费 = <定额基价> 机械费 × $J_{时}$ =			
(二)综合费 =				
综合费 (按工程类别计取)	A	土建	一类工程 = ① × 1.002 6	
	B		二类工程 = ① × 0.834 0	
	C		三类工程 = ① × 0.705 8	
	D		四类工程 = ① × 0.522 7	
	E	分包工程	a	桩基	现场灌注 = ① × 0.705 8
					预制桩打桩 = ① × 1.113 0
			b	金属结构制作 = ① × 1.004 7	
			c	金属结构安装 = ① × 1.339 1	
			d	混凝土预制构件制作 = ① × 0.898 9	
			e	混凝土预制构件安装 = ① × 1.039 4	
	F	二次装修装饰工程 = ① × 0.653 7		
	G	独立土石方	a	人工施工 = ① × 0.394 2	
			b	机械施工 = ① × 1.770 0	
	H	管道工程	管道安装工程 = ① × 0.569 3	
	I		线路安装工程 = ① × 0.686 4	
	J		电气安装工程 = ① × 0.604 0	
	K		炉窑砌筑工程 = ① × 0.622 1	
	L		设备安装工程 = ① × 0.648 0	
	M	工艺金属结构工程 = ① × 0.660 0		
	N	包工不包料	a	土建工程 = ① × 0.143 7	
			b	安装工程 = ① × 0.331 0	
	O	签证记工或零星借工 = ① × 0.148 9		
(三)	定额外其他费 = ⑤ + ⑥ + ……			
⑤	包干工程风险金 =			
⑥	施工队伍调迁费 =			
⑦	特种保健津贴 =			
⑧	大型机械进退场费 =			
⑨	承包工程其他收入(优良奖、工期奖) =			
⑩	现场安全、文明施工措施增加费 =			
(四)税金(按工程所在地)				
a	市区 = 0.034 1 × [(一) + (二) + (三)] =			
b	县城镇 = 0.033 5 × [(一) + (二) + (三)] =			
c	其他地方 = 0.032 2 × [(一) + (二) + (三)] =			

续表

（五）建安工程造价 = （一）+（二）+（三）+（四）=
其中：定额编制管理测定费 = （五）×0.0015 =
劳动保险统筹基金 = （五）×0.035 =
（六）设备购置费 =
（七）总造价 = （五）+（六）

①综合费用计算前，应先行计算出定额直接费。

②根据施工图所给建筑物总高度、层数、建筑面积、柱网、跨度及项目特征等参数，划定工程类别。

③根据施工地点确定税金计算系数。

④在《云南省建筑安装工程费用汇总表》上完成计算，如表 2.15 所示。

2.3.7 造价计算实例

[例 2.1]　根据云南省现行工程概预算编制办法及以下条件计算工程总造价。

①昆明市内某医院新建一栋 6 层住院大楼，总高 22.2m，建筑面积 4 800m^2，由外地一级施工单位承建。

②根据《全国统一建筑工程基础定额云南省预算基价》计算得：人工费 624 000 元，计价材费 578 220 元，未计价材费 3 890 000 元，机械费 464 260 元。

③甲乙双方在承包合同中商定给乙方：预算外包干费 86 000 元，施工队伍调迁费 95 000 元。

④要求计算在《费用汇总表》上进行，计算精度取整数元。

[解]　计算过程及结果如表 2.16 所示。

表 2.16　费用计算实例一

（一）直接费 = ①+②+③+④ = 624 000+578 220+3 890 000+464 260 = 5 556 480 元	
①	人工费 = ＜定额基价＞人工费 × $R_{计}$ =　624 000×1.00 = 624 000 元
②	计价材费 = ＜定额基价＞计价材费 × $C_{地}$ × $C_{时}$ =　578 220×1×1 = 578 220 元
③	未计价材费 = Σ（定额量 × 现行预算单价）=　3 890 000 元
④	机械费 = ＜定额基价＞机械费 × $J_{时}$ =　464 260 元
（二）综合费 =	520 416 元

综合费（按工程类别计取）	A	土建	一类工程 = ① × 1.002 6 =		
	B		二类工程 = ① × 0.834 0 =		624 000 × 0.834 0 = 520 416 元
	C		三类工程 = ① × 0.705 8		
	D		四类工程 = ① × 0.522 7		
	E	分包工程	a	桩基	现场灌注 = ① × 0.705 8
					预制桩打桩 = ① × 1.113 0
			b	金属结构制作 = ① × 1.004 7	
			c	金属结构安装 = ① × 1.339 1	
			d	混凝土预制构件制作 = ① × 0.898 9	
			e	混凝土预制构件安装 = ① × 1.039 4	
	F	二次装修装饰工程 = ① × 0.653 7			
	G	独立土石方	a	人工施工 = ① × 0.394 2	
			b	机械施工 = ① × 1.770 0	
	H	管道工程	管道安装工程 = ① × 0.569 3		
	I		线路安装工程 = ① × 0.686 4		
	J		电气安装工程 = ① × 0.604 0		
	K		炉窑砌筑工程 = ① × 0.622 1		
	L		设备安装工程 = ① × 0.648 0		
	M	工艺金属结构工程 = ① × 0.660 0			
	N	包工不包料	a	土建工程 = ① × 0.143 7	
			b	安装工程 = ① × 0.331 0	
	O	签证记工或零星借工 = ① × 0.148 9			

（三）	定额外其他费 = ⑤ + ⑥ + … = 86 000 + 95 000 = 181 000 元	
⑤	包干工程风险金 =	86 000 元
⑥	施工队伍调迁费 =	95 000 元
⑦	特种保健津贴 =	
⑧	大型机械进退场费 =	
⑨	承包工程其他收入(优良奖、工期奖) =	
⑩	现场安全、文明施工措施增加费 =	
（四）税金(按工程所在地)		
a	市区 = 0.034 1 × [（一）+（二）+（三）] = 　0.034 1 × [5 556 480 + 520 416 + 181 000] = 213 394 元	
b	县城镇 = 0.033 5 × [（一）+（二）+（三）] =	
c	其他地方 = 0.032 2 × [（一）+（二）+（三）] =	
（五）建安工程造价 = （一）+（二）+（三）+（四） = 　5 556 480 + 520 416 + 181 000 + 213 394 = 6 471 290 元		
其中:定额编制管理测定费 = （五）× 0.001 5 = 　6 471 290 × 0.001 5 = 9 707 元		
劳动保险统筹基金 = （五）× 0.035 = 　6 471 290 × 0.035 = 226 495 元		
（七）总造价 = （五）+（六） = 　6 471 290 元		

工程概预算

[例2.2] 攀枝花市某高校教学楼,建筑面积10 171m²,框架结构。通过招标,某国营建筑公司中标,中标包干价830.00万元。在施工中,由于建设方局部增层及部分装饰材料标准提高,工程费用增加,试根据四川省攀枝花地区现行概预算编制办法计算其变更增加费用及该教学楼的总造价。

已知:①工程类别为一类,取费级别为四级;②土建变更增加费:定额直接费 f_1 = 58 801.35 元,材料费 21 287.80 元,单调材料价差 f_4 = 20 001.18 元;③安装工程变更增加:定额直接费 f_1 = 13 167.51 元,人工费 RF = 1 201.34 元;④装饰工程变更增加:定额直接费 f_1 = 383 285.15 元,人工费 RF = 23 574.70 元

[解] ① 变更增加费用部分造价计算如表2.17、表2.18和表2.19所示。

表 2.17 土建工程费用计算

代号	费 用 名 称	取费基础		费率/%	金额/元
F_1	直接工程费				66 569.01
f_1	定额直接费(人工费 RF =)				58 801.35
f_2	其他直接费、临时设施费、现场管理费	f_1	RF	13.21	7 767.66
F_2	其他直接工程费				20 384.31
f_3	综合价差	定额材料费		1.8	383.31
f_4	单调价差或未计价材料费	另		详	20 001.18
f_5	施工图预算包干费	f_1	RF		
F_3	间接费				8 054.85
f_6	企业管理费	F_1	RF	7.55	5 025.96
f_7	财务费用	F_1	RF	0.75	499.27
f_8	劳动保险费	F_1	RF	1.2	798.83
Df_9	远地施工增加费	F_1	RF		
f_{10}	施工队伍迁移费	F_1	RF		
f_{11}	攀枝花地区增加费	F_1	RF	2.6	1 730.79
F_4	计划利润	F_1+F_3	RF	3	2 238.72
F_5	按规定允许按实计算的费用	另		详	
F_6	定额管理费	$\sum F_{1\sim3}$		1.3	126.42
F_7					
F_8	税金				
f_{12}	营业税等税费	$\sum F_{1\sim7}$		3.5	3 408.07
f_{13}	构件增值税等税费	另		详	
F_9	工程造价	$\sum F_{1\sim8}$			100 781.38

表 2.18 装饰工程费用计算表

代号	费 用 名 称	取费基础		费率/%	金额/元
F_1	直接工程费				404 467.02
f_1	定额直接费(人工费 RF = 23 574.70)				383 285.15
f_2	其他直接费、临时设施费、现场管理费	f_1	RF	89.85	21 181.87
F_2	其他直接工程费				

代号	费　用　名　称	取费基础		费率/%	金额/元
f_3	综合价差	定额材料费			
f_4	单调价差或未计价材料费	另	详		
f_5	施工图预算包干费	f_1	RF		
F_3	间接费				19 225.17
f_6	企业管理费	F_1	RF	50.62	11 933.51
f_7	财务费用	F_1	RF	4.83	1 138.66
f_8	劳动保险费	F_1	RF	10.1	2 381.05
Df_9	远地施工增加费	F_1	RF		
f_{10}	施工队伍迁移费	F_1	RF		
f_{11}	攀枝花地区增加费	F_1	RF	16	3 771.95
F_4	计划利润	$F_1 + F_3$	RF	26	6 129.42
F_5	按规定允许按实计算的费用	另	详		
F_6	定额管理费	$\sum F_{1\sim3}$	0.013/(%)		558.77
F_7					
F_8	税金				
f_{12}	营业税等税费	$\sum F_{1\sim7}$	3.5		15 063.31
f_{13}	构件增值税等税费	另	详		
F_9	工程造价	$\sum F_{1\sim8}$			445 443.69

表 2.19　安装工程费用计算表

代号	费　用　名　称	取费基础		费率/%	金额/元
F_1	直接工程费				14 246.91
f_1	定额直接费(人工费 RF = 1 201.34)				13 167.51
f_2	其他直接费、临时设施费、现场管理费	f_1	RF	89.85	1 079.40
F_2	其他直接工程费				
f_3	综合价差	定额材料费			
f_4	单调价差或未计价材料费	另	详		
f_5	施工图预算包干费	f_1	RF		
F_3	间接费				979.70
f_6	企业管理费	F_1	RF	50.62	608.12
f_7	财务费用	F_1	RF	4.83	58.03

续表

代 号	费 用 名 称	取费基础		费率/%	金额/元
f_8	劳动保险费	F_1	RF	10.0	121.34
Df_9	远地施工增加费	F_1	RF		
f_{10}	施工队伍迁移费	F_1	RF		
f_{11}	攀枝花地区增加费	F_1	RF	16	192.21
F_4	计划利润	$F_1 + F_3$	RF	26	312.35
F_5	按规定允许按实计算的费用	另	详		
F_6	定额管理费	$\sum F_{1\sim3}$		0.013/%	20.20
F_7					
F_8	税金			3.5	544.57
f_{12}	营业税等税费	$\sum F_{1\sim7}$			
f_{13}	构件增值税等税费	另	详		
F_9	工程造价	$\sum F_{1\sim8}$			16 103.73

②工程总造价：

$$(8\ 300\ 000 + 100\ 781.38 + 445\ 443.69 + 16\ 103.73)元 = 8\ 862\ 362.88\ 元$$

2.4 设备、工器具购置费用

2.4.1 设备与材料的界线

工程建设设备与材料的划分,直接关系到投资构成的合理划分及概预算的编制。为了合理确定工程造价,加强对建设工程投资的控制与管理,建设部标准定额研究所于1991年5月拟定了《工程建设设备与材料划分原则和实例(征求意见稿)》,对工程建设中设备与材料提出了划分标准。

①凡是经过加工制造,由多种材料和部件按各自用途组成的具有功能、容量及能量传递和转换性能的机器、容器和其他机械、成套装置等均为设备。设备分为标准设备和非标准设备。

标准设备:是指按国家规定的产品标准批量生产的,已进入设备系列的设备。

非标准设备:是指国家未定型、使用量较小、非批量生产的,由设计单位提供制造图纸,委托承制单位和施工企业在工厂和施工现场制作的设备。

②为完成建筑、安装工程所需的经过工业加工的原料和在工艺生产过程中不起单元工艺生产作用的设备本体以外的零配件、附件、成品、半成品均为材料。

2.4.2　设备购置费用构成

设备购置费是指为工程建设项目购置和自制的达到固定资产标准的设备、工具、器具的费用。确定固定资产的标准是:使用年限在一年以上,单位价值在 1 000 元、1 500 元和 2 000 元以上。新建项目和扩建项目的新建车间购置和自制的全部设备、工具、器具,不论是否达到固定资产标准,均应计入设备购置费中。

设备购置费由设备原价或进口设备到岸价和设备运杂费组成。其中,设备原价指国产标准设备、国产非标准设备、引进设备的原价。设备运杂费指设备供销部门手续费、设备原价中未包括的包装费和包装材料费、运输费、装卸费、采购费及仓库保管费等。如果设备由成套设备公司供应的,成套设备公司的服务费应计入设备运杂费中。

2.4.3　设备购置费用确定

(1)设备原价

国产标准设备:以国家和地方主管部门规定的出厂价格为确定依据。

国产非标准设备:根据设备类型和估价依据,可采取以下估价办法:

1)重量估价法(又称指标估算法);

2)成本计算估价法;

3)分部组合法。

(2)运杂费

运杂费一般可采用综合费率进行计算,其计算公式为:

$$设备运杂费 = 设备原价 \times 运杂费率$$

设备运杂费率如表 2.20 所示。

表 2.20　设备运杂费率/%

工程所在地	自制或库存	外购	工程所在地	自制或库存	外购
在设备所在地		3	河南、安徽、内蒙古		6
吉林、辽宁、北京、江苏、		4	宁夏		7
上海		4	甘肃、青海、新疆		8.5
河北、山西、山东、陕西		5	四川		10
黑龙江		4.5			

2.4.4　工器具及生产家具购置费用

工器具及生产家具购置费是指新建项目和扩建项目按初步设计规定所必须购置的不够固定资产标准的设备、仪器、工卡模具、器具、生产家具和备品备件的费用。其一般计算公式为:

$$工器具及生产家具购置费 = 设备购置费 \times 定额费率$$

2.5 工程建设其他费用

工程建设其他费用是指从工程筹建到工程竣工验收交付使用为止的整个建设期间,除建筑安装工程费用和设备、工器具购置费以外,为保证工程建设顺利完成和交付使用后能够正常发挥效用而发生的各项费用的总和。它主要包括以下几个方面。

2.5.1 土地使用费

土地使用费是指建设项目通过划拨和土地使用权出让方式取得土地使用权,所需的土地征用及迁移的补偿费和土地使用权出让金。

(1)土地征用及迁移补偿费

土地征用及迁移补偿费是指建设项目通过划拨方式取得土地使用权,依照《中华人民共和国土地管理法》等规定所支付的费用。其总和一般不得超过被征用土地年产值的 20 倍。它包括以下 6 项费用:

①土地补偿费;

②青苗补偿费和被征用土地上的房屋、水井、树木等附着物补偿费;

③安置补助费;

④应交纳的耕地占用税或城镇土地使用税、土地登记费及征地管理费等;

⑤征地动迁费;

⑥水利水电工程水库淹没处理补偿费。

(2)土地使用权出让金

土地使用权出让金是指建设项目通过土地使用权出让方式取得有限期的土地使用权,依照《中华人民共和国城镇国有土地使用权出让和转让暂行条例》规定支付的土地使用权出让金。

城市土地的出让和转让可采用协议、招标、公开拍卖等方式。

2.5.2 与项目建设有关的其他费用

(1)建设单位管理费

建设单位管理费是指对建设项目从立项、筹建、建设、联合试运转、竣工验收交付使用及后评估等全过程进行管理所需要的费用。其内容包括:

①建设单位开办费;

②建设单位日常工作经费。

(2)勘察设计费

勘察设计费是指为本建设项目提供项目建议书、可行性研究报告、设计文件等所需要的费用。内容包括:

①编制项目建议书、可行性研究报告及投资估算、工程咨询、评价以及为编制上述文件所进行的勘察、设计、研究试验等所需费用。

②委托勘察、设计单位进行初步设计、施工图设计、概预算编制等所需的费用。

③在规定范围内由建设单位自行完成的勘察、设计工程所需的费用。

(3)实验研究费

实验研究费是指为本建设项目提供或验证设计参数、数据资料等进行必要的研究试验,以及设计规定在施工中必须进行的试验、验证所需的费用。

(4)临时设施费

临时设施费是指建设期间建设单位所需临时设施的搭设、维修、摊销费和租赁费用。

(5)工程监理费

(6)工程保险费

(7)供电贴费

(8)施工机构迁移费

施工机构迁移费是指施工机构根据建设任务的需要,经有关部门决定成建制的(指公司和公司所属工程处、工区)由原驻地迁移到另一地区发生的一次性搬迁费用。

(9)引进技术和进口设备其他费

引进技术和进口设备其他费包括:

①为引进技术和进口设备派出人员进行设计、联络、设备材料监检、培训等的差旅费、置装费、生活费用。

②国外工程技术人员来华的差旅费、生活费和接待费用等。

③国外设计及技术资料费、专利和专有技术费,延期和分期付款利息。

④引进设备检验和商检费。

(10)财务费用

2.5.3 与未来生产经营有关的费用

①联合试运转费

②生产准备费

③办公和生活家具购置费

④经营项目铺底流动资金

2.5.4 预备费

我国现行规定,预备费包括基本预备费和工程造价调整预备费。

2.5.5 固定资产投资方向调节税

2.5.6 工程建设其他费用的确定

工程建设其他费用的一般确定方法如表2.21所示。

表2.21 工程建设其他费用的一般确定方法

费用项目	参考计算方法
土地使用费	按《中华人民共和国土地管理法》或按工程所在地省、自治区、直辖市人民政府颁发的费用标准结合实际情况计算
建设单位管理费	按工程费用或建筑安装工程费用的一定比例计算

工程概预算

续表

费用项目	参考计算方法
勘察设计费	按勘察设计合同或有关指标计算
研究试验费	按经批准的研究试验内容和要求计算
供电贴费	按有关部门规定计算
施工机构迁移费	按施工单位编制的迁移费预算或按建筑安装工程费的一定比例计算
引进技术和进口设备其他费	按协议及有关规定计算
联合试运转费	按工艺设备购置费或工程费用的一定比例计算
生产准备费	按生产准备的内容及要求计算
基本预备费	按工程费用与其他费用之和乘以基本预备费率计算
工程造价调整预备费	按工程费用、其他费用、基本预备费之和及工程项目投资计划计算
固定资产投资方向调节税	按工程费用或建筑安装工程费用、其他费用、预备费之和乘以相应税率计算

第3章
建设工程定额

建设工程定额是概预算编制的依据和基础,本章以《全国统一建筑工程基础定额》为主要内容,介绍有关定额和定额应用的基本知识。

3.1 定额的产生与发展

3.1.1 定额的产生

定额的产生,源于人们从事物质资料生产的社会实践活动,源于劳动人民在长期的生产活动中获得和积累的生产某种产品的丰富的技能,以及生产某种产品所投入劳动资料和劳动时间的丰富经验。

据《辑古纂经》记载,我国唐代就已经有了夯筑城台的用工定额。北宋时期著名的土木建筑家李诚编著的《营造式法》一书,不仅是一部土木建筑工程技术方面的巨著,也是一部工料计算方面的巨著。它的"功限"和"料例"两个部分,分别相当于现在的人工和材料消耗定额。明朝工部的《工程做法》,也有许多内容涉及到工料计算。清朝工部的《工程做法则例》可以说完全是一部有关工料估算的典籍。这些古籍中所记载的估工估料的经验就是原始的定额。

现代定额是随着社会化大生产的发展以及管理科学的产生而产生的。

19 世纪末 20 年代初,美国经历了南北战争(1861—1865),使资本主义的工业在全国得以很快发展,然而,生产管理科学的发展却相对落后。"古典管理理论"的代表人物泰罗等人,开始了企业管理理论和方法的研究。

泰罗(1856—1915)提倡科学管理,主要着眼于提高劳动生产率和提高工人的劳动效率。他一方面对工人工作时间的组成、有效和无效消耗,从理论、方法和手段上进行了科学的分析研究,并通过大量的科学试验,对工作时间的合理利用进行分析,制定出所谓的标准操作方法,训练工人采用标准操作方法从而提高了工人劳动效率;另一方面。他对工具或设备的选用,材料消耗、作业环境等也进行了细致的研究,又制定出标准化的工具,设备、材料及作业环境的标准。泰罗在研究试验中发现尽管生产条件等同,但由于工人的技术水平、熟练程度和工作态度的不同,完成单位合格产品所消耗的时间也不同,为了鼓励工人在一定时间内完成更多的合格产品,可以采用工资率有差别的计件工资制度,1895 年泰罗发表了《计件工资制》,1903 年又发表了《车间管理》两篇论文。以后这些研究成果合编成《科学管理原理》一书于 1911 年问世。

3.1.2 我国建设工程计价定额的发展过程

新中国成立后,我国工程定额的建立及定额管理工作是随着国民经济的恢复和发展经历了从无到有,从建立发展到削弱又到再次发展的曲折过程,其发展大致分为以下几个阶段:

(1)国民经济恢复时期(1950—1952)

我国东北是开展定额工作较早的地区,从 1950 年起,在铁路、煤炭、纺织等部门开始实行劳动定额。1957 年制定了东北地区统一劳动定额。1952 年前后,华东、华北等地区也相继编制了劳动定额或工料消耗定额,这一时期是创立我国劳动定额的试点时期。

(2)第一个五年计划时期(1953—1957)

大规模的社会主义经济建设的展开,新建项目的日益增多,国营建筑企业陆续地组建,为了有计划、合理地使用建设资金,以及为了规范国营建筑企业的管理,国家在这一时期建立了基本建设工程概预算制度和企业管理制度,并授权有关部门先后编制了:《一九五四年建筑工程设计预算定额(试行草案)》、《一九五五年建筑工程预算定额》、《一九五五年建筑工程概算指标(草案)》等十几种定额。1954 年劳动部和建工部联合颁发了《建筑工程劳动定额》,这是我国建筑业第一次编制的全国统一劳动定额。1956 年,国家建委在此基础上进行了修订,并增加了材料消耗和机械台班定额部分,编制了《全国统一劳动定额》。

(3)"大跃进"到"文化大革命"前的时期(1958—1966)

这一时期,由于违背社会主义经济建设规律和价值规律的思想影响着全国各个领域,工程概预算和定额管理在工程中的地位和作用被人们忽视,定额管理权限也由中央下放到地方,并把施工定额与预算定额这两个性质、水平、作用和使用范围并不相同的定额,合二为一。并且实行了施工企业建筑工程负责制以及工程决算实报等新的管理制度,由于施工单位负责编制施工图预算,淡化了甲乙方,使得概预算制度及定额管理制度受到了严重破坏,失去了对投资控制的约束力,企业吃国家大锅饭、不讲成本控制之风,日益滋长。

1961 年,党和国家针对前阶段的严重问题,提出了"调整、巩固、充实、提高"的八字方针,提倡经济工作要越做越细,从而使得概预算和定额管理有了一定恢复,之后,国家又重新收回了预算定额管理权。

(4)"文化大革命"时期(1967—1976)

这一时期,国家经济处于全面崩溃的边缘,由于全盘否定了按劳分配原则,用平均主义代替了按劳分配,将定额看做是"管、卡、压"的工具,致使劳动无定额、效益无考核。施工企业实行了"经常费"制度,工程竣工后不办理结算,实报实销,从根本上否定了概预算和定额管理,结果造成了基本建设人力、物力、资金的严重浪费,导致投资效益下降、劳动生产率下降。

(5)党的十一届三中全会以后的时期(1978—   )

党的十一届三中全会后,国家立即把全部经济工作转移到以提高经济效益为中心的轨道上来,为整顿、健全、完善、发展概预算制度和定额管理创造了空前有利的环境。

国家建设行政主管部门及各专业主管部门开始认真总结概预算和定额管理制度建立以来的经验教训,借鉴先进国家的管理科学技术,作出了许多加强基本建设概预算编制和定额管理工作的决定,对概预算和定额实行了统一管理与分级管理相结合的办法,明确了各级政府建设行政主管部门在定额编制、审批、执行等项管理工作中的责任和权限,重申了概预算和定额管理制度在工程建设中的地位和作用。规定了施工定额、预算定额、概算定额等技术经济指标的内容、项目划分、水平、编制方法和使用范围,修订并编制颁发了《全国建筑安装工程统一劳动定额》和《全国统一建筑工程基础定额》、《全国统一安装工程预算定额》等数十种定额,使得概预算制度和定额管理再度发展起来。

3.2　定额的特性与作用

3.2.1　定额的概念

在社会生产中,每生产一种产品,都会消耗掉一定数量的人工、材料、机械台班等资源。这些消耗受各种生产条件的影响,在价格一定,条件相同的情况下,生产同一合格产品的消耗越少,企业的盈利就越多,对社会的贡献就越大。因此,合理地对消耗作出规定,以求降低产品在生产过程中的耗费就有十分重要的意义,而定额就能在这一方面发挥作用。

所谓定额,是指社会物质生产部门在生产经营活动中,根据一定的技术组织条件,在一定的时间内,为完成一定数量的合格产品所规定的人力、物力和财力消耗的数量标准。

在不同的生产经营领域中,有不同的定额。

建设工程定额,是指在正常施工条件下,完成一定计量单位的建筑安装合格产品须消耗的人工、材料、机械台班的数量标准。

例如,《全国统一建筑工程基础定额》子目"4-1"规定,砌筑 $10m^3$ 砖基础须要消耗:人工12.18 工日;普通粘土砖 5.236 千块;砂浆 $2.36m^3$,灰浆搅拌机 0.39 台班。

其中,$10m^3$ 是砖基础的计量单位;工日是人工消耗的计量单位,工人工作 8 小时为 1 个工日;台班是施工机械使用消耗的计量单位,施工机械工作 8 小时为 1 个台班。

3.2.2　定额的特性

定额的特性,是由定额的性质决定的,在我国,定额具有以下 5 个方面的特性:

(1)定额的科学性

定额的科学性有两层含义。一是指定额水平与社会生产力发展水平相适应,反映出社会生产消费的客观规律;另一方面,定额制定、管理在理论、方法和手段上必须科学化。

(2)定额的法令性

定额是国家或国家授权部门遵循一定科学程序组织编制和颁布实施的,是在一定范围内有效的统一生产消耗指标,定额同时具有经济法规性质和强制执行性。

例如,《全国统一建筑工程基础定额》发布实施时,建设部以"建标[1995]736 号文"发布通知:本定额自发布之日起在全国范围内施行,由建设部负责解释和管理。

(3)定额的群众性和先进性

定额的群众性,通常是指定额的制定和执行都是建立在广大生产者和管理者基础上的,定额既来自于广大生产者和管理者的生产活动,也成为他们参加生产活动的衡量额度。

定额的先进性,是指在正常生产条件下,经过努力,大多数生产者能够达到或超过,少数生产者能够接近的定额水平。

(4)定额的相对稳定性和时效性

任何一种定额都是一定时期社会生产力发展水平的反映,在一段时期内应是稳定的,保持定额的稳定性,是定额的法令性所必需的,同时也是更有效地执行定额所必需的。如果定额处于经常修改的变动状态中,势必造成执行中的困难与混乱,使人们对定额的科学性和法令性产生怀疑。

然而,定额的稳定性又是相对的,任何一种定额仅能反映一定时期的生产力水平,而生产力是社会经济生活中最活跃的因素,始终处于不断发展变化之中,当生产力向前发展后,就要求定额水平与之相适应。所以从长远看,定额又处在不断完善的过程中,具有时效性。

(5)定额的统一性

定额的统一性,主要是由国家对经济发展有计划的宏观调控职能决定的。国家为了使国民经济能够按既定的目标发展,就须要借助于定额对生产进行组织、协调和控制,于是定额在全国或一定的区域范围内必须是统一的,只有这样,才有可能用一个统一的标准来对决策与经济效果作出分析和评价。定额的统一性,根源于我国以公有制为主体的经济制度,这也是我国定额与西方国家存在的类似定额的最大区别所在。

3.2.3 定额的作用

(1)定额在现代社会经济生活中的作用

定额是科学管理的基础,是现代化管理科学的重要内容与基本手段,在社会经济生活中,定额是一切企业实行科学管理的必要条件,没有定额,就谈不上企业的科学管理。

定额在现代社会经济生活中的作用表现为以下几个方面:

①定额是节约社会劳动,提高劳动生产率的重要手段;

②定额是国家宏观调控的依据;

③定额是组织和协调社会化大生产的工具;

④定额在实现按劳分配的原则方面具有重大作用。

(2)建设工程定额在社会主义市场经济中的作用

建设工程定额是现代工程项目管理的重要内容和手段,是可行性研究、编制计划、设计方案优选、确定工程投资、制定产品价格、施工管理、企业管理、工程核算、实行按劳分配原则、开展劳动竞赛和提高劳动生产率等各项工作的科学依据,是衡量、比较各项建设工作的客观尺度。所以建设工程定额在工程建设全过程中占有重要的地位。

具体表现在:

①定额是编制计划的基础,可行性研究报告的依据;

②定额是确定工程投资、工程造价和选择最优设计方案的依据;

③定额是竣工结(决)算的依据;

④定额是加强企业科学管理,进行经济核算的依据;

⑤定额是提高劳动生产率的手段,是开展劳动竞赛的尺度。

3.3　建设工程定额分类

建设工程中使用的定额种类繁多,根据各种定额的性质、内容、用途、适用范围的不同,可将定额作如下的分类。

3.3.1　按生产要素分类

建设工程定额按生产要素可分为:劳动定额、材料消耗定额和机械台班使用定额。实际上,我们日常工作中使用的任何一种概预算定额都包含这三种定额的表现形式。也就是说,这三种定额是构成一切其他定额的基础。

3.3.2　按定额编制程序和用途分类

(1)工序定额

是以最基本的施工过程为标定对象,表示其生产产品的数量与时间消耗关系的定额。由于工序定额比较琐碎,多不直接用于施工中,主要是标定施工定额时作为原始资料。

(2)施工定额

是施工企业直接用于建筑工程施工管理的一种定额,是以同一性质的施工过程或工序为制定对象,确定完成一定计量单位的某一施工过程或工序所需人工、材料和机械台班消耗的数量标准。是施工企业进行内部经济核算,控制工程成本与原材料消耗的依据。

(3)预算定额

是建筑安装企业在单位工程基本构成要素(分部分项工程和构配件)上消耗的人工、材料和机械台班的数量及价值量的标准。它不仅规定了消耗量,也规定了工程内容和工程质量等要求,是编制施工图预算、确定工程造价、申请银行贷款和竣工结算的依据,也是控制工程投资、编制招标标底和投标报价和确定工程合同价的基础。是目前我国工程建设中使用最为广泛的一种定额。

(4)概算定额

是指完成一定计量单位的建筑工程扩大结构构件,分部工程或扩大分项工程所需人工、材料和机械台班消耗和费用的数量标准。是设计单位编制设计概算的依据。

(5)概算指标

是对建筑物或构筑物以一定数量体积或面积为计量单位,规定人工、材料和机械台班消耗的定额指标。是编制投资估算的依据之一。

3.3.3　按定额管理层次和执行范围分类

(1)全国统一定额

是由国家主管部门统一组织编制,并在全国范围内执行的定额。如《全国统一建筑工程基础定额》、《全国统一安装工程预算定额》、《全国统一施工机械台班费用定额》。全国统一定额使国家的计划、统计、工程造价、组织管理等工作有了统一的尺度与可比性,有利于工程造价水平的控制、劳动生产率的提高和节约原材料消耗。但全国统一定额也有其局限性,由于我国幅员辽阔,各地区在社会经济发展、施工技术与工艺、装备水平、构造做法上都存在差异,因此全国统一定额较难照顾周全。

(2)地方定额

是根据统一领导,分级管理的原则,由各省、自治区、直辖市(或计划单列市)根据本地区生产的物质供应、资源条件、交通、气候及施工技术和管理水平等条件编制的,仅在本地区范围内执行的定额。地方定额也可以称为"地区统一定额",编制及管理权限在省一级,一般省级以下不再自行编制定额。地方定额目前在我国数量最多,如《全国统一建筑工程基础定额云南省预算基价》、《全国统一建筑工程基础定额四川省单位估价表》、《云南省建筑安装工程综合费用定额》等。

(3)企业定额

是当执行全国统一定额和地方定额时,由于定额缺项或某些项目的定额水平已不能满足本企业施工生产的需要,而由建筑安装企业或总包单位会同有管部门或单位,在遵照有关定额水平的前提下,参考国家和地方颁发的价格标准、材料消耗等资料,经共同研究编制的,在企业内部使用的定额。

3.3.4　按费用性质分类

工程建设定额按费用性质可分为建筑安装工程定额、设备和工器具购置费以及工程建设其他费用定额。

建筑安装工程定额又可分为直接费定额和间接费定额,其中直接费定额由分部、分项工程的定额基价、人工费、材料费、机械费和人、材、机消耗量组成,俗称"三量三价"。而间接费定额由其他直接费、现场经费、间接费、计划利润定额和税率组成。

可以这样说,一般的概预算定额都是直接费定额,而对其他直接费、现场经费、间接费、计划利润的费率和税率作出规定的取费标准都是间接费定额。

3.3.5　按适用专业分类

按专业分类的定额,一般适用于编制不同的单位工程概预算。在我国,目前可以把定额按以下专业来划分:

①建筑工程定额　也就是土建工程定额。

②安装工程定额　包括电气仪表、给排水、采暖、通风、工艺管道、热力、筑炉、制冷、电讯广播等安装工程定额。

③装饰工程定额　指二次装修工程使用的专门定额。

④修缮工程定额。

⑤市政工程定额。

⑥铁路工程定额。

⑦公路工程定额。

⑧井巷工程定额。

⑨仿古建筑及园林工程定额。

⑩煤气管网工程定额。

⑪抗震加固工程定额。

3.4　全国统一基础定额

3.4.1　基础定额的性质

全国统一基础定额是完成规定计量单位分项工程计价的人工、材料、施工机械台班消耗量标准。它只有定额消耗量而没有价,是完全意义上的定额,不能直接用于编制概预算。

3.4.2　基础定额的作用

全国统一基础定额是统一全国建筑工程预算工程量计算规则、项目划分、计量单位的依据;是编制地区单位估价表确定工程造价、编制概算定额及投资估算指标的依据;也可作为制定招标工程标底,企业定额和投标报价的基础。

也就是说,全国统一基础定额的作用首先是规范全国在概预算编制方面的行为,如工程量计算规则、项目划分、计量单位的统一。其次是允许各地区以基础定额为依据,编制预算基价或单位估价表,用于编制施工图预算、确定工程造价,以及编制招标工程标底和投标报价。再次,用基础定额可以编制概算定额及投资估算指标及企业定额。

《全国统一建筑工程基础定额》在统一工程量计算规则方面的做法,是同时发布《中华人民共和国建设部全国统一建筑工程预算工程量计算规则(土建工程)》《GJD$_{GZ}$—101—95》。即实现了定额与工程量计算规则分别成册,向与国际通用规则接轨方面迈进了一步。

《全国统一建筑工程基础定额》在项目划分的统一方面作出以下规定:

(1)分部划分统一

将建筑工程统一分成十五个分部(章)。

(2)定额编号统一

将定额子目编号统一表达为"章-顺序号"。如"8-57　水泥砂浆铺贴花岗岩楼地面",即指第8章(或第8分部)第57个子目。

(3)计量单位统一

凡是计算体积,计量单位统一为10m³;凡是计算面积,计量单位统一为100m²;凡是计算长度,计量单位统一为100m;凡是计算重量,如金属结构构件和钢筋,计量单位统一为t。

基础定额各章节及子目划分情况如表3.1所示。

表3.1　基础定额章节项目一览表

章号	章(分部)名称	节数	子目项	计量单位
1	土、石方工程	25	327	10m³
2	桩基础工程	11	142	10m³
3	脚手架工程	9	67	100m²
4	砌筑工程	12	97	10m³
5	钢筋混凝土工程	54	566	10m³
6	构件运输及安装工程	22	483	100m²、10m²、t
7	门窗及木结构工程	18	417	100m²、10m³
8	楼地面工程	23	162	100m²

续表

章号	章(分部)名称	节数	子目项	计量单位
9	屋面及防水工程	8	154	100m²
10	防腐、防潮、隔热工程	6	224	100m²
11	装饰工程	14	670	100m²
12	金属结构制作工程	9	50	t
13	建筑工程垂直运输定额	4	162	100m²
14	建筑物超高增加人工、机械定额	2	20	100m²
15	附录	5	173	

3.4.3 基础定额的编制依据

①国家现行的规范、规程、质量评定标准;

②国家现行的标准图集、通用图集及有关省、自治区、直辖市的标准图集和做法;

③1985 年全国统一建筑安装劳动定额;

④1981 年原国家建委《建筑工程预算定额修改稿》;1983 年建设部《全国统一建筑装饰工程预算定额》及各省、自治区、直辖市现行定额;

⑤各部门、省、自治区、直辖市提供的补充定额和有关资料及现场实地调查资料。

3.4.4 基础定额的表现方式

《全国统一建筑工程基础定额》统一用表格形式表现,以砌筑砖基础、单面清水墙为例,如表 3.2 所示。

表 3.2 基础定额的表格形式

砌砖

砖基础

工作内容;砖基础;调运砂浆、铺砂浆、运砖、清理基槽坑、砌砖等。

砖墙:调运砂浆、铺砂浆、运砖;砌砖包括窗台虎头砖、腰线、门窗套;安放木砖、铁件等。

计量单位:10m³

定额编号		4-1	4-2	4-3	4-4
项目	单位	砖基础	单面清水砖墙		
			1/2 砖	3/4 砖	1 砖
人工 综合工日	工日	12.97	21.97	21.63	18.87
材料 砂浆	m³	2.36	1.95	2.13	2.25
普通粘土砖	千块	5.236	5.641	5.51	5.314
水	m³	1.05	1.13	1.10	1.06
机械 灰浆搅拌机 200L	台班	0.39	0.33	0.35	0.38

从表中我们看到:基础定额只有人工、材料、机械的消耗量而没有单价或基价。这样做的好处在于:实现"量"与"价"的分离,为过渡到工程量清单报价,与国际惯例接轨创造了条件。

3.5　预 算 定 额

3.5.1　预算定额的概念

预算定额是指在正常施工条件下,在平均水平基础上,完成一定计量单位的分部分项工程或结构构件所需消耗的人工、材料、施工机械台班和资金的数量标准。

预算定额是由国家主管部门或其授权机关组织编制、审批并颁布实施的。在现阶段,预算定额仍然是一种法令性指标,是对工程建设实行有效管理的重要工具之一。

3.5.2　预算定额的组成内容

预算定额一般以单位工程为对象编制,按分部工程分章,在发布了全国统一基础定额后,分章应与基础定额一致。章以下为节,节以下为定额子目,每一个定额子目代表着一个与之对应的分项工程,所以,分项工程是构成预算定额的最小单元或细胞。

预算定额为方便使用,一般有"量"也有"价",并加上必要的说明与附录,这样就组成了一本预算定额手册。完整的预算定额手册,一般是由目录、总说明、建筑面积计算规则、各分章内容与附录组成。各分章内容又包括分章说明、分章工程量计算规则、分部分项工程定额及单位估价表。(详细内容见本章 3.7 节。)

3.5.3　预算定额的作用

我国目前在工程建设中使用最广泛的是预算定额,由于在预算定额中加入了预算单价(或基价),使得我们可以直接使用预算定额编制施工图预算,因而,预算定额也就有了以下作用:

①预算定额是编制施工图预算的依据;

②预算定额是控制工程造价的依据;

③预算定额是确定招标标底、投标报价的依据;

④预算定额是竣工结算的依据;

⑤预算定额是对设计方案进行技术经济评价的依据;

⑥预算定额是编制概算定额的依据。

3.5.4　预算定额的编制原则

预算定额要能方便使用,编制时须遵循以下原则:

(1)简明、适用、准确的原则

简明,即预算定额在项目划分、选定计量单位及工程量计算规则时,应在保证定额各项指标相对准确的前提下进行综合扩大,达到项目少、内容全、简明扼要。通常采用细算粗编的方法,即以常用的主要项目和价值大的项目为主,综合次要项目和价值不大的项目,合并近似项目。

举例讲,为了计算简便,《全国统一建筑工程预算工程量计算规则》对内墙基槽开挖土方的工程量计算作了这样的规定:基槽开挖土方按计算长度乘以基槽断面积的体积以立方米计算,其中"内墙按图示基础底面之间净长度计算,计算放坡时,在交接处的重复工程量不予扣除"。我们知道,规则中所指的交接处是指内外墙之间形成的"T"型交接处,如图 3.1 所示。

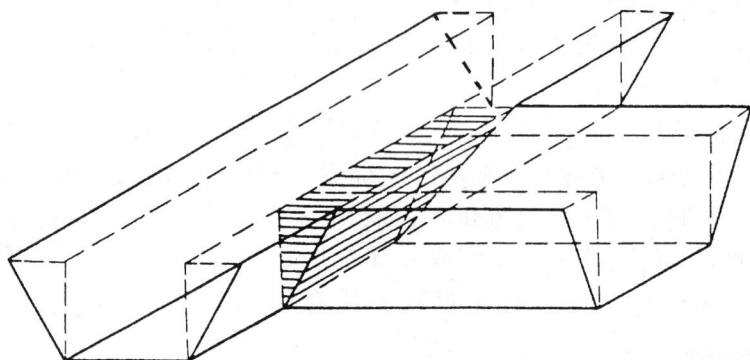

图 3.1   内外墙基槽"T"型交接处示意图

当外墙基槽开挖后,外墙基槽底部宽度已在基础底宽上扩大了一个工作面宽,再加上放坡宽,这一部分土已被挖去,而内墙基槽开挖长度还将要计算至基础底边,势必造成土方开挖量的重复计算。所以在工程实践中,有许多人想不通,试图通过准确计算来解决上述问题。但这样一来,使得计算十分烦琐,这就违背了预算定额编制简明适用的原则。事实上,计算规则这样规定,正是居于简明适用的考虑,使次要项目和价值不大的项目计算归于简单化,同时在定额消耗量上作出调整,使得看起来重复计算的量在人工、材料以及机械消耗上并未重计,从而避免了许多计算上的麻烦,提高了预算编制的工作效率。

适用,即预算定额在内容上严密明确,各项指标在保证统一的前提下,具有一定的灵活性,以适应不同工程和地区的要求。

准确,即预算定额的各项指标应准确无误,并注意减少定额附注和换算系数,尽量少留活口。

(2)平均合理的原则

所谓平均合理,就是在现有社会正常生产条件下,按照社会平均劳动熟练程度和劳动强度来确定预算定额水平。

预算定额是以劳动定额或施工定额为基础编制的,但预算定额比施工定额综合性大,包含更多的可变因素,须要保持一个合理的水平幅度差,一般施工定额取平均先进水平,而预算定额取平均水平,所以预算定额水平低于施工定额水平 10% ~ 15%,而概算定额水平又低于预算定额水平 5%。也就是说,对同一分项工程的人材机"三量"消耗控制,施工定额最紧,概算定额最松,预算定额居中。所以,预算定额体现的是大多数企业,大多数实际操作者可能达到的水平。

(3)技术先进、经济合理的原则

技术先进是指定额项目的确定、施工方法和材料的选择等,能够正确反映建筑技术水平,并能及时采用已经成熟并得到推广应用的新技术、新材料、新工艺,以促进生产的提高和建筑技术的进步。

经济合理是指纳入预算定额的材料规格、质量、数量、劳动效率和施工机械的配备等,要符合经济合理的要求。

3.5.5　预算定额的编制依据

编制预算定额的主要依据有：
①现行的施工定额或劳动定额、材料消耗定额和施工机械台班定额；
②现行的设计规范、施工及验收规范、质量评定标准和安全操作规程；
③有关的标准图集、有代表性的设计图纸；
④建筑材料标准及新材料、新技术和先进经验资料；
⑤现行的地区建筑安装工人工资标准和材料预算价格；
⑥过去颁布的预算定额及有关预算定额编制的基础资料；
⑦有关可靠的科学试验、测定、统计资料等等。

3.5.6　预算定额人工消耗量的确定

预算定额中的人工消耗量(定额人工工日)是指完成某一计量单位的分项工程或结构构件所需的各种用工量的总和。定额人工工日不分工种、技术等级一律以综合工日表示。内容包括基本用工、辅助用工、超运距用工和人工幅度差。

(1)定额人工消耗量的确定方法

1)基本用工

指完成某一计量单位的分项工程或结构构件所需的主要用工量。

$$基本用工工日数量 = \sum(工序工程量 \times 时间定额)$$

2)辅助用工

指劳动定额中未包括的各种辅助工序用工,如材料加工等的用工。

$$辅助用工工日数量 = \sum(加工材料数量 \times 时间定额)$$

3)超运距用工

指预算定额取定的材料、成品、半成品等运距超过劳动定额规定的运距应增加的用工量。

$$超运距 = 预算定额规定的运距 - 劳动定额规定的运距$$

$$超运距用工数量 = \sum(超运距材料数量 \times 时间定额)$$

4)人工幅度差

指劳动定额中未包括,而在一般正常施工条件下不可避免的,但又无法计算的用工。一般包括:

①在正常施工条件下,土建各工种工程之间的工序搭接以及土建工程与水电安装工程之间的交叉配合所需停歇的时间;
②施工过程中,移动临时水电线路而造成的影响工人操作的时间;
③同一现场内单位工程之间因操作地点转移而影响工人操作的时间;
④工程质量检查及隐蔽工程验收而影响工人操作的时间;
⑤施工中不可避免的少数零星用工等。

人工幅度差的计算方法是:

$$人工幅度差 = (基本用工 + 辅助用工 + 超运距用工) \times 人工幅度差系数$$

国家现行规定的人工幅度差系数为 10% ~ 15%。

(2)定额人工消耗量计算示例

以基础定额第四章砌筑工程中砖基础定额(4-1)为例,其确定过程如下:

①本定额不分工种、技术等级一律以综合工日表示。内容包括基本用工、辅助用工、超运距用工和人工幅度差。

②本定额计算方法为

$$综合工日 = \sum(劳动定额基本用工 + 辅助用工 + 超运距用工) + 辅助用工 \times (1 + 人工幅度差系数)$$

③本定额综合取砌一砖基础占70%,一砖半基础占20%,二砖基础占10%,$10m^3$砖基础增加圆形、弧形砖基础用工5%。

④具体计算过程如表3.3所示。

表3.3 砖基础人工消费量计算表

项目名称	单位	计算量	劳动定额编号	时间定额	工日/$10m^3$
砌一砖基础	m^3	7	4-1-4(一)	0.89	6.230
砌一砖半基础	m^3	2	4-1-2(一)	0.86	1.720
砌二砖基础	m^3	1	4-1-3(一)	0.833	0.833
圆形弧形砖基础用工	m^3	0.5	4-1-加工表	0.100	0.050
标准砖超运距100	m^3	10	4-15-177(一)	0.109	1.090
砂浆超运距100	m^3	10	4-15-177(二)	0.0408	0.408
筛砂用工	m^3	2.36×1.02	1-4-83	0.109	0.262
小计					10.593
定额用工		10.593×1.15 （人工幅度差系数取15%）			12.182

3.5.7 预算定额材料消耗量的确定

(1)材料消耗

施工中材料的消耗,可分为必需的消耗和损失的消耗两类。它包括:直接用于建筑和安装工程的材料,不可避免的施工废料,不可避免的材料损耗。

必须消耗的材料属于施工正常消耗,是确定材料消耗定额的基本数据。它直接用于建筑和安装工程的材料、编制材料净用量定额以及不可避免的施工废料和材料损耗、编制材料损耗定额。

预算定额材料消耗量计算可表达为:

$$定额材料消耗量 = 材料净用量 + 材料损耗量$$
$$材料损耗量 = 材料净用量 \times 材料损耗率$$

或　　　$$定额材料消耗量 = 材料净用量(1 + 材料损耗率)$$

(2)预算定额材料消耗量的确定方法

预算定额材料消耗量的常用确定方法有观察法、试验法、统计分析法和理论计算法。以理论计算法为例,它是运用一定的数学公式计算材料消耗量的方法。例如:砌砖工程中砖和砂浆的净用量一般都可以采用公式计算。

①计算每立方米一砖墙砖的净用量

$$砖数 = \frac{1}{(砖宽 + 灰缝) \times (砖厚 + 灰缝)} \times \frac{1}{砖长}$$

②计算每立方米一砖墙砂浆的净用量

$$砂浆(m^3) = (1m^3 砌体 - 砖数的体积) \times 1.07(压实系数)$$

3.5.8　预算定额机械台班消耗量的确定

预算定额中的机械台班消耗量是指在合理使用机械和合理施工组织设计条件下,按机械正常使用配置,综合确定的完成定额计量单位合格产品所必须消耗的机械台班数量标准。

(1)机械台班消耗量的确定方法

在确定机械台班消耗量时,应考虑增加一定的机械幅度差。机械幅度差是指在劳动定额或施工定额中未考虑到的,而在实际施工中又不可避免的影响机械效率或使机械停歇的时间。其内容包括:

①施工中机械转移工作面及配套机械互相影响损失的时间;

②在正常施工条件下,机械在施工中不可避免的工序间歇;

③工程开工和结尾时工程量不饱满所损失的时间;

④检查工程质量影响机械操作的时间;

⑤临时停机、停电影响机械操作的时间;

⑥机械维修引起的停歇时间等。

在计算预算定额机械台班消耗量指标时,机械幅度差以系数表示。常用机械的幅度差如表3.4所示。

表 3.4　常用机械的幅度差

机械类型	机械幅度差	机械类型	机械幅度差
土方机械	1.25	打桩机械	1.33
吊装机械	1.3	其他机械	1.1

具体计算方法有两种:

1)按班组配备及专用机械台班量确定

中小型机械是按工人小组配备的,其台班产量受小组产量制约,故应以小组产量计算台班产量,不另增加机械幅度差。如:垂直运输用塔吊、卷扬机、砂浆及混凝土搅拌机等。其计算公式为:

$$分项定额机械台班使用量 = \frac{分项定额计量单位值(或加工量)}{小组总产量}$$

式中：　　　　小组总产量 = 产量定额 × 小组人数

或　　　　$$分项定额机械台班使用量 = \frac{分项定额用量}{台班产量}$$

2)大型机械施工的土石方、打桩、构件吊装、运输项目的台班量确定

$$分项定额机械台班使用量 = \frac{预算定额项目计算单位值}{小组总产量} \times 机械幅度差系数$$

(2)机械台班消耗量计算示例

以基础定额第二章桩基础工程中轨道式柴油打桩机打预制方桩(桩长12m以内)(2-1)为

例,其机械台班消耗量计算方法如下:

①本分项工程工作内容包括:准备打桩机具,移动打桩机及其轨道,吊装定位,安卸桩帽、校正、打桩。

②12m 内预制方桩体积综合取定为:

$$0.25 \times 0.25 \times 6 \ \text{m}^3 = 0.38 \ \text{m}^3 \quad 占 20\%$$

$$0.30 \times 0.30 \times 8 \ \text{m}^3 = 0.72 \ \text{m}^3 \quad 占 40\%$$

$$0.35 \times 0.35 \times 10 \ \text{m}^3 = 1.23 \ \text{m}^3 \quad 占 20\%$$

$$0.35 \times 0.35 \times 12 \ \text{m}^3 = 1.47 \ \text{m}^3 \quad 占 10\%$$

$$0.40 \times 0.40 \times 10 \ \text{m}^3 = 1.60 \ \text{m}^3 \quad 占 10\%$$

③计算公式

$$打桩机定额台班 = \sum \left\{ \frac{计量单位 \times 权数}{台班产量 \times 桩体积} \times (1 + 机械幅度差系数) \right\}$$

式中,台班产量执行 1985 年劳动定额第 17 册相应项目,机械幅度差不分型号一律为 33%。

④具体计算过程如表 3.5 所示。

表 3.5　打桩机定额台班量计算

方桩规格	劳动定额编号	台班产量	权数	计算量	幅度差	台班/10m³
0.25 × 0.25 × 6 = 0.38	17-2-63[五] × 1.15	25.4 × 1.15	20%	10	1.33	0.24
0.3 × 0.3 × 8 = 0.72	17-2-71(八)	20.8	40%	10	1.33	0.356
0.35 × 0.35 × 10 = 1.23	17-2-81(八)	14.6	20%	10	1.33	0.149
0.35 × 0.35 × 12 = 1.47	17-2-81(八)	14.6	10%	10	1.33	0.063
0.4 × 0.4 × 10 = 1.6	17-2-92(二)	11.7	10%	10	1.33	0.071
定额台班	一级土桩锤重 2.5t					0.879

3.6　预　算　基　价

关于预算基价有多种说法,有时称单位估价表,有时也称预算单价,但无论称之为什么,它们都表示了一定计量单位的分项工程或结构构件的价格。

3.6.1　预算基价的概念

预算基价,也就是定额分项工程预算单价,是以建筑安装工程预算定额或基础定额规定的人工、材料和施工机械台班消耗量为依据,以货币形式表示的每一个定额分项工程的单位产品价格。它是以各地省会城市(也称为基价区)的工人日工资标准、材料预算价格和机械台班预算价格为基准综合取定的,是编制工程预算造价的基本依据。

在国家已经颁布实施《全国统一建筑工程基础定额》以后,各省、自治区、直辖市为了使用方便,结合当地实际,均编制了地区预算基价,如《全国统一建筑工程基础定额云南省预算基价》、《全国统一施工机械台班费用定额云南省预算基价》、《四川省建筑工程计价定额》等。

3.6.2　预算基价的组成内容与表现形式

预算基价由人工费、材料费、机械费组成,而人工费、材料费、机械费(简称"三价")又是以人工工日、材料和机械台班消耗量(简称"三量")为基础编制的。他们之间的关系可表达为:

预算基价 = 人工费 + 材料费 + 机械费

其中　　　人工费 = 定额人工工日数 × 当地人工工资单价

材料费 = ∑(定额材料消耗量 × 相应的材料预算价格)

机械费 = ∑(定额机械台班消耗量 × 相应的施工机械台班预算价格)

预算基价一般亦以表格形式表现,现以《全国统一建筑工程基础定额云南省预算基价》中人工挖沟槽为例,如表3.6所示。

表 3.6　人工挖沟槽预算基价表

工作内容:人工挖沟槽,将土置于槽边1m以外自然堆放,沟槽夯实　　　　　　　　单位/10m³

定额编号				1-5	1-6	1-7
项目				沟槽一二类土		
				深度(m以内)		
				2	4	6
基价/元				713.88	918.00	1181.96
其中	人工费/元			710.56	916.53	1181.04
	材料费/元			–	–	–
	机械费/元			3.32	1.47	0.92
编码	名称	单位	单价	数量		
10001	综合工日	工日	21.06	33.74	43.52	56.08
4010015	夯实机 20.60kg·m	台班	18.43	0.18	0.08	0.05

从表中我们看出,预算基价所用的表格形式以定额表为基础,且加入了单位估价表(其中表现价的那一部分),使得预算基价中既有定额消耗量,又有单位价格,这是我国现行的预算基价(或预算定额)的一大特点。

其中,表现价的部分如(1-5),可以用公式计算如下:

人工费 = 21.06 × 33.74 元/10m³ = 710.56 元/10m³

材料费 = 0 元/10m³

机械费 = 18.43 × 0.18 元/10m³ = 3.32 元/10m³

基价 = (710.56 + 0 + 3.32)元/10m³ = 713.88 元/10m³

在计算式中,21.06元是昆明市现行的土建工人综合日工资单价,18.43元是云南省现行的夯实机(20.60kg·m)的预算单价。由此可以看出,决定预算基价的因素,一方面是定额消耗量,另一方面是人工工资单价,材料及机械台班预算价格。因此,正确确定人工工资单价,材料及机械台班预算价格,对确定定额预算基价,具有重要作用。

3.6.3　定额人工工资单价的确定

(1)定额人工工资的组成内容

1)生产工人的基本工资

指生产工人把一定时间的劳动消耗在生产上而得到的劳动报酬,一般应理解为工人在工作时间内应得到的全部工资、津贴、工具津贴、工作条件困难津贴等。基本工资按国家规定的工人工资等级标准执行。

2)工资性津贴

包括副食品补贴、煤粮差价补贴、上下班交通补贴。

3)生产工人辅助工资

指开会和执行必要的社会义务时间的工资,职工学习培训期间的工资,调动工作期间和探亲假期工资,因气候影响停工的工资,女工哺育时间的工资,由行政支付的病(6个月以内)、产、婚、丧假期的工资,徒工服装补助费等。

4)福利费

5)劳动保护费

指按国家规定标准发放的劳动保护用品的购置费等。

(2)建安工人的工资等级标准

1985年,国家劳动人事部颁发了《国营大中型企业工人工资标准表》,如表3.7所示。国营大中型企业工人新的工资等级基本为八级,在每两个等级中增加一个副级,共为15个工资等级。标准中并按工资区类别划分了五类工资区至十一类工资区的标准,每个工资区又跨5个工资标准,企业可按产业类别分别执行相应的工资标准。

表3.7 国营大中型企业工人工资标准表 单位:元/月

序号		1	2	3	4	5	6	7	8	9	10	11
等级	一	一	33	34	35	36	37	38	39	40	41	42	43
	二	二	36	37	38	39	40	41	42	43			
		三	40	41	42	43	44	45	47	48	49	50	51
	三	四	44	45	46	47	48	49	52	53	54	55	56
		五	48	49	50	51	52	54	57	58	59	60	61
	四	六	52	53	54	55	56	59	62	63	64	65	66
		七	56	58	59	60	61	64	67	68	69	70	72
	五	八	61	63	64	65	66	69	72	73	75	76	78
		九	66	68	69	70	72	75	78	79	81	82	84
	六	十	71	73	74	76	78	81	84	85	87	89	91
		十一	76	78	80	82	84	87	90	91	94	96	98
	七	十二	81	84	86	88	90	93	96	98	101	103	105
		十三	87	90	92	94	97	100	103	105	108	110	113
	八	十四	93	96	98	101	104	107	110	112	115	118	121
		十五	99	102	105	108	111	114	117	120	123	126	129
各类区适用范围		五类工资区											
			六类工资区										
				七类工资区									
					八类工资区								
						九类工资区							
							十类工资区						
								十一类工资区					

(3)月工资与日工资的关系

我国职工的工资标准绝大部分是按月确定的,在编制预算定额确定人工单价时,一般应将月工资标准换算为日工资标准,其计算公式为:

定额人工工资单价 = 月工资标准 ÷ 每月法定平均工作天数

(4)平均技术等级与综合工日工资

1)平均技术等级

为简化计算,目前我国预算定额中的人工均是不分工种和技术等级的,不分不等于工人没有工种和技术等级的差别,而是将工人的工种和技术等级综合在了一个合理组合的工人小组中,以这个小组的平均技术等级来计算定额工资单价。

定额平均技术等级是指按工人小组成员各技术等级人均比例综合确定的等级。

[例3.1]　某工人小组成员中有六级工2人,五级工3人,四级工4人,则平均技术等级为4.78级。计算方法如下:

平均技术等级 = ∑(某技术等级 × 该技术等级人数) ÷ 该小组工人总人数 =

(6×2 + 5×3 + 4×4)÷(2 + 3 + 4) =

(12 + 15 + 16)÷ 9 =

43 ÷ 9 =

4.78 （级）

2)综合工日工资

综合工日工资是指预算定额中使用的生产工人的工资单价,它是用于编制施工图预算时计算人工费的标准,而不是施工企业给工人发放工资时的标准。因为目前我国大多数地区的预算定额工资(综合工日工资)单价仅在20～30元之间,而某些技术高的工人一天的工资标准远高于这个水平。

综合工日工资可按下列公式计算:

综合工日工资 = (基本工资 + 辅助工资 + 工资性津贴 + 福利费 + 劳保费)÷ 每月法定工作天数

其中:每月法定工作天数 = (365 - 10 - 52×2)÷ 12 = 20.9 天

例如,陕西省建安工人综合工日工资标准如表3.8所示。

表3.8　陕西省建安工人综合工日工资标准

项目	基本工资	辅助工资	工资性津贴	福利费	劳保费	合计
日标准	11.66	1.52	4.09	2.34	0.70	20.31

3)平均技术等级的基本工资计算

在构成建安工人综合工日工资的5个项目中,仅有基本工资与工人技术等级有关,其他4项则与之无关。而且工人技术等级是以一个工人小组的平均技术等级来确定的,一般情况下,工人小组的平均技术等级不会恰好是整数级而是小数级,如上面我们已计算出某工人小组的平均技术等级为4.78级。

非整数级的工人基本工资标准可用插入法按以下公式计算:

$$B = A +(C - A)×(b - a) \tag{3.1}$$

式中　　B——非整数级的工人基本工资标准;

A ——与 B 相邻而较低的那一级工资标准；

C ——与 B 相邻而较高的那一级工资标准；

b ——与 B 对应的平均技术等级；

a ——与 A 对应的技术等级。

[例 3.2] 某工人小组组合情况如[例 3.1]，已知当地工人基本工资的执行标准为：六级工 85 元/月，五级工 73 元/月，四级工 63 元/月，求该工人小组的基本工资标准。

[解] 从[例 3.1]计算已知该小组的工人平均技术等级为 4.78 级，则与之相邻的较低一级为四级，较高一级为五级。

代入上面插入法公式(3.1)

则该工人小组月基本工资 = 63 元/月 +（73 - 63）×（4.78 - 4）元/月 =

（63 + 10 × 0.78）元/月 =

70.8 元/月

3.6.4 材料预算价格的确定

(1)材料预算价格的含义

材料预算价格是指材料(包括构件、成品及半成品)由来源地或交货点到达工地仓库或施工现场指定堆放点后的出库价格。它由材料原价、供销部门手续费、包装费、采购保管费组成，其计算方法为：

材料预算价格 =（材料原价 + 供销部门手续费 + 包装费 + 运输费）×（1 + 采购保管费率）

- 包装品回收价值

(2)材料预算价格的组成内容

1)材料原价

指材料的出厂价或国营商业部门的批发价。

2)供销部门手续费

是指材料不能直接从生产厂家获得，而必须由当地经营建材的公司或供销部门供应时所附加的手续费。其计算方法为：

供销部门手续费 = 材料原价 × 供销部门手续费率 × 经仓比重

3)包装费

是指为了便于材料运输及保护材料免受损失而进行必要的包装所发生的一切费用。有些材料的包装品可以回收残值，其计算方法为：

包装品回收价值 = 包装品原价 × 回收率 × 回收价值率 ÷ 包装品标准容量

包装品回收率和回收价值率按生产单位主管部门的规定计算，如无规定，可根据实际情况参照表 3.9 进行计算。

表 3.9 包装品回收率和回收价值率

包装材料	回收率	回收价值率	包装材料	回收率	回收价值率
木制品	70%	20%	铁丝	20%	50%
铁桶	95%	50%	纸袋、纤维品	60%	50%
铁皮	50%	50%	草绳、草袋	不计	不计

4)运输费

材料运输费是指材料由来源地或交货地运至工地仓库或现场材料堆放点为止的全部运输过程中所发生的一切费用。包括：车船运输费、调车费、出入仓库费、装卸费等。

材料运输费一般是根据材料的来源地、运输方式、运输里程以及各地区主管部门规定的运价标准和其他费用标准计算的。

①铁路运输：按铁道部规定计算。

②水路运输：按交通部门的规定计算。

③汽车运输：按各地区汽车货运价格计算。

④市内短途运输：按各地区有关规定计算。

如云南省规定,50km以内的短途运输费按"递近递增"费率计算方法计算,其计算公式为：

短途运输费 = 运距 × 规定短途货运费(F值)元/t

云南省规定的短途货运费 F 值如表 3.10 所示。

表 3.10　云南省规定的短途货运费 F 值

运距/km	t·km 费用/元	运距/km	t·km 费用/元
1	1.17	26	0.515
2	1.14	27	0.50
3	1.11	28	0.485
4	1.08	29	0.47
5	1.05	30	0.455
6	1.02	31	0.445
7	0.99	32	0.435
8	0.96	33	0.425
9	0.93	34	0.415
10	0.90	35	0.405
11	0.87	36	0.396
12	0.84	37	0.387
13	0.81	38	0.378
14	0.78	39	0.369
15	0.755	40	0.36
16	0.73	41	0.353
17	0.705	42	0.346
18	0.68	43	0.339
19	0.655	44	0.332
20	0.63	45	0.325
21	0.61	46	0.32
22	0.59	47	0.315
23	0.57	48	0.31
24	0.55	49	0.305
25	0.53	50	0.3

⑤材料场外运输损耗费：以材料原价、供销部门手续费、包装费和运输费之和为基数,按各地规定的运输损耗率计算。其计算公式为：

场外运输损耗费＝（材料原价＋供销部门手续费＋包装费＋运输费）×运损率

场外运输损耗费可按表3.11取。

表3.11 材料场外运输损耗率参考表

序号	材料名称	损失率/%	序号	材料名称	损失率/%
1	标准砖、空心砖	2	16	人造石及天然石制品	0.5
2	粘土瓦、脊瓦	2.5	17	陶瓷器具	1.0
3	水泥瓦、脊瓦	2.5	18	白石子	1.0
4	水泥	散2.0袋1.5	19	石棉瓦	1.0
5	粗(细)砂	2.0	20	灯具	0.5
6	碎石	1.0	21	煤	1.0
7	玻璃及制品	3.0	22	耐火石	1.5
8	沥青	0.5	23	石膏制品	2.0
9	轻质、加气混凝土块	2.0	24	炉(水)渣	1.0
10	陶土管	1.0	25	混凝土管	0.5
11	耐火砖	0.5	26	白灰	1.5
12	缸砖、水泥砖	0.5	27	石屑、石粉	20
13	瓷砖、小瓷砖	1.0	28	石棉粉	0.5
14	蛭石及制品	1.5	29	耐火碎砖沫	2.0
15	珍珠岩及制品	1.5	30	石棉制品	0.5

5)材料采购及保管费

材料采购及保管费是指材料供应部门(包括工地仓库及上级各材料管理部门)在组织采购;供应和保管过程中所需要的各项费用。其计算公式为:

材料采购及保管费＝（材料原价＋供销部门手续费＋包装费＋运输费）×采购及保管费率

采购及保管费率按各地区有关部门规定执行,一般为2%。

(3)综合材料预算价格计算

在编制材料预算价格时,若所用材料是由不同的来源地供应的,则须计算材料的综合平均价格,其计算方法为加权平均法,计算公式为:

$$T = (K_1 T_1 + K_2 T_2 + K_3 T_3 + \cdots + K_n T_n) \div (K_1 + K_2 + K_3 + \cdots + K_n)$$

式中　T——材料的综合平均价格;

　　　$K_1, K_2, K_3 \cdots K_n$——不同来源地的材料年供应量;

　　　$T_1, T_2, T_3 \cdots T_n$——不同来源地的材料预算价格。

[例3.3] 编制某省会城市所用425#袋装水泥的材料综合预算价格。

已知条件:①材料由甲、乙、丙三地供应,其基本数据如表3.12所示。

表3.12 甲、乙、丙三地供应材料基本数据

供应地	供应量/(万·t^-1)	原价/(元·t^-1)	长途运输方式	全程运价/(元·t^-1)	装卸费/(元·t^-1)	短途运输方式	平均运距/km
甲	800	200	铁路	30	8	汽车	8
乙	600	190	水路	20	6	汽车	20
丙	600	180	公路			汽车	40

②汽车运费可按表 3.6.5 取,装卸费为 4 元/t,场外运输损耗率为 0.4%,采购保管费率为 2%。

③各地供应的水泥其中有 1 200 万 t 经由供销部门供应,供销部门手续费率为 5%。水泥原袋包装,每 50kg 装一袋,纸袋原价每个 1.5 元,回收量 60%,回收折价率 50%。

[解]　①原价计算

各地供应权数

甲地　　　　$800 \div (800 + 600 + 600) = 0.4$

乙地　　　　$600 \div (800 + 600 + 600) = 0.3$

丙地　　　　$600 \div (800 + 600 + 600) = 0.3$

加权平均原价

　　　　$(200 \times 0.4 + 190 \times 0.3 + 180 \times 0.3)$ 元/t $= 191$ 元/t

②供销部门手续费计算

　　　　　　经仓比重 $= 1\ 200 \div 2\ 000 = 0.6$

供销部门手续费

　　　　　　$191 \times 0.6 \times 0.05$ 元/t $= 5.73$ 元/t

③运输费计算

甲地材料:长途　　$(30 + 8)$ 元/t $= 38$　元/t

　　　　　短途　　$(8 \times 0.96 + 4)$ 元/t $= 11.68$　元/t

乙地材料:长途　　$(20 + 6)$ 元/t $= 26$　元/t

　　　　　短途　　$(20 \times 0.63 + 4)$ 元/t $= 16.6$　元/t

丙地材料:短途　　$(40 \times 0.36 + 4)$ 元/t $= 18.4$　元/t

各地加权平均运输费

　　$[(38 + 11.68) \times 0.4 + (26 + 16.6) \times 0.3 + 18.4 \times 0.3]$ 元/t $= 38.17$　元/t

④场外运输损耗费计算

　　　　$(191 + 5.73 + 38.17) \times 0.004$ 元/t $= 0.94$　元/t

⑤采购保管费计算

　　　　$(191 + 5.73 + 38.17 + 0.94) \times 0.02$ 元/t $= 4.72$　元/t

⑥包装品回收值计算

　　　　　　$1.5 \times 0.6 \times 0.5 \times 1\ 000/50$ 元/t $= 9$　元/t

⑦水泥的预算价格

　　　$(191 + 5.73 + 38.17 + 0.94 + 4.72 + 9)$ 元/t $= 249.56$　元/t

3.6.5　施工机械台班预算价格的确定

施工机械台班预算价格又称机械台班费用定额价格,是指某种施工机械在一个台班内,为了正常运转所必须支出和分摊的各项费用之和。

(1)施工机械台班费用的组成

根据《全国统一施工机械台班费用定额》的划分,建筑安装工程中常用的施工机械共分为 12 大类。即土石方及筑路机械、打桩机械、起重机械、水平运输机械、垂直运输机械、混凝土及砂浆机械、加工机械、泵类机械、焊接机械、动力机械、地下工程机械及其他机械等。各类机械台班费用组成不尽相同,但基本费用由以下 7 项组成:

①折旧费；

②大修理费；

③经常修理费；

④安拆费和场外运输费（中小型机械包括在内）；

⑤燃料动力费；

⑥机上人员工资；

⑦养路费及车船的使用税。

除以上7项外，还有以下3项，一般称为大型机械"三项费"，不包括在机械台班费用中：

①大型机械安拆费；

②塔式起重机基础及轨道铺设费；

③大型机械场外运输费。

以《全国统一施工机械台班费用定额云南省预算基价》为例，200L以内的灰浆搅拌机的台班费用如表3.13所示。

表3.13　200L以内的灰浆搅拌机台班费用

机械名称	台班基价/元	折旧费/元	大修理费/元	经常修理费/元	安拆费和场外运输费/元	燃料动力费/元	机上人员工资/元	养路费及车船的使用税/元
灰浆搅拌机	41.98	2.75	0.64	2.56	4.94	3.75	27.34	另计

以《全国统一施工机械台班费用定额云南省预算基价》为例，25t以内普通塔式起重机的"三项费"如表3.14所示。

表3.14　25t以内普通塔式起重机的"三项费"

序号	项目	单位	基价/元	其中				
				人工费/元	材料费/元	机械费/元	架线费/元	回程费/元
1	固定式基础	座	4 322.97	590.49	3 587.31	145.17	–	–
2	轨道式基础	m	126.64	32.81	91.28	2.55	–	–
3	安拆一次费用	台次	42 353.79	2 624.40	1 359.00	38 370.39	–	–
4	场外运输费	台次	20 760.29	1 093.5	168.00	14 446.19	266.00	4 786.60

(2)机械台班费用的计算方法

1)折旧费

折旧费是指机械在规定的使用期限内，陆续收回其原值的费用及支付贷款利息的费用。其计算公式如下：

$$台班折旧费 = 机械预算价格 \times (1 - 残值率) \times 贷款利息 \div 耐用总台班$$

式中　机械预算价格——按有关规定计算；

残值率——运输机械　　　2%

　　　　　特大型机械　　　3%

　　　　　中小型机械　　　4%

　　　　　掘进机械　　　　5%

贷款利息——按有关规定计算。

$$耐用总台班 ＝ 折旧年限 \times 年工作台班$$

或

$$耐用总台班 ＝ 大修间隔台班 \times 大修周期$$

2）大修理费

大修理费是指机械设备按规定的大修理间隔台班所进行的必要的大修理，以恢复机械正常功能所需的全部费用。台班大修理费则是机械寿命期内全部大修理费之和在台班费中的分摊费。其计算公式如下：

$$台班大修理费 ＝ 一次大修理费 \times 寿命期内大修次数 \div 耐用总台班$$

3）经常修理费

经常修理费是指机械在寿命期内除大修理外的各级保养，以及临时故障排除和机械停置期间的维护所需的各项费用；为保障机械正常运转所需替换设备，随机工具所需的费用；机械日常保养所需润滑擦拭材料费。机械寿命期内上述费用之和分摊在台班费中，即为台班维修费。其计算公式如下：

$$台班维修费 ＝ 〔\sum（各级保养一次费用 \times 寿命期内保养总次数）＋临时故障排除费〕$$
$$\div 耐用总台班 ＋ 替换设备台班摊销费 ＋ 随机工具台班摊销费 ＋ 例保辅材费$$

为简化计算，经常修理费也可采用如下公式计算：

$$台班维修费 ＝ 台班大修理费 \times K$$
$$K ＝ 机械台班经常修理费 / 台班大修理费$$

4）安拆费及场外运输费

①安拆费，指机械在施工现场进行安装、拆卸所需人工、材料、机械和试运转费用，包括机械辅助设备如：基础、底座、固定锚桩、行走轨道、枕木的折旧费、搭设、拆除等费用。其计算公式如下：

$$台班安拆费 ＝ 机械一次安拆费 \times 年平均安拆次数 \div 年工作台班 ＋ 台班辅助设施费$$

②场外运输费，是指机械整体或分体自停置地点运至现场或一工地运至另一工地的运输、装卸、辅助材料及架线等费用。按有关部门规定计算。

5）人工费

人工费是指机上司机、司炉和其他操作人员的工资。其计算公式如下：

$$台班人工费 ＝ 机上操作人员工日数 \times 人工日工资标准$$

6）燃料动力费

燃料动力费是指机械在运转过程中消耗的固体燃料、液体燃料、电力、水和风力的费用。其计算公式如下：

$$燃料动力费 ＝ 台班燃料动力消耗量 \times 燃料动力预算价格$$

其中：台班燃料动力消耗量可按下式计算

$$Q ＝ 8 \times P \times K_1 \times K_2 \times K_3 \times K_4 \times G \div 1\ 000 \quad kg/台班$$

式中　　Q——台班燃料消耗量（kg/台班）；

　　　　8——台班 8 小时工作制；

　　　　P——引擎定额功率；

　　　　K_1——能量利用系数；

　　　　K_2——时间利用系数；

K_3——车速利用系数；

K_4——油料消耗系数；

G——定额功率耗油量 （g/kW·h）。

7）养路费、车船税和运输管理费

指按国家规定应交纳的养路费、车船税。可按有关规定计算。

（3）施工机械台班费用的计算示例

[例 3.4] 某 5t 载重汽车，出厂价 8 万元/台，试计算其台班使用费用(元/台班)。

[解] ①预算价格

$$预算价格 = 80\ 000 × 1.05 元 = 84\ 000 元$$

式中：1.05 为 （1 + 5%进货费率）。

②台班折旧费

设汽车残值率为 6%，大修理间隔台班 750，使用周期 5，则：

$$台班折旧费 = [84\ 000 × (1 - 0.06) ÷ 750 × 5] 元/台班 = 21.06 元/台班$$

③台班大修理费

设一次大修理费为 12 000 元，大修次数为 5 - 1 = 4 次，则：

$$台班大修理费 = (12000 × 4 ÷ 750 × 5) 元/台班 = 12.80 元/台班$$

④台班经常修理费

设 5 吨载重汽车 K 值取 2.64，则：

$$台班经常修理费 = 台班大修理费 × K = 12.8 × 2.64 元/台 = 33.79 元/台$$

⑤人工费

设机上人员工日为 1.25，日工资为 21 元，则：

$$人工费 = 21 × 1.25 元/台班 = 26.25 元/台班$$

⑥台班燃料费

引擎额定 110kW，K_1，K_2，K_3，K_4分别为 0.4，0.6，0.6，1.03，额定耗油量 240 g/(kW·h)，台班工作制 8h，燃料预算价格 1.8 元/kg。则：

$$Q = 8 × P × K_1 × K_2 × K_3 × K_4 × G ÷ 1\ 000 =$$
$$8 × 110 × 0.4 × 0.6 × 0.6 × 1.03 × 240 ÷ 1\ 000 =$$
$$31.32 \ kg/台班$$

台班燃料费 = 31.32 × 1.8 元/台班 = 56.39 元/台班

⑦养路费、车船税和运输管理费

A. 台班养路费、车船税

机械核定吨位 5t，年工作 12 个月，养路费 140 元/t·月，年工作日 230d，过桥费及车船使用税 800 元/ t·月。

$$台班养路费、车船税 = (5 × 12 × 140 + 800) ÷ 230 元/台班 = 40 元/台班$$

B. 运输管理费

设机械管理费率为 1.5%，汽车年利用率为 75%，则：

$$年工作台班 = (365 - 10 - 52 × 2) × 0.75 天 = 188.25 天$$
$$台班机械管理费 = 84\ 000 × 0.015 ÷ 188.25 元/台班 = 6.69 元/台班$$

C. 养路费、车船税和运输管理费

（40 ＋ 6.69）元/台班 ＝ 46.69 元/台班

⑧台班使用费用

（21.06 ＋ 12.8 ＋ 33.79 ＋ 26.25 ＋ 56.39 ＋ 46.69）元/台班 ＝ 196.98 元/台班

3.7　预算定额手册

3.7.1　什么是预算定额手册

在前面几节中，已分别介绍了定额和预算基价，从严格意义上讲，前者是"量"，后者是"价"。在我国定额管理的发展过程中，曾经有很长一段时间是量价分册汇编，前者定名为《××定额》，而后者定名为《××单位估价表》，以后为了使用方便才合二为一，但命名极不规范，都统称为定额。久而久之，人们也不再关心两者的差别，如《云南省建筑工程预算定额》（九零版）、《云南省建筑工程综合预算定额》（九五版）等。直到有了《全国统一建筑工程基础定额》这样一种"纯定额"出台，各省、自治区、直辖市为了编制单位估价表，才有了如《全国统一建筑工程基础定额云南省预算基价》这样的叫法，也才须要正本清源，区分清楚定额和预算基价的概念和关系。

而在实际应用中，为了使用方便，仍旧习惯将定额与单位估价表合为一体，汇编成一册或一套，它既有定额的内容，又有单位估价表的内容，还有工程量计算规则和相关的资料如材机库，故而我们可以称其为《预算定额手册》。

可以这样讲，预算定额手册仍然是计划经济的产物，它对量到价都做了明确规定，只要一册在手，就可以很顺畅地编制工程预算，而不须要去掌握大量的市场信息。这对我国加入世贸组织后与国际惯例接轨是相当不利的，以后实行工程量清单报价就需要"量价分离"，定额手册被"纯定额"（如基础定额那样）替代是迟早要到来的事。

3.7.2　预算定额手册的组成内容

完整的预算定额手册，一般由一个红头文件开头，其次是由目录、总说明、建筑面积计算规则、各分章内容及附录等组成。各分章内容又包括分章说明、分章工程量计算规则、分部分项工程定额及单位估价表。

（1）红头文件

红头文件指国家及各地方建设行政主管部门发布的文件，是预算定额手册具有法令性的必要依据，该文件一般要明确规定预算定额手册的执行时间，适用范围。如《全国统一建筑工程基础定额云南省预算基价》中，首先是云南省建设厅云建标（1998）第 700 号文件，规定本预算定额手册自 1999 年 1 月 1 日起，在云南省辖区范围内执行。

（2）预算定额手册目录

从中可知预算定额手册编排的全部内容。

（3）总说明

对凡涉及预算定额手册基本的和共性的问题作出说明，如预算定额手册的编制依据，适应工程范围，章节结构，人材机消耗量取定方法，计算精度规定和有关说明等。如《全国统一建筑工程基础定额云南省预算基价》规定,本预算定额手册是依据《全国统一建筑工程基础定额》及其工程量计算规则,结合本省情况编制的,适用于工业与民用建筑的新建、扩建、改建工程。

(4)建筑面积计算

将其从《全国统一建筑工程预算工程量计算规则》中拿出来,单独编为预算定额手册的一个独立组成部分。

(5)各分章(分部)内容

其内容又由三部分组成:

1)分章说明。一般情况下,仅适用于本章,主要是定额应用的相关规定,如定额调整与换算,它来源于基础定额的规定。例如《全国统一建筑工程基础定额》第一章说明第一条第2点规定:人工定额是按干土编制的,如挖湿土时,人工乘以系数1.18。而同样的规定,也将出现在《全国统一建筑工程基础定额云南省预算基价》和其他省的预算定额手册的规定中。

2)工程量计算规则。是将《全国统一建筑工程预算工程量计算规则》的各部分放到相对应的各章中编排,这样更方便使用。有些地区还会根据自己的实际情况作必要的修改。

3)分部分项定额及单位估价表,这是预算定额手册的核心内容,也是篇幅最多的内容,一般用表格形式。

4)附录部分,一般有混凝土、砂浆配合比基价表,材料预算价格表,常用施工机械台班费用表,特大型机械"三项费用"表等。

3.7.3 预算定额手册的应用

1)根据工程量计算规则正确计算工程量

由于工程量计算规则已编排在预算定额手册中,使用时不必再去查找《全国统一建筑工程预算工程量计算规则》,特别是当某一方面有本地区的补充规定更是如此。

2)根据分部分项定额子目的界定对单位工程进行项目分解(也称为列项)。

3)根据预算定额手册中的分部分项单位估价表计算分项工程和结构构件的定额直接费(也称为套价)。

[例3.5] 昆明市某工程砌筑砖基础168m³,已知当地材料预算价为:红砖180元/千块,砂浆213元/m³,试套用《全国统一建筑工程基础定额云南省预算基价》计算该分项工程定额直接费。

[解] 砖基础(在云南省预算定额中编号为3-1)的单位估价表如表3.15所示。

表3.15 砖基础单位估价表　　　　　　　　　　单位/10m³

定额编号		3-1	3-2	3-3
项目		砖基础	…	…
基价/元		273.93		
其中	人工费/元	256.51		
	材料费/元	1.05		
	机械费/元	16.37		

续表

编码	名称	单位	单价	数量	
10001	综合工日	工日	21.06	12.18	
2040003	砂浆	m³	—	(2.36)	
3050039	红砖	千块		(5.236)	
3250068	水	m³	1.00	1.05	
4060008	灰浆搅拌机 200L 以内	台班	41.98	0.39	

注:表中带括号()的内容为未计价材。

套价计算过程如下:

人工费 = 256.51 × 168 /10 元 = 4 309.37 元

计价材(定额只计了水) = 1.05 × 168 /10 元 = 17.64 元

未计价材 = 〔(砂浆)213 × 2.36 + (砖)180 × 5.236〕× 168/10 元 = 24 278.69 元

机械费 = 16.37 × 168 / 10 元 = 4 502.62 元

定额直接费 = (4 309.37 + 17.64 + 24 278.69 + 4502.62)元 = 33 108.32 元

计算也可在预算表格上进行,如表 3.16 所示。

表 3.16　工程预(结)算表

序号	定额编号	项目名称	单位	数量	单价/元					合价/元				
					基价	其中			未计价材或设备费	基价	其中			未计价材或设备费
						人工费	材料费	机械费			人工费	材料费	机械费	
1	3-1	砖基础	10 m³	16.8		256.51	1.05	16.37			4 309	17.6	4 503	
		砂浆	m³	39.6					213					8 445
		砖	千块	87.9					180					15 833
		小计									4 309	17.6	4 503	24 278

定额直接费 = (4 309 + 17.6 + 24 278 + 45 023)元 = 33 108 元

4)根据定额消耗量做材料分析

也就是计算出各品种、规格的材料实际需用量,作为选购材料及构配件的依据。

[例 3.6]　计算 168m³ 砖基础的砂浆和红砖需用量。

[解]　查《基础定额》(4-1)知材料消耗量为:

砂浆　2.36 m³ / 10 m³

红砖　5.236 千块 / 10m³

则:　砂浆用量 = 168/10 × 2.36 m³ = 39.65 m³

红砖用量 = 168 / 10 × 5.236 千块 = 87.96 千块

5)半成品材料分析

上例计算中我们看到,定额对混凝土和砂浆只给出了半成品消耗量,上述材料分析仅仅做了一次分析,若要分析半成品中的材料需用量,还须借助混凝土和砂浆半成品配合比含量进行二次分析。

《全国统一建筑工程基础定额》附录四编录了《砌筑砂浆配合比表》,如表 3.17 所示。

表 3.17 砌筑混合砂浆配合比表

定额编号			15-254	15-255	15-256	15-257	15-258
项目			混合砂浆				
			中砂				
			M1	M2.5	M5	M7.5	M10
材料	水泥 325 #	kg	82	(147)	–	–	–
	水泥 425 #	kg	–	117	194	261	326
	中砂	m³	1.02	1.02	1.02	1.02	1.02
	石灰膏	m³	0.23	0.18	0.14	0.09	0.04
	水	m³	0.60	0.60	0.40	0.40	0.40

[例 3.7] 计算 M5 混合砂浆砌筑砖基础 168 m³的所有材料工程量。

[解] 从上例已计算得红砖 87.96 千块;砂浆 39.65 m³

再根据表 3.17 中(15-256)的配合比含量计算材料需用量如下:

水泥 425 # 39.65×194 kg $= 7\ 692.1$ kg

中砂 39.65×1.02 m³ $= 40.44$ m³

石灰膏 39.65×0.14 m³ $= 5.55$ m³

水 39.65×0.4 m³ $= 15.86$ m³

材料分析也可在表上做,如表 3.18 所示。

表 3.18 材料分析表

系号	定额编号	项目	单位	工程量	砂浆/m³		砖/千块			
					定额	数量	定额	数量		
1	4-1	砖基础	10	16.8	2.36	39.6	5.236	87.9		
					水泥 425 #		中砂		石灰膏	水
	15-256	砂浆	m³	39.6	194	7 692.1	1.02	40.4	0.14 5.55	0.4 15.86
		...								

第 **4** 章

工程量计算与基础定额应用

本章是本书内容最多的部分。考虑到各省在工程量计算规定上有差异,本章主要讨论《全国统一建筑工程预算工程量计算规则》的规定,并讨论《全国统一建筑工程基础定额》的应用问题。

4.1 工程量计算概述

4.1.1 什么是工程量

工程量是指以物理计量单位或自然计量单位所表示的各个具体分项工程和构配件的实物量,其计量单位必须与定额规定的单位一致。

物理计量单位是指需经量度的具有物理性质的单位。如长度以米(m)为计量单位,面积以平方米(m²)为计量单位,体积以(m³)为计量单位,质量以千克(kg)或吨(t)为计量单位等。

自然计量单位指不需要量度的具有自然属性的单位,如屋顶水箱以"座"为单位,施工机械以"台班"为单位,设备安装工程以"台"、"组"、"件"等为单位。

4.1.2 工程量计算的意义

计算工程量就是根据施工图、预算定额划分的项目及定额规定的工程量计算规则列出分项工程名称和计算式,最后计算出结果的过程。

工程量计算的工作,在整个预算编制的过程中是最繁重的一道工序,是编制施工图预算的重要环节。一方面,工程量计算工作在整个预算编制工作中所花的时间最长,它直接影响到预算的及时性;另一方面,工程量计算是否正确与否直接影响到各个分项工程定额直接费计算的正确与否,从而影响工程预算造价的准确性。因此,要求预算人员具有高度的责任感,耐心细致地进行计算。

4.1.3 工程量计算的一般规则

工程量必须按照工程量计算规则和定额规定进行正确计算。

(1)工程量计算的基本要求

1)工作内容、范围必须与定额中相应分项工程所包括的内容和范围一致

计算工程量时,要熟悉定额中每个分项工程所包括的内容和范围,以避免重复列项和漏计项目。例如抹灰工程分部中规定,墙面一般抹灰定额内不包括刷素水泥浆工料,而设计中要求

刷素水泥浆一遍,就应当另列项计算。又如,该分部规定天棚抹灰定额内已包括基层刷107胶水泥浆一遍的工料,在计算天棚抹灰工程量时,就已包括这项内容,不能再列项重复计算。

2)工程量计量单位须同定额单位一致

在计算工程量时,首先要弄清楚定额的计量单位。如墙面抹灰,楼地面层均以面积计算,而踢脚线以长度计算,在计算时如果都笼统以面积计算,就会影响工程量的准确性。

3)工程量计算规则要与现行定额要求一致

在按施工图纸计算工程量时,所采用的计算规则必须与本地区现行的预算定额工程量计算规则相一致,这样才能有统一的计算标准,防止错算。

4)工程量计算式要力求简单明了,按一定次序排列

为了便于工程量的核对,在计算工程量时有必要注明层次、部位、断面、图号等。工程量计算式一般按长、宽、厚的秩序排列。如计算面积时按长×宽(高),计算体积时按长×宽×厚或厚×宽×高等。

5)计算的精确程度要求

工程量在计算的过程中,一般可保留三位小数,计算结果则四舍五入后保留两位小数。但钢材,木材计算结果要求保留三位小数,建筑面积一般取整数。

(2)工程量计算顺序

工程量计算是一项繁杂而细致的工作,为了达到既快又准确、防止重复错漏的目的,合理安排计算顺序是非常重要的。工程量计算顺序一般有以下几种方法:

1)按顺时针方向计算

即先从平面图左上角开始,按顺时针方向环绕一周后回到左上角止。如图4.1所示。

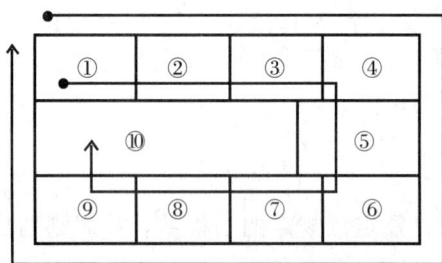

图4.1　按顺时针方向计算示意图

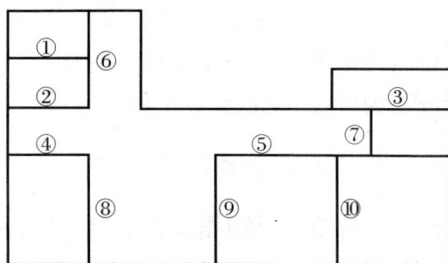

图4.2　按先横后竖、先上后下、先左后右的顺序计算示意图

2)按先横后竖、先上后下、先左后右的顺序计算

如图4.2所示,在计算内墙基础、内墙砌体、内墙装饰工程量时,先计算横墙,按图中编号①②③④⑤的顺序,然后再计算竖墙,按图中编号⑥⑦⑧⑨⑩的顺序进行。

3)按图纸编号顺序计算

对于图纸上注明了部位和构件编号的,工程量计算时可以按这些标注的顺序进行,如内外墙基础工程量,柱、梁的工程量计算。如图4.3所示,可按柱、梁、板构件的编号顺序计算。

4)按轴线编号顺序计算

按图纸所标注的轴线编号顺序依次计算轴线所在位置的工程量。如图4.4所示,可按图上轴线①②③④⑤顺序和轴线ABCD顺序分别计算竖向和横向墙体、基础、墙面等工程量。

5)按施工先后顺序计算

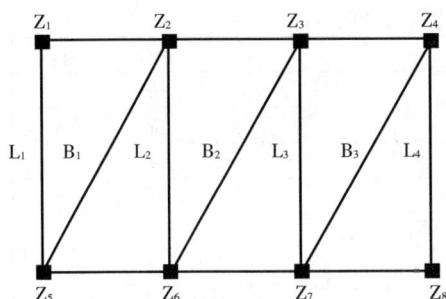

图 4.3　按图纸编号顺序计算示意图

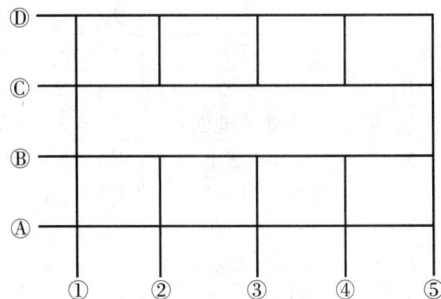

图 4.4　按轴线编号顺序计算示意图

使用这种方法要求对实际的施工过程比较熟悉,否则容易出现漏项情况。例如基础工程量的计算,按施工顺序为:平整场地→挖土方→做基础垫层→基础砌筑→浇灌地圈梁→做防潮层→回填土→余(借)土运输。

6)按定额分部分项顺序计算

即在计算工程量时,对应施工图纸按照定额的章节顺序和子目顺序进行分部分项工程的计算。采用这种方法要求熟悉图纸,有较全面的设计基础知识。由于目前的建筑设计从造型到结构形式都千变万化,尤其是新材料、新工艺层出不穷,无法从定额中找到现成的项目供套用,因此,在计算工程量时,最好将这些项目列出来编制成补充定额,以避免漏项。

7)统筹法计算工程量

为了提高工程量计算工作的效率,减少重复计算,就有必要在计算之前合理安排计算顺序,确定先算哪些,后算哪些。统筹法计算工程量是根据工程量计算的自身规律,先主后次,统筹安排的一种方法。它有以下几个基本要点:

①统筹程序、合理安排　要达到准确而又快速计算工程量的目的,首先就要统筹安排计算程序,否则就会出现事倍功半的结果。例如,室内地面工程中的房心回填土、地坪垫层、地面面层的工程量计算,如按施工顺序计算,则为:房心回填土(长×宽×高)→地坪垫层(长×宽×厚)→地面面层(长×宽)。从以上计算式中可以看出每一个分项工程都计算了一次长×宽,浪费了时间。而利用统筹法计算,可以先算地面面层,然后利用已经算出的数据(长×宽)分别计算房心回填土和地坪垫层的工程量。这样,既简化了计算过程又提高了计算速度。

通常土建工程可按以下顺序计算工程量:建筑面积→脚手架工程→基础工程→混凝土及钢筋混凝土工程→门窗及木结构工程→金属结构工程→砖石工程→楼地面工程→屋面工程→装饰工程→室外工程→其他工程。按这种顺序计算工程量,便于重复利用已算数据,避免了重复劳动。

②利用基数连续计算　在工程量计算中,离不开几个基数,即"三线一面"。"三线"是指建筑平面图中的外墙中心线($L_中$)、外墙外边线($L_外$)、内墙净长线($L_内$)。"一面"是指底层建筑面积(S_d)。利用好"三线一面",会使许多工程量的计算化繁为简。

例如,利用 $L_中$ 可计算外墙基槽土方、垫层、基础、圈梁、防潮层、外墙墙体等工程量;利用 $L_外$ 可计算外墙抹灰、勾缝和散水等工程量;利用 $L_内$ 可计算内墙防潮层、内墙墙体等分项工程量。利用 S_d 计算综合脚手架、平整场地、地面垫层、面层、天棚装饰等工程量。在计算过程中要注意尽可能地使用前面已经算出的数据,减少重复计算。"三线一面"在统筹法中的应用举例如表4.1所示。

表 4.1 "三线一面"在统筹法中的应用举例

序号	分项工程名称	工程量计算式	单位	备注
1	场地平整	$S_场 = S_d + L_外 \times 2 + 16$	m²	
2	室内整体地面	$S_净 = S_d - (L_中 + L_内) \times \delta(墙厚)$	m²	净面积
3	室内回填土	$V_填 = S_净 \times h(回填土厚)$	m²	
4	室内地坪垫层	$V_垫 = S_净 \times h(垫层厚)$	m²	
5	楼地面面积	$S_净 \times 层数 - 楼梯水平投影面积 \times (层数 - 1)$	m²	
6	外墙挖基槽	$V_外 = L_中 \times F(基槽截面面积)$	m³	
7	内墙挖基槽	$V_内 = L_槽 \times F(基槽截面面积)$	m³	
8	挖地坑	单个地坑体积$(V_坑) \times 地坑个数(n)$	m³	
9	外墙砌体基础	$V_外 = L_中 \times F(砌体基础截面面积)$	m³	
10	内墙砌体基础	$V_内 = L_基 \times F(砌体基础截面面积)$ 或:$V_内 = (L_内中 - 基础顶面宽) \times F(砌体基础截面面积)(当内墙轴线居中时)$	m³	
11	墙身防潮层	$S = (L_中 + L_内) \times \delta(墙厚)$	m²	
12	基础回填土	填方$(V_填)$ = 挖方$(V_挖)$ -	m³	
13	埋入物体积	埋入物体积$(V_埋)$ = 垫层体积 + 室外自然地坪以下基础体积	m³	
14	余土外运	$V_余 = V_挖 - V_填 \times 1.15(基槽回填 + 房心回填)$	m³	
15	外墙圈梁混凝土	$V_外 = L_中 \times F(圈梁截面面积)$	m³	
16	内墙圈梁混凝土	$V_内 = L_内 \times F(圈梁截面面积)$	m³	
17	内墙面抹灰	$L_内 \times 内墙高 - 门窗洞面积 + 门窗洞侧壁$	m²	
18	外墙面抹灰	$L_外 \times 外墙高 - 门窗洞面积 + 门窗洞侧壁$	m²	
19	内墙裙	$(L_内 - 门洞宽) \times 内墙高 - 窗洞面积 + 门窗洞侧壁$	m²	
20	外墙裙	$(L_外 - 门洞宽) \times 外墙高 - 窗洞面积 + 门窗洞侧壁$	m²	
21	腰线抹灰	$L_外 \times 展开宽$	m²	
22	室外散水	$L_外 \times 散水宽 + 散水宽 \times 散水宽 \times 4$	m²	
23	室外排水沟道	$L_外 + 散水宽 \times 8 + 沟道宽 \times 4$	m	

③一次算出,多次使用 工程量计算过程中,通常会多次用到某些数据,就可以预先把这些工程量计算出来供以后查阅使用。例如先统计出门窗、预制构件等工程量,按各种规格作好分类,便于以后计算砖墙体、抹灰等工程量时利用这些数据。

④结合实际,灵活应用 由于各种工程之间的差异,以及设计上的灵活多变,施工工艺的不断改进,使得预算人员在工程量计算的各种方法处理上也要根据实际情况灵活多变。例如,在计算同一项目的工程量时,由于结构断面、高度或深度不同,就可以采取分段计算法;当建筑物各层的建筑面积或平面布置不同时可采取分层计算法;当建筑物的局部构造尺寸与整体有所不同时,可先视其为相同尺寸,利用基数连续计算,然后再进行增减调整。

总之,工程量计算方法多种多样,在实际工作中,预算人员可根据自己的经验、习惯,采取各种形式和方法,做到计算准确,不漏项、错项即可。

4.2　建筑面积计算

建筑面积计算,全国各地的规定会有所区别,但基本上大同小异。下面以《全国统一建筑工程预算工程量计算规则》的规定来介绍建筑面积计算。

4.2.1　建筑面积的含义

建筑面积是指建筑物外墙结构所围的水平投影面积之和。它是根据建筑平面图在统一计算规则下计算出来的一项重要经济指标,例如基本建设计划面积、房屋竣工面积、在建房屋建筑面积等指标。同时,建筑面积也是计算某些分项工程工程量的基本数据,如综合脚手架、建筑物超高施工增加费、垂直运输等工程量都是以建筑面积为基数计算的。

建筑面积的计算是否正确不仅关系到工程量计算的准确性,而且对于控制基建投资规模、设计、施工管理方面都具有重要意义。所以在计算建筑面积时,要认真对照定额中的计算规则,弄清楚哪些部位该计算,哪些不该计算,如何计算。

4.2.2　不计算建筑面积的范围

①突出外墙的配件、构件、附墙柱、垛、勒脚、台阶、悬挑雨篷、墙面抹灰、镶贴块材、装饰面。如图 4.5 所示。

②用于检修、消防的室外爬梯。

③层高 2.20m 以内设备管道层、贮藏室、设计不利用的深基础架空层及吊脚架空层。

④建筑物内操作平台、上料平台、安装箱或罐体平台;没有围护结构的层顶水箱、花架、凉棚等。

⑤独立烟囱、烟道、地沟、油(水)罐、气柜、水塔、贮油(水)池、贮仓、栈桥、地下人防通道等构筑物。

⑥单层建筑物内分隔单层房间、舞台及后台悬挂幕布、布景的天桥、挑台。

⑦建筑物内宽度大于 300mm 的变形缝、沉降缝。

4.2.3　建筑面积计算规则

①单层建筑物不论其高度如何,均按一层计算建筑面积。其建筑面积按建筑物外墙勒脚以上结构的外围水平面积计算。单层建筑物内设有部分楼层者,首层建筑面积已包括在单层建筑物内,二层及二层以上应计算建筑面积。

②高低联跨的单层建筑物,如需分别计算建筑面积,当高跨为边跨时,其建筑面积按勒脚以上两端山墙外表面间的水平长度乘以勒脚以上外墙外表面至高跨中柱外边线的水平宽度计算,如图 4.6 所示。当高跨为中跨时,其建筑面积按勒脚以上两端山墙外表面间的水平长度乘以中柱外边线的水平宽度计算,如图 4.7 所示。

③多层建筑物建筑面积,按各层建筑面积之和计算,其首层建筑面积按外墙勒脚以上结构的外围水平面积计算;二层及二层以上者按外墙结构的水平面积计算。

④同一建筑物如结构、层数不同时,应分别计算建筑面积。

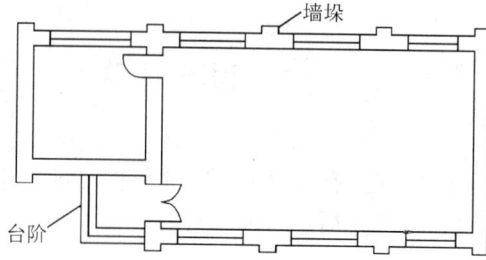

图 4.5 不计算建筑面积范围示意

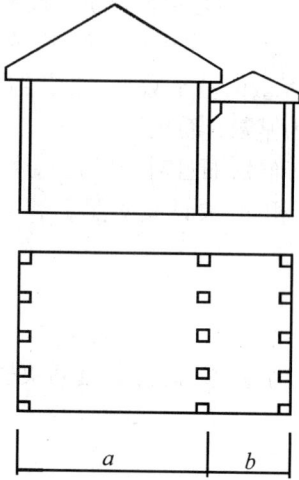

图 4.6 高跨为边跨

高跨建筑面积 $S_1 = L \times a$；

低跨建筑面积 $S_2 = L \times b$。

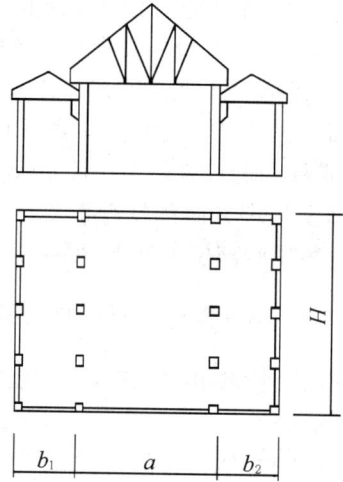

图 4.7 高跨为中跨

高跨建筑面积 $S_1 = L \times a$；

低跨建筑面积 $S_2 = L \times (b_1 + b_2)$。

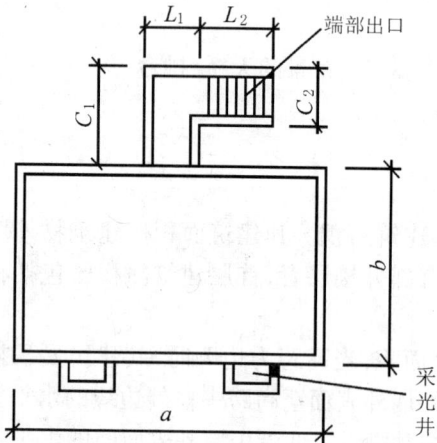

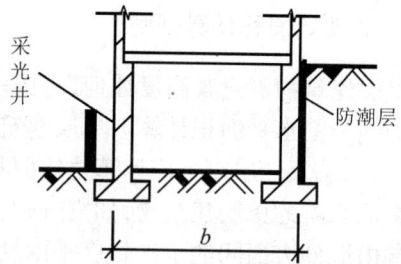

图 4.8 地下建筑及出入口

⑤地下室、半地下室、地下车间、仓库、商店、车站、地下指挥部等及相应的出入口建筑面积,按其上口外墙(不包括采光井、防潮层及其保护墙)外围水平面积计算。如图 4.8 所示。其

建筑面积 $S = a \times b + L_1 \times C_1 + L_2 \times C_2$。

⑥建于坡地的建筑物利用吊脚空间设置架空层和深基础地下架空层设计加以利用时,其层高超过 2.20m,按围护结构外围水平面积计算建筑面积。如图 4.9 所示。

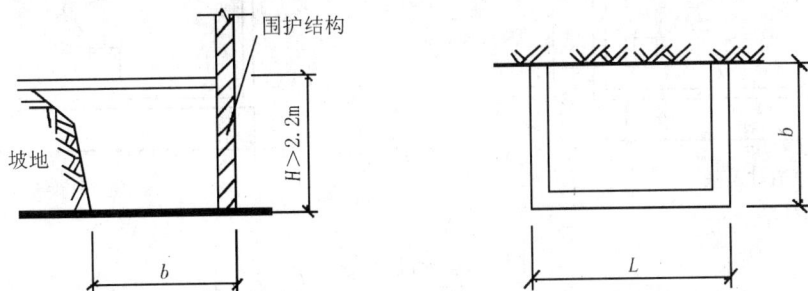

图 4.9　坡地吊脚空间
建筑面积 $S = b \times L$

⑦穿过建筑物的通道、建筑物内的门厅、大厅,不论其高度如何均按一层计算建筑面积;门厅、大厅内设有回廊时,按其自然层的水平投影面积计算建筑面积。如图 4.10 所示。

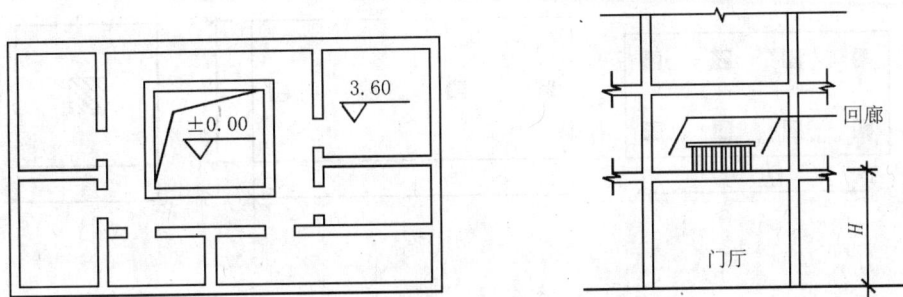

图 4.10　门厅回廊

⑧室内楼梯间、电梯井、提物井、垃圾井、管道井等均按建筑物的自然层计算建筑面积。

⑨书库、立体仓库设有结构层的,按结构层计算建筑面积,没有结构层的,按承重书架层或货架层计算建筑面积。这里的书架层是指搁放书架的楼层数,不是指书架放置书刊的层数。

⑩有维护结构的舞台灯光控制室,按其围护结构外围水平面积乘以实际层数计算建筑面积。

⑪建筑物内设备管道层、贮藏室其层高超过 2.2m 的,应计算建筑面积。

⑫有柱雨篷、车棚、货棚、站台等,按柱外围水平面积计算建筑面积;独立柱雨棚、单排柱的车棚、货棚、站台等,按其顶盖水平投影面积的一半计算建筑面积。

这里有柱雨篷指两柱及两柱以上的雨篷。三面利用建筑物围护结构,一面设柱的雨篷也按有柱雨篷计算建筑面积。如图 4.11(a)所示。如为独立柱雨篷则按顶盖水平面积的一半计算建筑面积。如图 4.11(b)所示。单排柱、独立柱的车棚、货棚、站台等的计算如图 4.12(a),(b),(c)所示。

⑬屋面上部有围护结构的楼梯间、水箱间、电梯机房等,按围护结构外围水平面积计算建筑面积。

⑭突出墙外的门斗按围护结构外围水平面积计算建筑面积。门斗主要是满足挡风防寒要

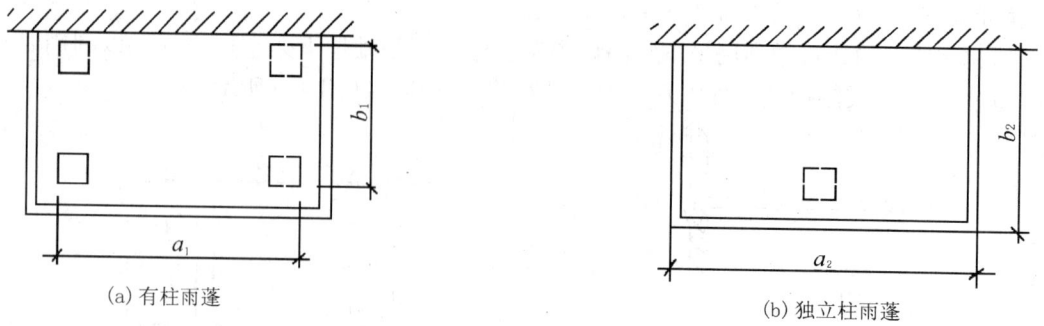

(a) 有柱雨蓬　　　　　　　　　　　　　　　　　　(b) 独立柱雨蓬

图 4.11　有柱雨篷示意

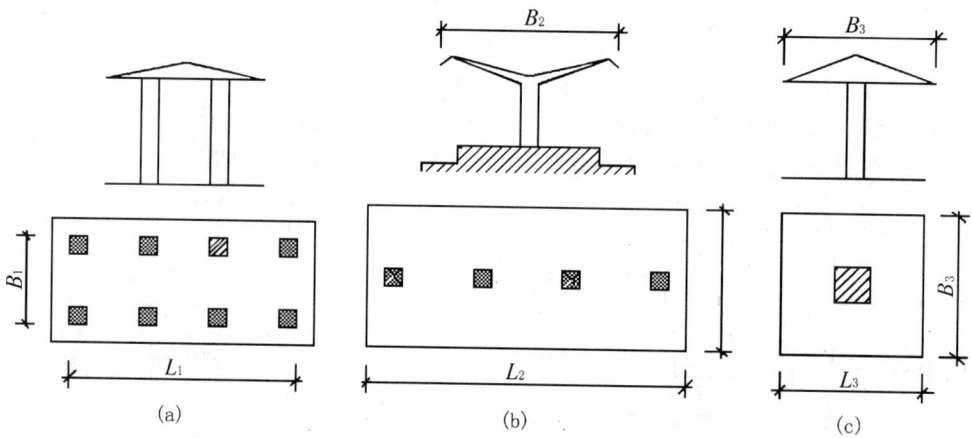

(a)　　　　　　　　　　　(b)　　　　　　　　　　(c)

图 4.12　车棚示意

求,防止冷风直接进入大厅。门斗的主要特征是有围护结构门外加门。如图 4.13 所示。

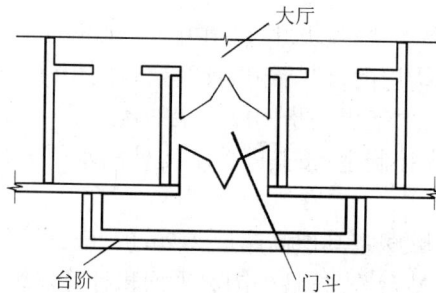

图 4.13　门斗示意图

⑮建筑物外有柱和顶盖走廊、挑廊、按柱外围水平面积计算建筑面积;有盖无柱的走廊、挑廊挑出墙外宽度在 1.5m 时,按其顶盖投影面积的一半计算建筑面积。无围护结构的凹阳台、挑阳台,按其水平面积一半计算建筑面积;建筑物间有顶盖的架空走廊,按其顶盖水平投影面积计算建筑面积。

挑出墙外作为主要交通通道的廊叫挑廊;封闭式阳台是将阳台栏杆扶手以下用砖或其他材料围护,栏杆扶手以上用玻璃窗围护起来,使阳台起到既能接受阳光又能遮挡风雨的作用;

凹进外墙面,三面均有建筑物围护结构的阳台就是凹阳台。挑廊下底层或架空通廊下底层设有 40cm 以上高度阶沿,且作为主要交通通道的廊叫走廊;单层建筑下设有 40cm 以上高度的阶沿,且作为主要交通通道的廊叫檐廊。如图 4.14(a),(b)所示。

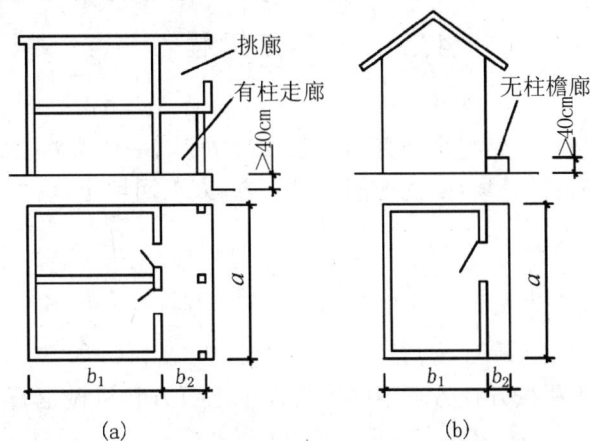

(a)　　　　　　　　　　(b)

图 4.14　挑檐及檐廊示意图

⑯室外楼梯,按自然层投影面积之和计算建筑面积。

4.2.4　建筑面积计算实例

[例 4.1]　某单层建筑的一层平面如图 4.15 所示,计算该建筑物的建筑面积。

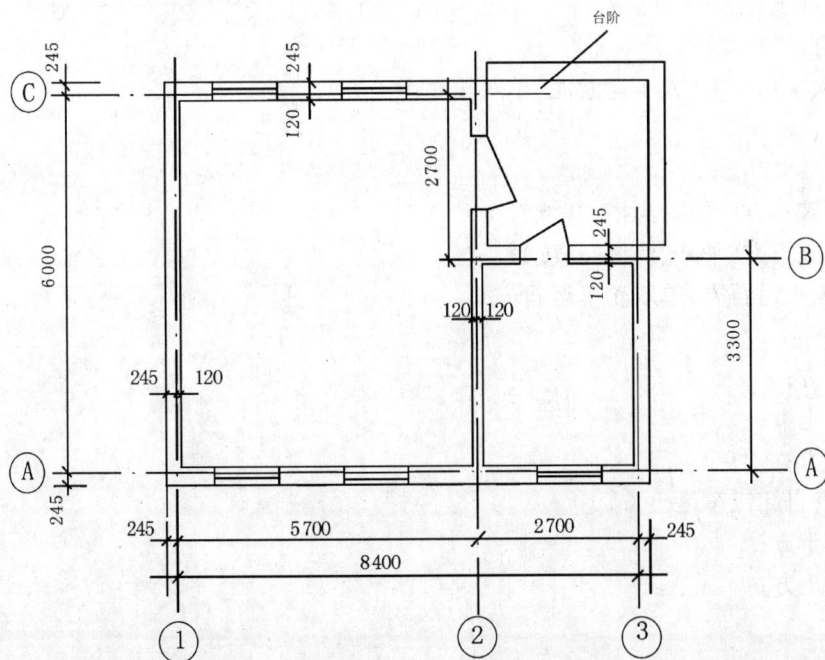

图 4.15　某单层建筑的一层平面

[解]　　建筑面积 $= (8.4 + 0.245 \times 2) \times (6.00 + 0.245 \times 2) - 2.7 \times 2.7 \text{m}^2$

$$= (57.696 - 7.29)\mathrm{m}^2$$
$$= 50.41\ \mathrm{m}^2$$

4.3 土石方工程

土石方分部的工程量计算是整个预算的重点,量大面广,一般按施工的顺序进行计算。常需要计算的土石方工程有:平整场地,挖地槽(坑)土方、人工回填土、场内运土、余(借)土运输以及人工挖孔桩等。

4.3.1 基本问题

(1)定额分项

基础定额将土石方工程按开挖方式不同分为人工土石方和机械土石方两种,具体分项如下:

1)人工土石方

①人工挖土方,淤泥、流砂;

②人工挖沟槽、基坑;

③人工挖孔桩;

④人工挖冻土;

⑤人工爆破挖冻土;

⑥回填土、打夯、平整场地;

⑦土方运输(人工运土方、人工运淤泥、单双轮车运土方);

⑧支挡土板;

⑨人工凿石;

⑩人工打眼爆破石方(平基、沟槽、基坑);

⑪机械打眼爆破石方(平基、沟槽、基坑);

⑫石方运输(人工运石方、单双轮车运石方)。

2)机械土石方

①推土机推土方;

②铲运机铲运土方;

③挖掘机挖土方;

④挖掘机挖土,自卸汽车运土方;

⑤装载机装运土方;

⑥自卸汽车运土方;

⑦地基墙夯;

⑧场地平整、碾压;

⑨推土机推渣;

⑩挖土机挖渣;

⑪井点排水;

⑫抽水机降水;

⑬井电降水。

(2)在计算土石方工程量之前,应当首先搜集并确定以下资料和数据

表 4.2　土壤及岩石分类表

定额分类	普式分类	土壤及岩石名称	天然湿度下平均容重/(kg·m⁻³)	极限压碎强度/(N·cm⁻²)	用轻钻孔机钻进1m时耗时/min	开挖方式及工具	紧固系数 f
一二类土壤	I	砂 砂壤土 腐植土 泥炭	1 500 1 600 1 200 600			用尖锹开挖	0.5 ~ 0.6
	II	轻壤土和黄土类土 潮湿而松散的黄土软的盐渍土和碱土 平均 15mm 以内的松散而软的砾石 含有草根的密实腐植土 含有直径在 30mm 以内根类的泥炭和腐植土 掺有卵石、碎石和石屑的砂和腐植土 含有卵石、碎石杂质的胶结成块的填土 含有卵石、碎石和建筑料杂质的砂壤土	1 600 1 600 1 700 1 400 1 100 1 650 1 750 1 900			用锹开挖并少数用镐开挖	0.6 ~ 0.8
三类土	III	肥粘土其中包括石炭纪、侏罗纪的粘土和冰粘石 重壤土、粗砾石、粒径为 14 ~ 40mm 的碎石和卵石 干黄土和掺有卵石或碎石的自然含水量黄土 含有直径大于 30mm 根类的泥炭和腐植土 含有卵石、碎石和建筑碎料杂质的土壤	1 800 1 750 1 790 1 400 1 900			用尖锹并同时用镐[30%]	0.81 ~ 1.0
四类土	IV	土含碎石重粘土,其中包括石炭纪侏罗纪的硬粘土 含有卵石碎石建筑碎料和重达 25kg 的顽石(总体积10%以内)杂质的肥粘土重壤土 冰碛粘土,含有重量在 50kg 以内的巨砾,其含量为总体积的 10% 以内. 泥板岩 不含或含有重达 10kg 的顽石	1 950 1 950 2 000 2 000 1 950			用尖锹并同时用镐和撬棍挖[30%]	1.0 ~ 1.5
松石	V	含有重量在 50kg 以内的巨砾(占体积的 10% 以上)的冰碛石 矽藻岩和软白垩岩 胶结力弱的砾岩 各种不坚实的片岩 石膏	2 100 1 800 1 900 2 600 2 200	小于2 000	小于3.5	部分用手凿工具,部分爆破	1.5 ~ 2.0

续表

定额分类	普式分类	土壤及岩石名称	天然湿度下平均容重 /(kg·m⁻³)	极限压碎强度/ (N·cm⁻²)	用轻钻孔机钻进1m时耗时/min	开挖方式及工具	紧固系数 f
次坚石	VI	凝炭岩和浮石 松软多孔和裂隙严重的石炭岩和介质石灰岩 中等硬度的片岩 中等硬度的泥炭岩	1 100 1 200 2 700 2 300	2 000 ~ 4 000	3.5	用风镐和爆破开挖	2~4
	VII	石灰石胶结的带有卵石和沉积岩的砾石 风化的和带有裂缝的粘土质砂岩 坚实的泥板岩 坚实的泥灰岩	2 200 2 000 2 800 2 500	4 000 ~ 6 000	6.0	用爆破方法挖	4~6
	VIII	砾质花岗岩 泥灰质石灰岩 粘土质砂岩 砂质云片岩 硬石膏	2 300 2 300 2 200 2 300 2 900	6 000 ~ 8 000	8.5	用爆破方法挖	6~8
普坚石	IX	严重风化的软弱的花岗岩、片麻岩和正长岩 滑石化的蛇纹岩 致密的石灰岩 含有卵石沉积岩的𫟼质胶结的砾岩 砂岩 砂质石灰质片岩 菱镁矿	2 500 2 400 2 500 2 500 2 500 2 500 3 000	8 000 ~ 10 000	11.5	用爆破方法挖	8~10
	X	白云石 坚固的石灰岩 大理岩 石灰岩质胶结的致密砾石 坚固砂质片岩	2 700 2 700 2 700 2 600 2 600	10 000 ~ 12 000	15	用爆破方法挖	10~12
特坚石	XI	粗花岗岩 非常坚硬的白云岩 蛇纹岩 石灰质胶结的含有火成岩之卵石的砾石 石英胶结的坚固砂岩 粗粒正长岩	2 800 2 900 2 600 2 800 2 700 2 700	12 000 ~ 14 000	18.5	用爆破方法挖	12~14
	XII	具有风化痕迹的安山岩和玄武岩 片麻岩 非常坚固的石灰岩 硅质胶结的含有火成岩之卵石的砾石 粗石岩	2 700 2 600 2 900 2 900 2 600	14 000 ~ 16 000	22	用爆破方法挖	14~16
	XIII	中粒花岗岩 坚固的片麻岩 辉绿岩 玢岩 坚固的粗面岩 中粒正长岩	3 100 2 800 2 700 2 500 2 800 2 800	16 000 ~ 18 000	27.5	用爆破方法挖	16~18

续表

定额分类	普式分类	土壤及岩石名称	天然湿度下平均容重/(kg·m⁻³)	极限压碎强度/(N·cm⁻²)	用轻钻孔机钻进 1m 时耗时/min	开挖方式及工具	紧固系数 f
特坚岩石	XIV	非常坚硬的细粒花岗岩 花岗岩麻岩 闪长岩 高硬度的石灰岩 坚固的玢岩	3 300 2 900 2 900 3 100 2 700	18 000 ~ 20 000	32.5	用爆破方法挖	18 ~ 20
	XV	安山岩、玄武岩、坚固的角页岩 高硬度的辉绿岩和闪长岩 坚固的辉长岩和石英岩	3 100 2 900 2 800	20 000 ~ 25 000	46	用爆破方法挖	20 ~ 25
	XVI	拉长玄武岩和橄榄玄武岩 特别坚固的辉长辉绿岩、石英岩和玢岩	3 300 3 000	大于25 000	大于60	用爆破方法挖	大于25

1)土壤及岩石类别

土石方工程土壤及岩石类别的划分,需根据工程勘测资料与《土壤及岩石分类表》(如表 4.2 所示)、定额规定对照后予以划分,并分类别计算工程量。

基础定额中,将土壤分为 3 个等级共 4 类,岩石分为 4 个等级,共 12 类,其对应关系如表 4.3 所示。

2)地下水标高

确定所挖土方是干土还是湿土(因为两者的单价不同)。干、湿土的划分应根据地质勘测资料规定的地下水位来确认。如无规定时,应以地下常水位为准,常水位以上为干土,以下为湿土。如采用人工降低地下水位时,干湿土的划分仍以常水位为准。

表 4.3　定额分类与普式分类对照表

定额类别	普氏类别	定额类别	普氏类别
一二类土(普通土)	III	次坚石	VI、VII、VIII
三类土(坚土)	III	普坚石	IX、X
四类土(砂砾坚土)	IV	特坚石	XI、XII、XIII、XIV、XV、XVI
松石	V		

3)挖运土的方法

是采用人工挖运土,还是人工挖土机械运土,或是机械挖运土,以便套用相应的定额。

4)余土和回填土的运距

即确定多余土外运和回填外借土的运土距离是多少。

5)是否放坡或支挡板

即确定是否需要留工作面,工作面留多宽等,以便确定挖土宽度。

6)在本分部定额内,均未包括地下水施工的排水费用,发生时另行计算

7)按竖向布置进行挖、填土方时,不得再计算平整场地的工程量

（3）人工土石方说明

1）人工挖土方、沟槽、基坑定额，均按干土编制，干湿土工程量应分别计算

2）挖土方、沟槽、基坑的划分

①沟槽：凡槽长大于槽宽 3 倍，槽底宽在 3m（不包括加宽工作面）以内者，按沟槽计算；槽底宽在 3m（不包括加宽工作面）以上者，按挖土方计算。

②基坑：凡坑底面积在 20m² （不包括加宽工作面）以内者，按基坑计算；坑底面积在 20m²（不包括加宽工作面）以上者，按挖土方计算。

3）土方体积，均以挖掘前的天然密实体积为准计算

如遇有必须以天然密实体积折算时，可按表 4.4 计算。

表 4.4　土方体积折算表

虚方体积	天然密实度体积	夯实后体积	松填体积
1.00	0.77	0.67	0.83
1.30	1.00	0.87	1.08
1.50	1.15	1.00	1.25
1.20	0.92	0.80	1.00

4）挖土一律以设计室外地坪标高为准

（4）机械土石方说明

本分部的机械是综合考虑的，实际使用机械的规格、型号不同时，不得换算。定额岩石的类别，参看岩石分类表。土方、石渣采用人力装汽车运输时按相应的机械运土方、石渣定额执行。

4.3.2　计算规则与方法

（1）人工平整场地

①人工平整场地是指厚度在 ±30cm 以内的就地挖、填找平，其工程量按建筑物外墙外边线每边各加 2m，以平方米计算。凡是按竖向布置进行挖、填及找平的大型土方工程，不得计算平整场地的工程量。

②计算场地平整工程量可按两种方法进行。

A. 当建筑物底面为规则的四边形时，如图 4.16 所示。

$$S_{场} = （建筑物外墙外边线长 + 4m）× （建筑物外墙外边线宽 + 4m）$$

或　　　　　　$$S_{场} = (L + 4) × (B + 4)$$　　　　　　　　　　　　　　（4.1）

B. 当建筑物底面为不规则的图形时，如图 4.15 所示。

$$S_{场} = 底层建筑面积 + 建筑物外墙外边线长 × 2 + 16m²。$$

或　　　　　　$$S_{场} = S_d + L_{外} × 2 + 16$$　　　　　　　　　　　　　（4.2）

注：所加 16m² 指底面各边增加 2m 后，没有计算到的四个角的面积之和。

人工平整场地套用定额为（1-48），机械平整场地则套用定额为（1-267）、（1-268）。

[例 4.2]　按图 4.15 所示，计算人工平整场地工程量。

[解]　$S_{场} = S_d + L_{外} × 2 + 16$

$= 50.41m² + （8.4 + 0.49 + 6.0 + 0.49）× 2 × 2m² + 16m² = 127.93 m²$

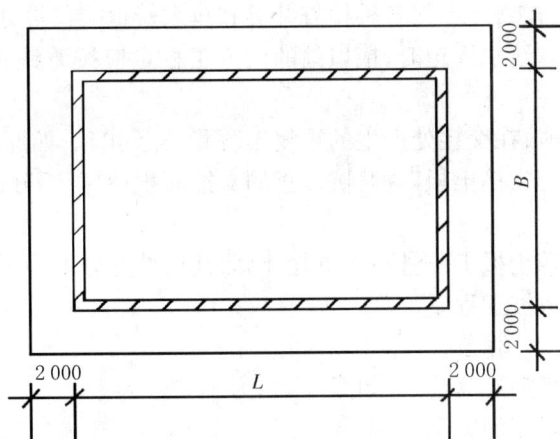

图 4.16　规则四边形的场地平整

或：

$$S_{场}=(L+4)\times(B+4)=$$
$$(8.4+0.49+4)\times(6.0+0.49+4)m^2-2.7\times2.7m^2=127.93m^2$$

(2)人工挖沟槽

1)挖沟槽土方工程量

其计算方法可以表达为：

$$沟槽体积 = 沟槽计算长度 \times 沟槽断面积$$

或
$$V_{挖}=L_{中}(L_{槽})\times F_{槽} \tag{4.3}$$

①挖沟槽计算长度:挖外墙沟槽及管道沟槽按图示中心线长度计算;内墙沟槽按图示基础底面之间净长度计算。内外突出部分(如墙垛、附墙烟囱等)体积并入沟槽工程量内计算。

②沟槽宽度:按基底宽度加工作面计算。当基础垫层为原槽浇筑时,沟槽挖土宽度为基底宽度加工作面;当垫层需要支模时,应以垫层宽度加上两边的增加工作面作为槽底宽度计算。

③沟槽深度:以自然地坪到槽底的垂直深度计算。当自然地坪标高不明确时,可采用室外设计地坪标高计算。当地槽深度不同时,应分别计算;管道沟的深度按分段间的平均自然地坪标高减去管底皮或基础底的平均标高计算。

④管道沟槽宽度按设计规定计算。如设计无规定,可按表4.5中数据计取。

表 4.5　管沟底宽尺寸表

管径/mm	铸铁管、钢管、石棉水泥管/m	混凝土、钢筋混凝土、预应力混凝土管/m	陶土管/m
50～70	0.60	0.80	0.70
100～200	0.70	0.90	0.80
250～350	0.80	1.00	0.90
400～450	1.00	1.30	1.10
500～600	1.30	1.50	1.40
700～800	1.60	1.80	
900～1 000	1.80	2.00	
1 100～1 200	2.00	2.30	
1 300～1 400	2.20	2.60	

⑤计算管道沟槽土方工程量时,各种检查井类和排水管道接口等处,因加宽而增加的工程量,均不计算;但铺设铸铁给水管道时,接口处的土方工程量应按铸铁管道沟槽全部土方工程量增加2.5%计算。

⑥在计算土方放坡时,在交接处产生的重复工程量不予扣除;如原槽做基础垫层,放坡应自垫层上表面开始计算。支挡土板以槽、坑垂直的支撑面积计算,不分连续和断续均执行本定额。

⑦放坡工程量和支挡土板工程量不得重复计算,凡放坡部分不得再计算挡土板工程量,支挡土板部分不得再计算放坡工程量。

2)人工挖沟槽工程量计算公式

①不放坡不支挡土板的计算公式(如图4.17)为

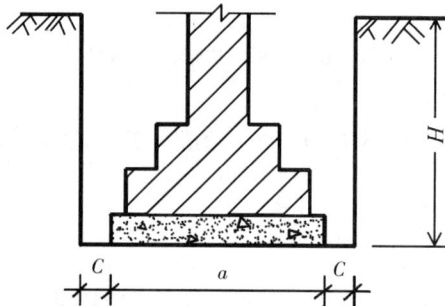

图4.17　不放坡沟槽示意图

$$V_{挖} = L(a + 2C)H \tag{4.4}$$

式中　$V_{挖}$——沟槽土方工程量(m^3);

　　　L　——沟槽计算长度。外墙为中心线长($L_{中}$),内墙为基础底面净长($L_{槽}$)。

　　　a　——基础或垫层底宽(m);

　　　C　——增加工作面宽度(m),设计有规定时按设计规定取,设计无规定时按表4.6的规定值取。

　　　H　——挖土深度(m)。

表4.6　基础工作面加宽表(C值)

基础材料	每边各增加工作面宽度/mm
砖基础	200
浆砌毛石、条石基础	150
混凝土基础或垫层需要支模	300
使用卷材或防水砂浆做垂直防潮层	800

其中,内墙基础底面净长($L_{槽}$)与内墙轴线长(当轴线居中时为内墙中心线 $L_{内中}$),相交接的外墙基础底宽有关,如图4.18所示。

例如:设 $L_{内中}$ 为6m,一边外墙基底宽1.0m,另一边外墙基底宽0.8m,则内墙基础底面净长:$L_{槽} = 6 - 1.0/2 - 0.8/2 = 5.1m$。

②由垫层底面放坡的计算公式(如图4.19所示)

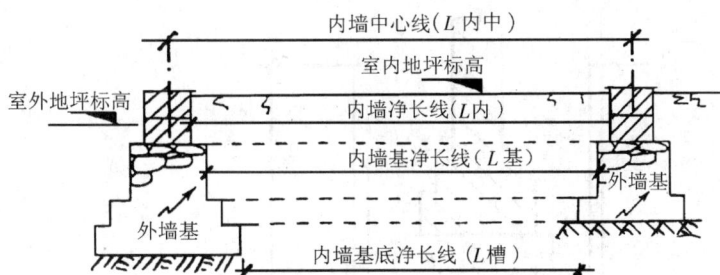

图 4.18 内墙基础底面净长计算

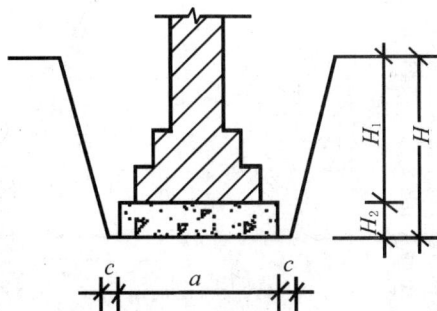

图 4.19 垫层底面放坡

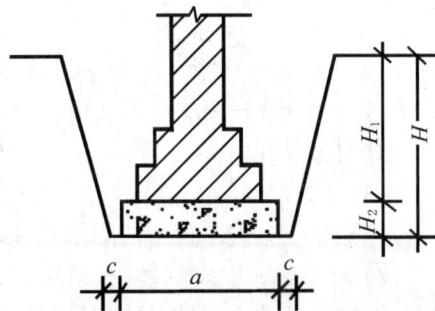

图 4.20 垫层上表面放坡

$$V = L(a + 2C + kH)H \tag{4.5}$$

式中 k——坡度系数。参见表 4.7。

其他符号同上。

表 4.7 放坡系数(k 值)

土壤类别	放坡起点深/m	人工挖土	机械挖土	
			在坑内作业	在坑上作业
一、二类土	1.2	0.5	0.33	0.75
三类土	1.5	0.33	0.25	0.67
四类土	2.0	0.25	0.10	0.33

③由垫层上表面放坡的计算公式(如图 4.20 所示)

$$V = L\{(a + 2C + kH_1)H_1 + (a + 2C) \times H_2\} \tag{4.6}$$

式中 a——基础底宽,m;

H_1——沟槽上口至垫层上表面的深度;

H_2——垫层厚度。

其他符号同前。

或

$$V = L\{(a_1 + 2C + kH_1)H_1 + a_2 H_2\} \tag{4.7}$$

式中 a_1——基础底宽,m;

a_2——垫层底宽,m。

④带挡土板的沟槽土方工程量计算公式(如图 4.21 所示)

$$V = L(a + 2c + 2 \times 0.1)H \tag{4.8}$$

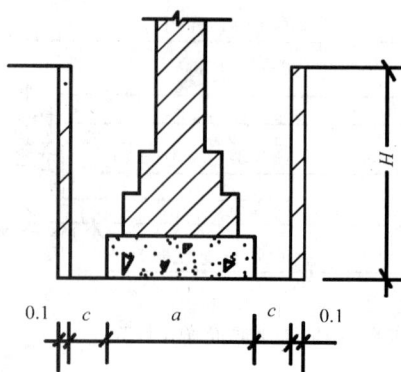

图 4.21　支挡土板基槽示意图

式中　2×0.1——两块挡土板所占宽度。

其他符号同前。

(3)人工挖基坑

1)挖基坑土方工程量按图示尺寸以立方米计算

2)基坑土方工程量计算公式

①方形基坑不放坡时体积计算公式为：

$$V = (a + 2c)(b + 2c)H \tag{4.9}$$

②方形基坑需要放坡时体积计算公式(如图 4.22 所示)

$$V = (a + 2c + kH)(b + 2c + kH)H + \frac{1}{3}k^2H^3 \tag{4.10}$$

式中　$\frac{1}{3}k^2H^3$——四角的角锥体积之和。

③圆形地坑放坡时的计算公式(如图 4.23 所示)：

$$V = \frac{1}{3}\pi H(R_1^2 + R_2^2 + R_1R_2) \tag{4.11}$$

式中　R_1——下底半径，m，$R_1 = R + C$；

　　　R_2——上口半径，m，$R_2 = R_1 + kH$；

　　　π——3.1416。

其他符号同前。

(4)人工挖孔桩

人工挖孔桩按设计的截面积乘挖孔深度以立方米计算(计算详见本章 4.4 节)。

(5)人工回填土

回填土工程量按下列方法以立方米计算：

①槽、坑回填土体积

槽坑回填土体积 = 槽、坑挖土体积 − 室外设计地坪以下埋入物体积 　　　(4.12)

②室内回填土体积

室内回填土体积 = 室内主墙间净面积 × 回填土厚度 　　　(4.13)

回填土厚度 = 室内外设计标高差 − 垫层与面层厚度之和 　　　(4.14)

③管道沟槽回填，以挖方体积减去管径所占体积计算。管径在 500mm 以下的不扣除管径

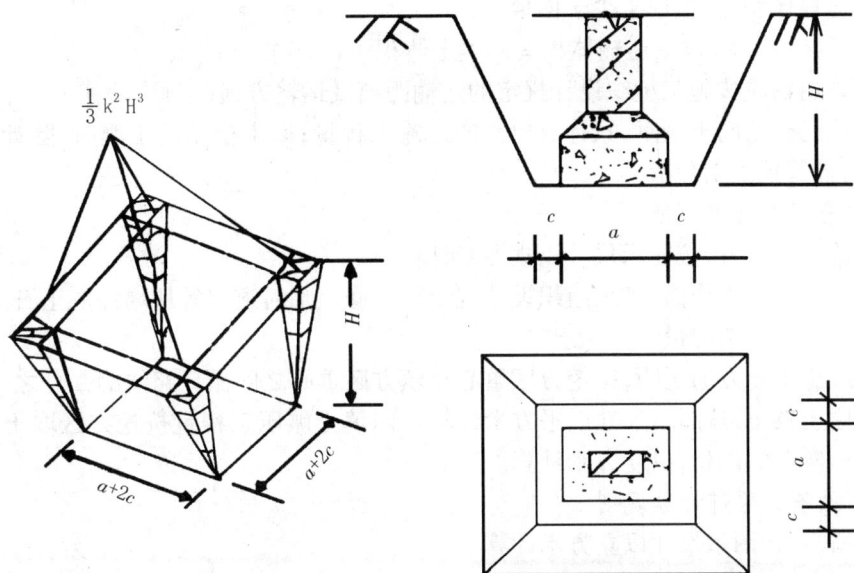

图 4.22　放坡方形坑示意图

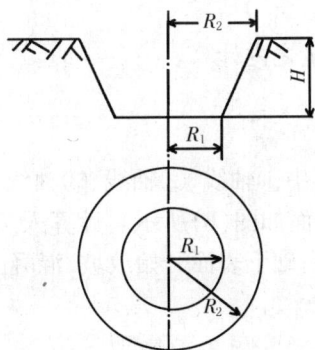

图 4.23　放坡圆形坑示意图

所占体积,管径在 500mm 以上时,按表 4.8 规定扣除管径所占体积。

表 4.8　扣除管径所占体积折算表/m³

管道材料	管道直径/mm					
	501～600	601～800	801～1000	1 001～1 200	1 201～1 400	1 401～1 600
钢管	0.21	0.44	0.71			
铸铁管	0.24	0.49	0.77			
混凝土管	0.33	0.60	0.92	1.15	1.35	1.55

(6)土方运输

沟槽、坑挖出的土方是否全部运出,或只运出回填后的余土,应根据施工组织设计的规定计算。如无施工组织设计时,土方运输工程量可采用下列公式计算:

①余土运输体积

$$余土运输体积 = 挖土体积 - 回填土体积 \times 1.15 \tag{4.15}$$

②取土运输体积(系指挖土少于回填土)

$$取土运输体积 = 回填土体积 \times 1.5 - 挖土体积 \tag{4.16}$$

③土石方运输应按施工组织设计规定的运输距离及运输方式(工具)计算。

④人工取已松动的土壤时,只计算取土的运输工程量;取未松动的土壤时,除计算运输工程量外,还需计算挖土工程量。

(7)机械土石方计算规则

①机械施工土石方,按图示尺寸以立方米计算。

②机械进入施工工作面,施工组织设计规定需要修整临时道路等所增加的土石方工程量,应并入施工的土石方工程量。

③机械施工土石方的运距,按挖方区重心至填方区重心之间循环路线的二分之一计算。

④场地原土碾压,按图示尺寸以平方米计算。回填土碾压工程量按挖方区取土的自然方或按填方区压实后的体积,以立方米计算。

(8)岩石及石方爆破计算规则

①人工凿石,按图示尺寸以立方米计算。

②爆破岩石工程量按图示尺寸以立方米计算,其沟槽、基坑深度、宽度允许超挖量:

次坚石:200mm

特坚石:150mm

超挖部分岩石并入岩石挖方量之内计算。

4.3.3 计算实例

[例4.3] 以图4.24为例,其中①轴线、②轴线、③轴线、A,B,C 轴线上外墙基础剖面如图(a)所示。②轴线上内墙基础剖面如图(b)所示。计算人工挖基槽、回填土及余土运输工程量(根据施工方案,基槽由混凝土基础下表面开始放坡,混凝土基础支模,土壤为三类)。

[解]

(1)挖土工程量计算

挖基槽工程量计算公式采用式(4.5)为:

$$V = L(a + 2c + kH)H$$

其中:挖土深度:$H = (2.0 - 0.3)\text{m} = 1.7 \text{ m}$

混凝土基础底面宽度: $a = 0.8 \text{ m}$

加宽工作面:$c = 0.3 \text{ m}$ (取自混凝土基础边,查表4.6)

放坡系数(三类土):$k = 0.33$ (查表4.7)

挖基槽长度 L 计算:

1)外墙取中心线长度

从图中可看出,由于墙厚为365,外墙轴线都不在图形中心线上,所以应对外墙中心线进行调中处理。偏心距计算得:

$$\delta = (365 \div 2 - 120)\text{mm} = 62.5 \text{ mm} = 0.062\ 5 \text{ m}$$

则 A 轴线(①—③):$L_中 = (8.4 + 0.062\ 5 \times 2)\text{m} = 8.525 \text{ m}$

B 轴线(②—③):$L_中 = (2.7 + 0.062\ 5)\text{m} = 2.762\ 5 \text{ m}$

C 轴线（①—③）：$L_{中} = (5.7 + 0.062\ 5)\text{m} = 5.762\ 5\ \text{m}$

①轴线（A—C）：$L_{中} = (6.0 + 0.062\ 5 \times 2)\text{m} = 6.125\ \text{m}$

②轴线（B—C）：$L_{中} = (2.7 + 0.062\ 5)\text{m} = 2.762\ 5\ \text{m}$

③轴线（A—B）：$L_{中} = (3.3 + 0.062\ 5)\text{m} = 3.362\ 5\ \text{m}$

总长度 $L_{中} = (8.525 + 2.762\ 5 + 5.762\ 5 + 6.125 + 2.762\ 5 + 3.362\ 5)\text{m} = 29.3\ \text{m}$

外墙中心线长也可以这样来计算更快捷，即

外墙中心线长　$L_{中} = (8.4 + 6.0) \times 2\text{m} + 0.062\ 5 \times 8\text{m} = 29.3\ \text{m}$

式中　8——偏心距的个数。只要是四边形平面，均有 $4 \times 2 = 8$。

2）内墙用基础底面净长线计算

$$L_{内} = (3.3 - 0.337\ 5 \times 2)\text{m} = 2.625\ \text{m}$$

挖地槽体积：$V_{挖} = (29.3 + 2.625) \times (0.8 + 2 \times 0.3 + 0.33 \times 1.7) \times 1.7\ \text{m}^3 = 106.43\ \text{m}^3$

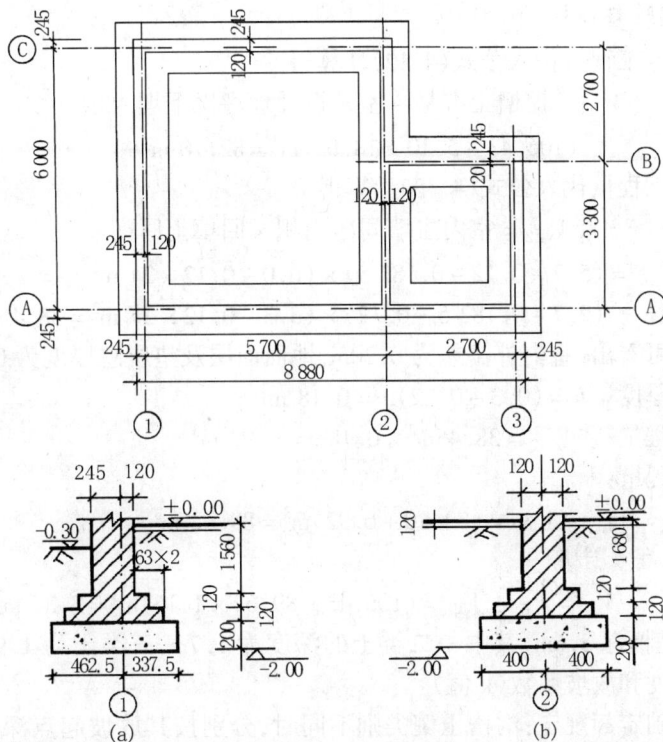

图 4.24　基础示意图

（2）室外地坪以下埋入物体积计算

1）200mm 厚混凝土基础（应按实体积计算）

混凝土基础体积 = （外墙中心线长 + 内墙基础净长）× 混凝土基础断面积　　（4.17）

其中：外墙中心线长　$L_{中} = 29.3\ \text{m}$

内墙混凝土基础净长　$L_{垫} = 2.625\ \text{m}$

混凝土基础断面积　$F = 0.8 \times 0.2\text{m}^2 = 0.16\ \text{m}^2$

代入公式(4.17)计算得

$$V_{埋1} = (29.3 + 2.625) \times 0.16\text{m}^3 = 5.10\ \text{m}^3$$

2)砖基础(算至室外地坪)

砖基础体积 = 外墙中心线长 × 外墙砖基础断面积 + 内墙净长 × 内墙砖基础断面积

$$(4.18)$$

其中:外墙中心线长　$L_{中} = 29.3$ m

内墙净长　$L_{净} = (3.3 - 0.12 × 2)$m $= 3.06$ m

外墙砖基础断面积 $F = [(1.56 - 0.3) × 0.365 + (0.365 + 0.063 × 2) × 0.12 +$
$(0.365 + 0.063 × 4) × 0.12]m^2 = 0.593$ m^2

内墙砖基础断面积 $F = [(1.56 - 0.3) × 0.24 + (0.24 + 0.063 × 2) × 0.12 +$
$(0.24 + 0.063 × 4) × 0.12]m^2 = 0.41$ m^2

代入公式(4.18)计算得

$$V_{埋2} = (29.3 × 0.593 + 3.06 × 0.41)\text{m}^3 = 18.63 \text{ m}^3$$

(3)回填土方工程量计算

1)基槽回填土方工程量代入公式(4.12)计算得

$$V_{填1} = 挖槽土方量 - 室外设计地坪以下埋入量 =$$
$$(106.43 - 5.10 - 18.63)\text{m}^3 = 82.70 \text{ m}^3$$

2)室内回填土工程量代入公式(4.13)计算得

$$V_{填2} = 室内主墙间净面积 × 回填土厚度$$

其中:　净面积 $S = (5.7 - 0.12 - 0.182\ 5) × (6.0 - 0.12 × 2)$ m$^2 +$
$(2.7 - 0.182\ 5 - 0.12) × (3.3 - 0.12 × 2)$ m$^2 = 38.45$m^2

由基础剖面图可看出,室内外高差为0.30m,地面面层及垫层总厚度为0.12m,所以:

回填土厚度　$h = (0.3 - 0.12)$m $= 0.18$ m

室内回填土工程量:　$V_{填2} = 38.45$m$^2 × 0.18$m $= 6.92$ m^3

3)回填土总工程量:

$$V_{填} = V_{填1} + V_{填2} = (82.70 + 6.92)\text{m}^3 = 89.62 \text{ m}^3$$

(4)土方运输工程量计算

余土外运体积　$V_{运} = V_{挖} - V_{填} = (106.43 - 89.62 × 1.15)\text{m}^3 = 3.37 \text{ m}^3$

[例4.4]　某基槽深3.6m,其中一二类土的深度为1.7m,三类土为1.9m,试确定该土方工程的放坡起点深度和放坡系数(k值)。

[解]　根据基础定额规定:沟槽土壤类别不同时,分别按其放坡起点深度和放坡系数,依不同土层厚度加权平均计算。

已知:　一二类土放坡起点为1.2m,放坡系数为0.5;

三类土放坡起点为1.5m,放坡系数为0.33;

则　平均放坡起点深度　$H = (1.2 × 1.7 + 1.5 × 1.9 ÷ 3.6)$m $= 1.36$ m

平均放坡系数　$k = 0.5 × 1.7 + 0.33 × 1.9 ÷ 3.6 = 0.41$

由于挖深3.6m大于了平均放坡起点深度1.36m,所以该土方工程应该放坡。

[例4.5]　若已知上例中的某基槽计算长度为36.48m,混凝土垫层(施工要求支模)底宽为2.4m,求人工挖土方工程量。

[解]　人工挖基槽土方计算采用公式(4.5)为:

$$V = L(a + 2C + kH)H$$

由题给条件知：$L = 36.48\text{m}$，$a = 2.4\text{m}$，C 取 300mm，$k =$ 由上例计算的 0.41，$H = 3.6\text{m}$。

代入计算公式得：

$$V = 36.48\text{m} \times (2.4 + 2 \times 0.3 + 0.41 \times 3.6)\text{m} \times 3.6\text{m} = 587.82 \text{ m}^3$$

[例4.6] 某工程做钢筋混凝土独立基础 36 个，形状如图4.22所示。已知挖深为 1.8m，三类土，基底混凝土垫层(要求支模)底面积为 2.8m×2.4m，试求人工挖基坑土方工程量。

[解] 人工挖基坑土方计算公式采用式(4.10)为：

$$V = (a + 2c + kH)(b + 2c + kH)H + \frac{1}{3}k^2H^3$$

由题给条件知：挖深(H)为 1.8m 大于 1.5m(三类土)，本公式适用。

式中：$a = 2.8\text{m}$，$b = 2.4\text{m}$，$c = 0.3\text{m}$，$k = 0.33$，$H = 1.8\text{m}$，代入公式得(单个体积)：

$$V_d = [(2.8 + 2 \times 0.3 + 0.33 \times 1.8) \times (2.4 + 2 \times 0.3 + 0.33 \times 1.8) \times 1.8 + \frac{1}{3} \times 0.33^2 \times 1.8^3]\text{m}^3 =$$

$$(3.994 \times 3.594 \times 1.8 + 0.21)\text{m}^3 = 26.05 \text{ m}^3$$

人工挖基坑土方工程量 $V = V_d \times 36 = 26.05 \times 36\text{m}^3 = 937.79 \text{ m}^3$

[例4.7] 某水厂制作钢筋混凝土圆形储水罐 5 个，外径为 3.6m，埋深 2.1m，土壤为三类土，罐体外壁要求做垂直防水层，试求人工挖基坑土方工程量。

[解] 查表4.6，罐体外壁要求做垂直防水层，则工作面宽应取 800mm，坑底面积为

$$S = [(3.6 \div 2 + 0.8)^2 \times 3.1416]\text{m}^2 = 21.23 \text{ m}^2 > 20 \text{ m}^2$$

套定额时应套人工挖土方。

圆形坑土方计算公式采用式(4.11)为：

$$V = \frac{1}{3}\pi H(R_1^2 + R_2^2 + R_1 R_2)$$

式中数据计算或取定为：

$$R = 3.6 \div 2\text{m} = 1.8 \text{ m}$$
$$R_1 = R + C = (1.8 + 0.8)\text{m} = 2.6 \text{ m}$$
$$R_2 = R_1 + KH = (2.6 + 0.33 \times 2.1)\text{m} = 3.293 \text{ m}$$
$$\pi = 3.1416$$

代入公式得(单个体积)：

$$V_d = \frac{1}{3} \times 3.1416 \times 2.1 \times (2.6^2 + 3.293^2 + 2.6 \times 3.293)\text{m}^3 = 57.54 \text{ m}^3$$

人工挖基坑土方工程量： $57.54 \times 5\text{m}^3 = 287.71 \text{ m}^3$

[例4.8] 在[例4.3]中，如果已知地下常水位在 −1.3m 处，其他条件不变，试分别求干、湿土工程量。

[解] 基槽分别求干、湿土工程量，计算长度是一样的，关键问题在于分别求干、湿土的计算断面积，即先求总的断面积，再求湿土断面积，而以总的断面积减去湿土断面积就是干土断面积。

前面已计算出的数据列出如下：

$$L_中 = (8.4 + 6.0) \times 2\text{m} + 0.062\,5 \times 8\text{m} = 29.3 \text{ m}$$
$$L_内 = 3.3\text{m} - 0.337\,5 \times 2\text{m} = 2.625 \text{ m}$$

基底宽为 0.8m

工作面取 0.3m

挖土总体积为：$V_挖 = 106.43 \text{ m}^3$

在本例中,总挖深为 1.7m,湿土高度为 $H_湿 = (2.0 - 1.3)\text{m} = 0.7\text{ m}$

代入公式(4.5),则湿土工程量为:

$$V_湿 = (29.3 + 2.625) \times (0.8 + 2 \times 0.3 + 0.33 \times 0.7) \times 0.7\text{m}^3 = 36.45\text{ m}^3$$

而干土工程量为:$V_干 = V_挖 - V_湿 = (106.43 - 36.45)\text{m}^3 = 69.98\text{ m}^3$

[例 4.9] 某工程采用爆破法开凿特坚石隧道,直径为 3m,长 24m,试求石方工程量。

[解] 特坚石允许超挖量为 200mm,则隧道计算半径为 $(3 \div 2 + 0.2)\text{m} = 1.7\text{m}$。

石方工程量:$V = 1.7^2 \times 3.141\,6 \times 24\text{m}^3 = 217.9\text{ m}^3$

[例 4.10] 某工程基础如图 4.25 所示,土壤类别为二类土,地坪总厚度为 120mm,施工要求混凝土垫层为原槽浇灌,垫层厚 100mm。试求场地平整、人工开挖基槽、房心回填土工程量。

[解] 1)场地平整,代入公式(4.1)得:

$$S_场 = (9 + 9 + 0.24 \times 2 + 2 \times 2) \times (12 + 0.24 \times 2 + 2 \times 2)\text{m}^2 = 370.47\text{ m}^2$$

2)人工挖基槽

场地为二类土,放坡起点深为 1.2m。

挖深:$H = (1.6 + 0.1 - 0.45)\text{m} = 1.25\text{m} > 1.2\text{m}$ 应放坡 $k = 0.5$

由于混凝土垫层为原槽浇灌,放坡应从垫层上表面开始,则计算放坡的高度:

$$H_1 = (1.25 - 0.1)\text{m} = 1.15\text{ m}$$

垫层厚:$H_2 = 0.1\text{ m}$

工作面自毛石基础底边取:$C = 150\text{ mm}$

毛石基础底宽:$a_1 = (0.8 - 0.1) \times 2\text{m} = 1.4\text{ m}$

垫层底宽:$a_2 = 0.8 \times 2 = 1.6\text{ m}$

该题应按公式(4.7)计算:

$$V = L\{(a_1 + 2C + KH_1)H_1 + a_2 H_2\}$$

其中:计算长度(L)应为:

外墙取中心线长度,由于墙厚为 365mm,外墙轴线不居中,应进行调中后再计算外墙中心线长。

偏中距:$\delta = (365/2 - 125)\text{mm} = 57.5\text{ mm}$

$$L_中 = (9 + 9 + 12) \times 2\text{m} + 0.057\,5 \times 8\text{m} = 60.46\text{ m}$$

内墙用基础底面之间净长线:

$$L_槽 = 12\text{m} - (0.125 + 0.117\,5 + 0.2 + 0.2) \times 2\text{m} = 10.715\text{ m}$$

代入公式得:

$$V_挖 = (60.46 + 10.715) \times \{(1.4 + 2 \times 0.15 + 0.5 \times 1.15) \times 1.15 + 1.6 \times 0.1\}\text{ m}^3 = 197.60\text{ m}^3$$

3)房心回填土

室内主墙间净面积为:

$$S = (12 - 0.125 \times 2) \times (9 - 0.125 - 0.182\,5) \times 2\text{m}^2 = 204.27\text{ m}^2$$

回填土厚为:$h = (0.45 - 0.12)\text{m} = 0.33\text{ m}$

回填土体积为:$V_填 = (204.27 \times 0.33)\text{m}^3 = 67.41\text{ m}^3$

4.3.4 定额应用问题

(1)人工土石方

①人工土方定额是按干土编制的,如挖湿土时,人工乘以系数 1.18。

②在有挡土板支撑下挖土时,按实挖体积,人工乘以系数 1.43。

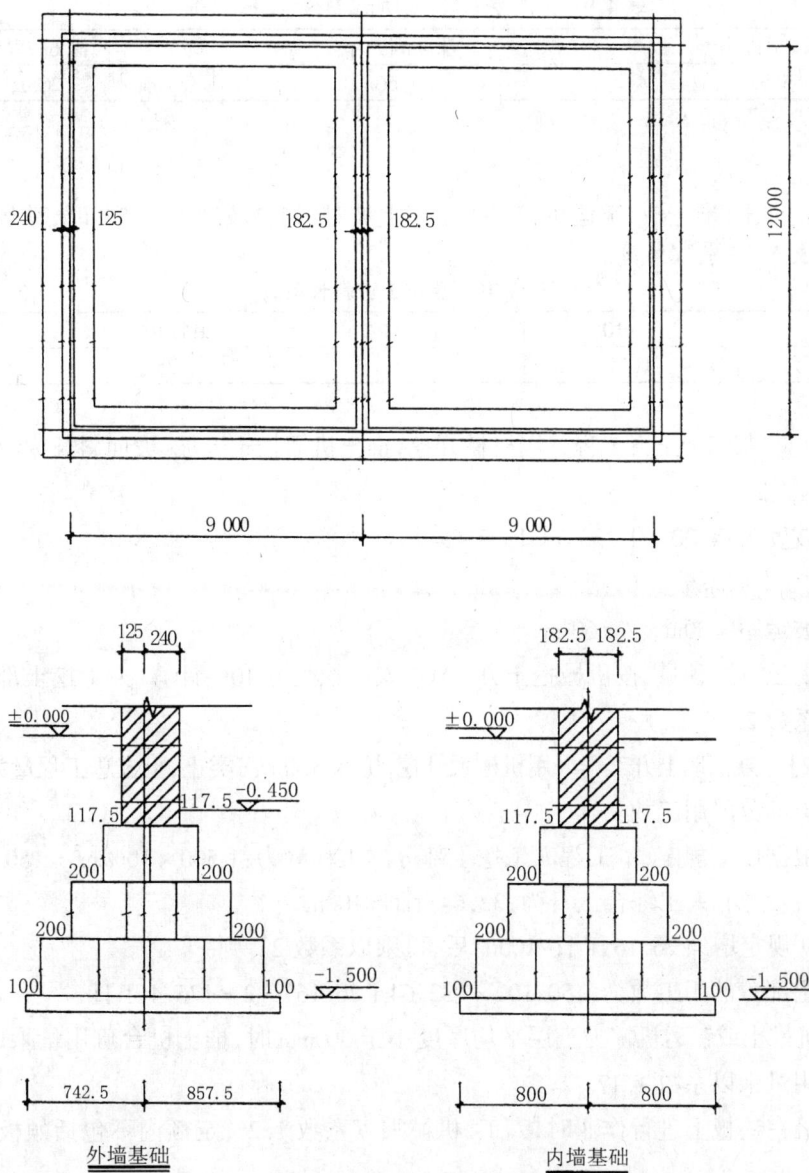

图 4.25　某工程基础平面图、断面图

③挖桩间土方时,按实挖体积(扣除桩所占用体积),人工乘以系数 1.5。

④人工挖孔桩,桩内垂直运输方式按人工考虑。如深度超过 12m 时,16m 以内按 12m 项目人工乘以系数 1.3;20m 以内人工乘以系数 1.5 计算。同一孔内土壤类别不同时,按定额加权计算。

⑤人工挖土方深度超过 1.5m 时,按表 4.9 增加工日。

表 4.9 人工挖土超深增加工日表(工日/100m³)

深 2m 以内	深 4m 以内	深 6m 以内
5.55	17.60	26.16

(2)机械土石方

①推土机推土、推土渣,铲运机铲运土重车上坡时,如果坡度大于 5% 时,其运距按坡度区段斜长乘以表 4.10 系数计算。

表 4.10 重车上坡斜长系数

坡度/%	5 ~ 10	15 以内	20 以内	25 以内
系数	1.75	2.0	2.25	2.5

[例 4.11] 某工地土方工程采用机械开挖,推土机需推土上坡,坡面斜长为 30m,高差 4m,试求推土上坡运距。

[解] 坡度为:4/30 = 0.133 3 = 13.33%

从表 4.10 中取系数 2.0,则

推土上坡运距 = 30m × 2 = 60 m

②机械挖土方工程量,按机械挖土方 90%,人工挖土方 10% 计算,人工挖土部分按相应定额人工乘以系数 2。

[例 4.12] 某工地土方工程采用机械大开挖,坑深 5.4m,三类土,土方总工程量为 1 500m³,试分析人工挖土部分的用工数。

[解] 根据以上规定,本工程人工挖土部分的工程量为:1 500 × 10% m³ = 150 m³

查定额(1-2)知,人工综合工日为:32.64 工日/100m³

按表 4.9 规定增加 26.16 工日/100m³ 后,再乘以系数 2。则

人工挖土部分的用工数为:150/100 × (32.64 + 26.16) × 2 = 176.4 工日

③推土机推土或铲运机铲土土层平均厚度小于 300mm 时,推土机台班用量乘以系数 1.25;铲运机台班用量乘以系数 1.17。

④挖掘机在垫板上进行作业时,人工、机械乘以系数 1.25,定额内不包括颠板铺所需的工料、机械消耗。

⑤推土机、铲运机推铲未经压实的积土时,按定额项目乘以系数 0.73。

⑥机械土方定额是按三类土编制的,如实际土壤类别不同时,定额中的机械台班量乘以表 4.11 所给系数。

表 4.11 机械土方类别系数

项目	一、二类土	四类土
推土机推土方	0.84	1.18
铲运机铲运土方	0.84	1.26
自行铲运机铲运土方	0.86	1.09
挖掘机挖土方	0.84	1.14

4.4　桩基础工程

4.4.1　基本问题

(1)桩基的种类

桩基础是混凝土或钢筋混凝土基础的一种类型,它主要由桩身和桩承台构成。桩的种类一般有预制钢筋混凝土桩(包括方桩和圆桩)、现场灌注混凝土桩,爆扩桩、H 型钢桩、钢管桩、钢板桩和木桩等。

(2)关于接桩、送桩、复打桩的含义

1)接桩

一般钢筋混凝土预制桩长都不超过 30m 长,若过长,对桩的起吊运输等都将带来很多不方便,所以如果打入桩需要用很长的桩时,一般都是分段预制。打桩时先把第一段打到地面附近,然后采取某种技术措施,把第二段与第一段连接牢固后,继续向下打入土中,这种连接的过程叫"接桩"。连接方式一般有焊接法和浆锚法。

2)送桩

当打桩工程中要求将桩顶面打到低于桩架操作平台以下,或设计要求将桩顶面打入自然地面以下时,打桩机的桩锤就不可能直接触击到桩头,必须借助工具桩(一般 2~3m 长,由硬木或金属制成)接到桩顶上以传递桩锤的力量,将桩打到设计规定位置,这个借助工具桩完成打桩的过程就叫"送桩"。

3)复打桩

"复打桩"发生在灌注混凝土桩用钢管压桩尖成孔的施工中,为增加灌注单桩的承载能力,采用扩大灌注单桩截面的方法,在第一次灌注的混凝土桩初凝前,再在同一桩位戴第二个桩尖再次压入,并第二次灌注混凝土。第二次(或第三次)灌注混凝土的桩称为"复打桩"。

(3)定额分项

本分部定额项目共有 142 个,内容包括:

①柴油打桩机打预制钢筋混凝土桩。

②预制钢筋混凝土桩接桩。

③液压静力压桩机压预制钢筋混凝土方桩。

④打拔钢板桩。

⑤打孔灌注混凝土桩。

⑥长螺旋钻孔灌注混凝土桩。

⑦潜水钻机钻孔灌注混凝土桩。

⑧泥浆运输。

⑨打孔灌注砂、碎石或砂石桩。

⑩灰土挤密桩。

⑪桩架 90°调面、超运距移动。

4.4.2 计算规则

(1)一般规则

①打预制钢筋混凝土桩的体积,按设计桩长(包括桩尖,不扣除桩尖虚体积)乘以桩截面面积以立方米计算。管桩的空心体积应扣除。如管桩的空心部分按设计要求灌注混凝土或其他填充材料时,应另行计算。

②接桩:电焊接桩按设计接头,以个数计算;硫磺胶泥接桩按桩断面面积以平方米计算。

③送桩:按桩截面面积乘以送桩长度(即打桩架底至桩顶面高度或设计桩顶面标高至自然地坪另加0.5m)以立方米计算。

④打拔钢板桩按钢板桩重量以吨计算。

⑤打孔灌注桩:

A.混凝土桩、砂桩、碎石桩的体积,按设计规定的桩长(包括桩尖,不扣除桩尖虚体积)乘以钢管管箍外径截面面积以立方米计算。

B.扩大桩的体积按单桩体积乘以次数计算。

C.打孔后先埋入预制桩尖,再灌注混凝土者,桩尖按钢筋混凝土章节规定计算体积,灌注按设计桩长(自桩尖顶面至桩顶面高度)乘以钢管管箍外径截面面积以立方米计算。

⑥钻孔灌注桩,按设计长度(包括桩尖,不扣除桩尖虚体积)加0.25m,乘以桩的设计截面面积以立方米计算。

(2)计算方法及公式

1)预制钢筋混凝土桩

预制桩工程量的计算一般应包括预制混凝土制作、钢筋制作、预制桩运输、打桩、接桩及送桩等项目。可简单扼要的记为"制、运、打、接、送"。在计算"制运打"等项目时,应同时考虑构件运输及安装分部对预制桩损耗率作出的规定。

计算公式分别如下:

①图示工程量:$V_{图}$ = 设计桩长×桩截面面积×桩的根数 =

$$L \times F \times N \quad \text{m}^3 \tag{4.19}$$

②制桩工程量:$V_{制}$ = $V_{图}$ ×(1 + 总损耗率) = $V_{图}$ ×(1 + 0.1% + 0.4% + 1.5%) =

$$V_{图} \times (1 + 2\%) = V_{图} \times 1.02 \quad \text{m}^3 \tag{4.20}$$

③运输工程量:$V_{运}$ = $V_{图}$ ×(1 + 0.4% + 1.5%) =

$$V_{图} \times (1 + 1.9\%) = V_{图} \times 1.019 \quad \text{m}^3 \tag{4.21}$$

④打桩工程量:$V_{打} = V_{图}$ m³ $\tag{4.22}$

⑤接桩工程量:按个数和m²。

⑥送桩:$V_{送} = L_{送} \times F$ m³ $\tag{4.23}$

⑦截桩:预制桩截桩工程量按定额说明以根计算。

⑧桩承台工程量:按实体积计算。

⑨预制桩钢筋制安工程量:$G = G_{图} \times 1.02 t$ $\tag{4.24}$

2)挖孔桩

挖孔桩的工程量计算包括土方量、挖孔桩芯、挖孔桩护壁以及挖孔桩钢筋工程量计算。其中桩本身工程量按实际体积分段计算较合理,其公式为(如图4.26所示):

$$V_1 = \pi \times r^2 \times h_1 \tag{4.25}$$

$$V_2 = 1/3 \times \pi \times h_2 (r^2 + Rr + R^2) \tag{4.26}$$

$$V_3 = \pi \times h_3^2 \times (R - 1/3h_3) \tag{4.27}$$

$$V = V_1 + V_2 + V_3 \ \text{m}^3 \tag{4.28}$$

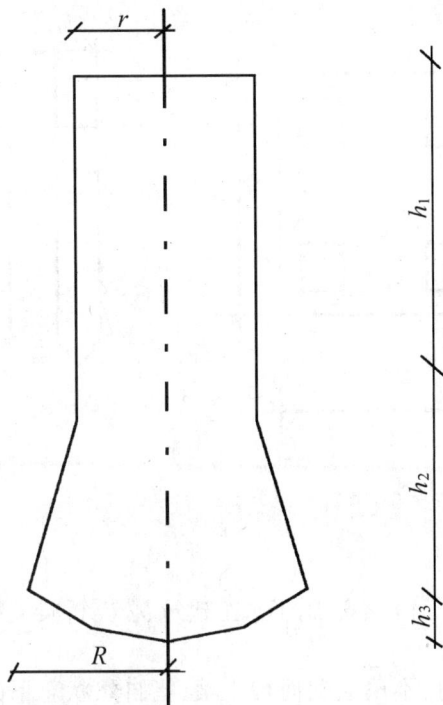

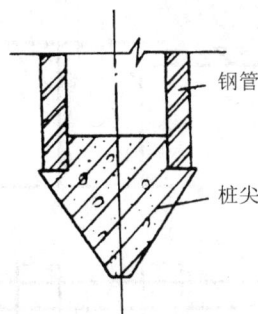

钢管

桩尖

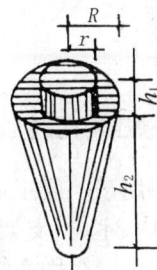

图 4.26　挖孔桩　　　　　　　　　　　　　　图 4.27　桩尖

3)现场打孔灌注桩

现场打孔灌注桩工程量包括单桩体积、灌注桩钢筋、桩尖工程量以及截桩工程量计算等。

①单桩体积:

$$V = L(\text{设计桩长}) \times F(\text{管箍外径截面积}) \ \ \text{m}^3 \tag{4.29}$$

②灌注桩钢筋:桩身钢筋为现浇钢筋,桩尖部分钢筋视为预制,按图示尺度以重量(t)计算。

③灌注桩桩尖(如图 4.27 所示):可按下列公式以实体积计算,套相应桩尖定额。

$$V_\text{尖} = (\pi r^2 h_1 + 1/3\pi R^2 h_2) \times N =$$
$$1.047\,2(3r^2 h_1 + R^2 h_2) \times N \ \ \text{m}^3 \tag{4.30}$$

④截桩:现场灌注桩截桩工程量按说明第 7 条计算。

4.4.3　计算实例

[**例** 4.13]　图 4.28 为预制钢筋混凝土桩,现浇承台基础示意图,计算桩基的制作、运输、打桩、打送桩以及承台的工程量(30 个)。

[**解**]　1)预制桩图示工程量:

$$V_\text{图} = (8.0 + 0.3) \times 0.3 \times 0.3 \text{m}^3 \times 4 \ \text{根} \times 30 \ \text{个} = 89.64 \ \text{m}^3$$

2)制桩工程量: $V_\text{制} = V_\text{图} \times 1.02 = 89.64 \text{m}^3 \times 1.02 = 91.43 \ \text{m}^3$

3)运输工程量: $V_\text{运} = V_\text{图} \times 1.019 = 89.64 \text{m}^3 \times 1.019 = 91.34 \ \text{m}^3$

4)打桩工程量：$V_打 = V_图 = 89.64\ \text{m}^3$

5)送桩工程量：$V_送 = (1.8 - 0.3 - 0.15 + 0.5) \times 0.3 \times 0.3 \times 4 \times 30\text{m}^3 = 19.98\ \text{m}^3$

6)桩承台工程量：$V_承台 = 1.9 \times 1.9 \times 0.35 \times 4 \times 30\text{m}^3 = 151.62\text{m}^3$

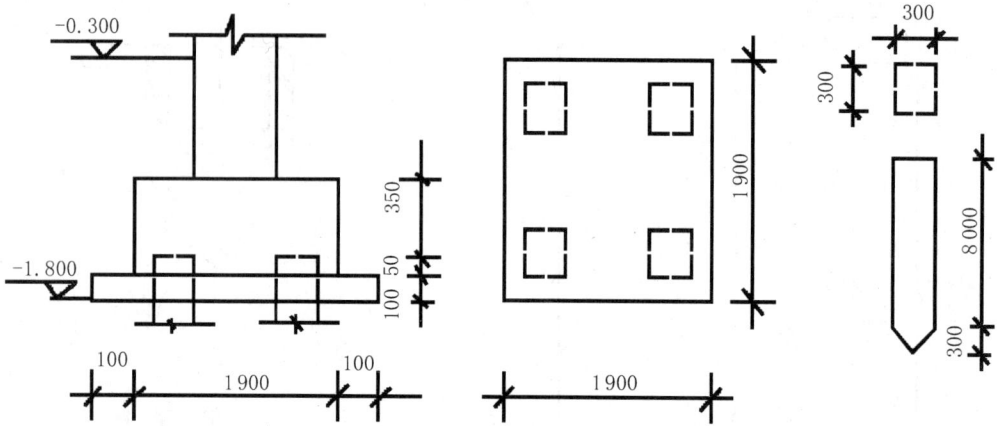

图 4.28　桩基示意图

4.4.4　定额应用问题

1)本分部适用于一般工业与民用建筑的桩基础工程,不适用于水工建筑、公路桥梁工程以及地坑内、地槽内、室内、支架上的打桩工程。

2)本分部的土壤级别系综合考虑,在使用定额时,不论遇到何种土壤(指自然状态下的土壤),均不得换算。土质鉴别见表 4.12。

3)本分部所配备的机械是综合考虑的,不论实际使用何种机械均不得换算。机械配置情况如表 4.13、表 4.14 所示。

4)本分部定额除静力压桩外,均未包括接桩,除按相应打桩定额项目计算外,按设计要求计算接桩项目。

表 4.12　土质鉴别表

内容		土壤级别	
		一级土	二级土
砂夹层	砂层连续厚度	< 1m	> 1m
	砂层中卵石含量	—	< 15%
物理性能	压缩系数	> 0.02	< 0.02
	孔隙比	> 0.7	< 0.7
力学性能	静力触探值	< 50	> 50
	动力触探系数	< 12	> 12
每米纯沉桩时间平均值		< 2min	> 2min
说明		桩经外力作用较易沉入的土、土壤中夹有较薄的砂层	桩经外力作用较难沉入的土、土壤中夹有不超过3m的连续厚度砂层

表 4.13　预制桩规格、机型、吨位选用表

桩类	桩长/mm 内(体积/m³以内)	机型	吨位/t
方桩	12	轨道式	2.5
	18		3.5
	30		5
	>30		6
板桩	(1,1.5)		3.5
	(2.5,3)		4
管桩	16,24		2.5
	32,40		3.5
	16,24,32,40	履带式	3.5

表 4.14　灌注桩规格、机型、吨位选用表

桩类	桩长/mm 内(体积/m³以内)	机型	吨位/t
混凝土桩 碎石桩 砂桩	10	轨道式	1.8
	15		2.5
	15		
	10		30
	15		40
	15		
砂石桩	(1,2)		3.5
	(3,4)		4

5)打试验桩按相应定额项目的人工、机械乘以系数 2。

6)打桩、打孔,桩间净距小于 4 倍桩径(或桩边长)的,按相应定额项目的人工、机械乘以系数 1.13。

7)定额以打垂直桩为准,如斜桩,应分别计算;当打桩斜度在 1:6 以内时,按相应定额项目乘以系数 1.25;当打桩斜度在 1:6 以上时,按相应定额项目人工、机械乘以系数 1.43。

8)单位工程打(灌)桩工程量在下表(表 4.15)规定数量以内时(为小批量打桩工程),其人工、机械量按相应打桩定额项目乘以系数 1.25 计算。

9)定额以平地(坡度小于 15°)打桩为准,如在堤坡上(坡度大于 15°)打桩时,按相应定额项目人工、机械乘以系数 1.15;如在基坑内(坑深大于 1.5m)打桩时或在地坪上打坑槽内(坑槽深大于 1m)桩时,按相应定额项目人工、机械乘以系数 1.11。

表 4.15　小批量打桩工程量

项目	单位工程的工程量	项目	单位工程的工程量
钢筋混凝土方桩	150m³	打孔灌注混凝土桩	60m³
钢筋混凝土管桩	50m³	打孔灌注砂、碎石桩	60m³
钢筋混凝土板桩	50m³	钻孔灌注混凝土桩	100m³
钢板桩	50t	潜水钻孔灌注混凝土桩	100m³

10)定额各种灌注桩的材料用量中,均已包括下表(表 4.16)规定的充盈系数和材料损耗。

表 4.16 各种灌注桩的充盈系数和材料损耗

项目名称	充盈系数	材料损耗
打孔灌注混凝土桩	125	1.5
钻孔灌注混凝土桩	1.30	1.5
打孔灌注砂桩	1.30	3
打孔灌注碎石桩	1.30	3

其中灌注砂石桩除上述充盈系数和材料损耗率外,还包括级配密实系数 1.334。

11)在桩尖补桩或强夯后的地基打桩时,按相应定额人工、机械乘以系数 1.15。

12)打送桩时可按相应打桩项目综合工日及机械台班乘以下表(表 4.17)规定系数计算。

表 4.17 送桩定额调整系数

送桩长度	系数	送桩长度	系数	送桩长度	系数
2m 以内	1.25	4m 以内	1.43	4m 以上	1.67

[例 4.14] 某现场打孔灌注混凝土桩工程,设计量为 58m³,试求计算工程量。

[解] 查表 4.15,因打孔灌注混凝土桩工程设计量为 58m³ < 60m³,应乘以小批量系数 1.25,则:

计算工程量 = 58m³ × 1.25 = 72.5 m³

[例 4.15] 某工地在基坑内(坑深 1.8m)打预制钢筋混凝土管桩(8m×300mm×300mm)50 根,桩间净距为 1m,采用履带式柴油打桩机打,场地为二级土。试求相应的人工、机械耗用量。

[解] 预制钢筋混凝土管桩图示工程量为

$$V_{图} = 8 × 0.3 × 0.3m^3 × 50 = 36\ m^3$$

打桩工程量为: $V_{打} = V_{图} = 36\ m^3$

与表 4.15 对照为小批量工程,乘以系数 1.25 后的工程量为:

$$36m^3 × 1.25 = 45\ m^3$$

查基础定额(2-18)知:综合人工为 13.27 工日/10m³;机械为履带式柴油打桩机 1.32 台班/10m³;履带式起重机 1.32 台班/10m³。

根据上列第 6、9 条的规定,调整后的人工、机械定额消耗量为:

人工: 13.27 工日/10m³ × 1.13 × 1.11 = 16.64 工日/10m³

机械:履带式柴油打桩机   1.32 台班/10m³ × 1.13 × 1.11 = 1.66 台班/10m³

履带式起重机   1.32 台班/10m³ × 1.13 × 1.11 = 1.66 台班/10m³

则相应的人工、机械耗用量为

人工: 45/10 × 16.64 = 74.88 工日

机械:履带式柴油打桩机   45/10 × 1.66 = 7.47 台班

履带式起重机   45/10 × 1.66 = 7.47 台班

13)复打灌注桩的补充规定

①云南省

计算复打灌注桩时,工程量不变,按相应定额:人工、机械乘以系数 1.15,材料乘以系数 1.12。

②四川省

复打桩乘以系数 0.8,套相应的现场灌注桩定额并乘以复打桩次数。

4.5　脚手架工程

4.5.1　基本问题

(1)关于脚手架

建筑物和构筑物施工中,要在离地面一定高度的位置进行工作,为满足高空作业的需要,要搭设不同形式、不同高度的脚手架。一般规定,凡砌筑高度超过1.5m者(有的地区规定大于1.2m)均应搭设脚手架。脚手架的分类如表4.18所示。

表4.18　脚手架的分类表

分类	脚手架名称
按材料分	木脚手架、竹脚手架、钢管脚手架
按构造形式分	多立杆式、门式、桥式、悬吊式、挂式、挑式
按搭设形式分	单排、双排
按使用功能分	外脚手架、里脚手架、满堂脚手架、井字架、斜道

(2)基础定额划分的脚手架项目

①外脚手架。

②里脚手架。

③满堂脚手架。

④悬空脚手架、挑脚手架、防护架。

⑤依附斜道。

⑥安全网。

⑦烟囱(水塔)脚手架。

⑧电梯井字架。

⑨架空运输道。

(3)西部各省定额划分的脚手架项目

为了方便计算,西部各省在脚手架项目划分上作了适当调整,主要是设置了综合脚手架项目,其内容如下:

1)综合脚手架

综合脚手架是为了简化编制预算的计算工作而特定的一种脚手架项目。它综合了建筑物中砌筑内外墙所需用的砌墙脚手架、运料斜道、上料平台、金属卷扬机架,外墙粉刷脚手架等内容。

凡能够按《建筑面积计算规则》计算建筑面积的建筑工程,均按综合脚手架定额计算脚手架摊销费。套用定额时,按单层建筑或多层建筑分类,以建筑物的檐口高度分项套定额。

在综合脚手架定额中已综合考虑了砌筑、浇筑、吊装、抹灰等脚手架,除满堂基础脚手架可单独计算外,不再计算其他单项脚手架费用。

2)满堂脚手架

满堂脚手架是为室内天棚的安装、装饰等的需要在整个房屋内搭设的一种棋盘井格式的脚手架。

3)单项脚手架

单项脚手架是供不能按建筑面积计算脚手架的项目使用的。它包括里脚手、外脚手、悬挑脚手、管道安装等项目的脚手架工程。

凡不能按《建筑面积计算规则》计算建筑面积的建筑工程,但施工组织设计又需搭设脚手架时,按相应单项脚手架定额计算脚手架摊销费。

凡砖砌体高度在 1.35m 以上,石砌体高度在 1m 以上时均可计算脚手架。

4)水平防护和垂直防护架

水平防护和垂直防护架均指在综合脚手架以外,单独搭设的、用于车马通道、人行通道以及其他物体的隔离防护的脚手架。

4.5.2 工程量计算规则(西部各省一般做法)

1)综合脚手架应区分单层、多层,不同层数、檐高和不同结构,按《建筑面积计算规则》计算建筑面积。

当建筑物的层数和高度不同时,应分别计算。如图 4.29。①～②轴线之间,按 9m 以内计算脚手架,②～③轴线之间,按 50m 以内计算脚手架,③～④轴线之间,按 24m 以内计算脚手架。

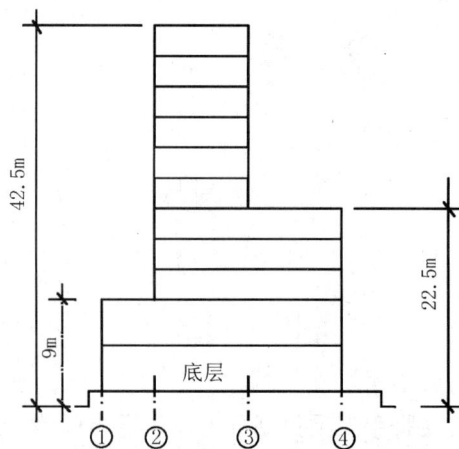

图 4.29　不同楼层综合脚手架计算示意

2)满堂脚手架按室内主墙间净面积计算,不扣除垛、柱所占的面积,满堂脚手架高度从设计地坪至施工顶面计算,高度在 3.6m 至 5.2m 时,按满堂脚手架基本层计算;高度超过 5.2m 时,再计算增加层。增加层的高度若在 0.6m 内时,舍去不计;在 0.6m < ～1.2m 时,按增加一层计算。

[例 4.16]　某工程设计地坪到施工顶面为 9.2 m,其满堂脚手架增加层为:(9.2 – 5.2)／1.2 = 3(层),余 0.4m 舍去不计。

3)满堂基础脚手架工程量按其底板面积之和计算。

4)外脚手架、里脚手架均按所服务对象的垂直投影面积计算。

5)砌砖工程高度在 1.35~3.6m 以内者,按里脚手架计算;高度在 3.6m 以上者按外脚手架计算。独立砖柱高度在 3.6m 以内者,按柱外围周长乘实砌高度按里脚手架计算;高度在 3.6m 以上者,按柱外围周长加 3.6m 乘实砌高度按外脚手架计算。

6)砌石工程(包括砌块)高度超过 1m 时,按外脚手架计算。独立砖柱高度在 3.6m 以内者,按柱外围周长乘实砌高度计算工程量;高度在 3.6m 以上者,按柱外围周长加 3.6m 乘实砌高度计算工程量。

7)墙高度从自然地坪至围墙顶计算,长度按地坪中心线计算,不扣除门所占的面积,但门柱和独立门柱的砌筑脚手架不增加。

8)凡高度超过 1.2m 的室内外混凝土贮水(油)池、贮仓、设备基础均以构筑物的外围周长乘高度按外脚手架计算。

9)挑脚手架按搭设长度乘搭设层数以延长米计算。

10)悬空脚手架按搭设的水平投影面积计算。

11)水平防护架按脚手架实铺的水平投影面积计算;垂直防护架按高度(从自然地坪至最上层横杆)乘两边立杆之间距离计算。

4.5.3　计算实例

[例 4.17]　某一框架结构建筑物,地面以上有 12 层,层高 3m,各层建筑面积均为 560m²,地面以下有一层地下室,建筑面积为 580m²。试列出计算脚手架的项目及相应工程量。

[解]　该建筑物的总建筑面积为(560 × 12 + 580)m² = 7 300 m²

该工程应计脚手架项目为:

①框架浇灌综合脚手架 7 300 m²;

②砌筑综合脚手架 7 300 m²。

[例 4.18]　某单位砌一砖围墙,围墙高 2.5m,长度经计算为 382m,试计算砌筑该围墙的脚手架工程量。如围墙高为 4.0m,则脚手架工程量又是多少?

[解]　由于围墙不能按《建筑面积计算规则》计算建筑面积,因此脚手架按单项脚手架计算。由单项脚手架说明及计算规则可知:

①当围墙高 2.5m 时,按里脚手架计算。脚手架工程量为围墙的垂直投影面积。

$$垂直投影面积 \ S = 2.5 \times 382m² = 955 \ m²$$

②当围墙高 4.0m 时,应按外脚手架计算。按单排脚手架 15m 以内考虑。

$$垂直投影面积 \quad S = 4.0 \times 382m² = 1 \ 528 \ m²$$

4.6　砌　筑　工　程

4.6.1　基本问题

(1)定额项目划分

①砌砖分为:砖基础、砖墙、空斗墙、空花墙、填充墙、帖砌砖、砌块墙、围墙、砖柱、砖烟囱、水塔、其他。

②砌石分为:基础、勒脚、墙、柱、护坡、其他。

(2)砌体厚度

砌体厚度按以下规定计算:

①标准砖以 240mm×115mm×53mm 为准,其砌体厚度按表 4.19 计算。

表 4.19　标准砖砌体计算厚度

砖数/厚度	1/4	1/2	3/4	1	1.5	2	2.5	3
计算厚度/mm	53	115	180	240	365	490	615	740

②使用非标准砖时,其砌体厚度应按砖实际规格和计算厚度计算。

③砌块、多孔砖,定额是按常用规格编制的。

④定额粗、细料石(砌体)墙,按 400mm×220mm×200mm;柱按 450mm×220mm×200mm;踏步按 400mm×200mm×100mm 规格编制的。

(3)基础与墙身(柱身)的划分

①基础与墙身(柱身)使用同一种材料时,以设计室内地面(即 ±0.000)为界(有地下室者,以地下室室内设计地面为界),以下为基础,以上为墙(柱)身。

②基础与墙身(柱身)使用不同材料时,位于设计室内地面 ±300mm 以内时,以不同材料为分界线,超过 ±300mm 时,以设计室内地面为分界线。

③砖、石围墙,以设计室外地坪为分界线,以下为基础,以上为墙身。

4.6.2　工程量计算

(1)砌体基础计算

砌体基础主要包括砖砌基础和毛石砌体基础,毛石砌体基础在多山的地区(特别是西南地区)使用普遍,因为它可以就地取材,经济适用。一般砌体基础多做成墙下条形基础。

砌体基础工程量按图示尺寸以体积(立方米)计算。其中条形基础计算公式可表达为:

砌体条基工程量 = 规定计算长度 × 基础断面面积 ± 应扣(应并入)体积

$$V_石 = (L_中 或 L_基、L_内) × F_基 ± V \tag{4.31}$$

1)计算长度确定

①外墙墙基按外墙中心线长度计算;

②内墙墙基按内墙基(顶)净长线计算。

2)应扣(应并入)体积的规定

①基础大放脚 T 形接头处的重叠部分以及嵌入基础的钢筋、铁件、管道、基础防潮层及单个体积在 0.3m² 以内孔洞所占体积不予扣除,但靠墙暖气沟的挑檐也不增加。

②附墙垛基础宽出部分体积应并入基础工程量内。

3)毛石基础计算

①外墙毛石基础:

$$V_石 = L_中 × F_基 \tag{4.32}$$

式中　$L_中$——外墙中心线长;

　　　$F_基$——基础断面面积。

②内墙毛石基础:

$$V_石 = L_基 \times F_基 \tag{4.33}$$

式中　$L_基$——内墙基(顶)净长线。

其他符号同上。

[例4.19]　按图4.25所示,计算内外墙毛石基础工程量,若设毛石基础每层高为350mm。

[解]　①[例4.10]中已计算得:

偏心距:$\delta = (365/2 - 125)\text{mm} = 57.5\text{mm}$

外墙中心线长为:$L_中 = (9 + 9 + 12) \times 2\text{m} + 0.057\ 5 \times 8\text{m} = 60.46\ \text{m}$

②按题给条件计算得:

外墙毛石基础断面面积:$F_外 = (1.4 + 1.0 + 0.6) \times 0.35\text{m}^2 = 1.05\ \text{m}^2$

内墙基础顶面净长线:$L_基 = 12\text{m} - (0.125 + 0.117\ 5) \times 2\text{m} = 11.52\ \text{m}$

内墙毛石基础断面面积:$F_内 = F_外 = 1.05\ \text{m}^2$

则毛石基础工程量:$V_石 = L_中 \times F_外 + L_基 \times F_内 = (60.46 + 11.52) \times 1.05\text{m}^3 = 75.58\ \text{m}^3$

4)砖基础计算

①柱砖基础:

$$V_砖 = a \times b \times h \tag{4.34}$$

式中　$a \times b$——砖柱基断面面积;

h——柱砖基高。

②外墙砖基础:

$$V_砖 = L_中 \times F_砖 \tag{4.35}$$

式中　$L_中$——外纵墙石基础中心线长;

$F_基$——基础断面面积。

③内墙砖基础:

$$V_砖 = L_内 \times F_砖 \tag{4.36}$$

式中　$L_内$——内墙基净长线。

其他符号同上。

(2)砖墙计算

砖墙工程量按扣除门窗洞口后的面积乘以墙体计算厚度以体积(立方米)计算。其计算公式可表达为:

砖墙工程量($V_墙$)＝ {计算长度(L)×计算墙高(H)－门窗洞口面积}×

墙计算厚＋$V_应增$－$V_应扣$　　　(4.37)

1)砖墙计算长度的确定

①外墙长度按外墙中心线长度计算;

②内墙长度按内墙净长线计算。

2)砖墙计算高度的确定

①外墙墙身高度:斜(坡)屋面无檐口天棚者算至屋面板底,如图4.30所示。有屋架,且室内外均有天棚者,算至屋架下弦底面再加200mm,如图4.31所示。无天棚者,算至屋架下弦底面再加300mm,如图4.32所示。平屋面算至钢筋混凝土板顶面,如图4.33所示。

②内墙墙身高度:位于屋架下弦者,其高度算至屋架底,如图4.34所示。无屋架者算至天棚底面再加100mm,如图4.35所示。有钢筋混凝土楼板隔层者算至板底,如图4.36所示。

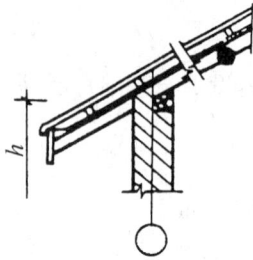

图 4.30　斜(坡)屋面无檐口
天棚的外墙高度

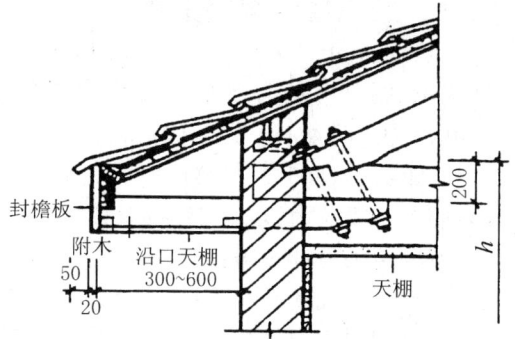

图 4.31　有屋架,且室内外
均有天棚的外墙高度

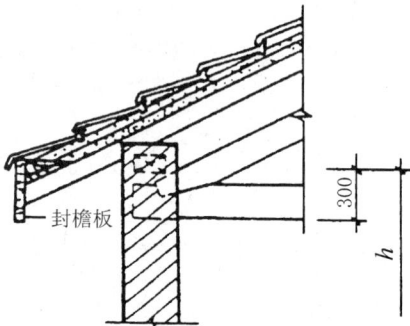

(a)椽木挑檐

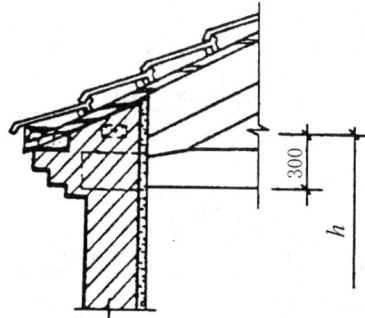

(b)砖挑檐

图 4.32　有屋架无天棚的外墙高度

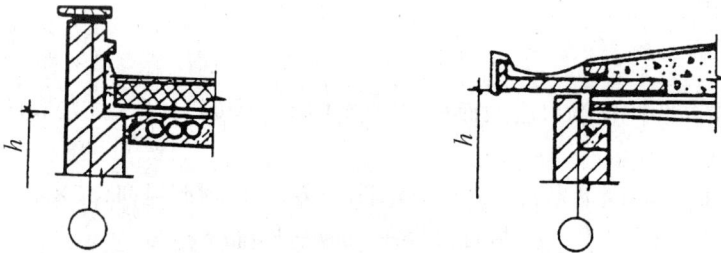

图 4.33　平屋面的外墙高度

③女儿墙的高度,自外墙顶面至图示女儿墙顶面高度,分别不同墙厚并入外墙计算。

④内、外山墙高度,按其平均高度计算。

3)砖墙计算中应扣应增的规定

①计算砖墙体时,应扣除门窗洞口(门窗框外围)、过人洞、空圈、嵌入墙身的钢筋混凝土柱、梁(包括过梁、圈梁、挑梁)、砖平碹、平砌砖过梁和暖气包槽、壁龛及内墙板头的体积。但不扣除梁头、外墙板头、檩木、垫木、木楞头、沿椽木、木砖、门窗走头、砖墙内的加固钢筋、木筋、铁件、钢管以及每个面积在 $0.3m^2$ 以下孔洞等所占的体积。

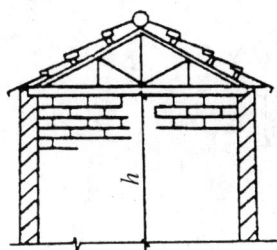

图4.34　位于屋架下内墙高　　　　图4.35　无屋架内墙高　　　　图4.36　混凝土板下内墙高

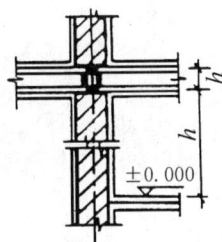

②突出墙面的窗台虎头砖、压顶线、山墙泛水、烟囱根、门窗套及三块砖以内的腰线和挑檐等体积亦不增加。

③砖垛、三块砖以上的腰线和挑檐等体积,并入墙身体积内计算。

④附墙烟囱(包括附墙通风道、垃圾道)按其外形体积计算,并入所依附的墙体积内,不扣除每一个孔洞横截面在 $0.1m^2$ 以下的体积,但孔洞内的抹灰工程量亦不增加。

以上零星构件如图4.37所示。

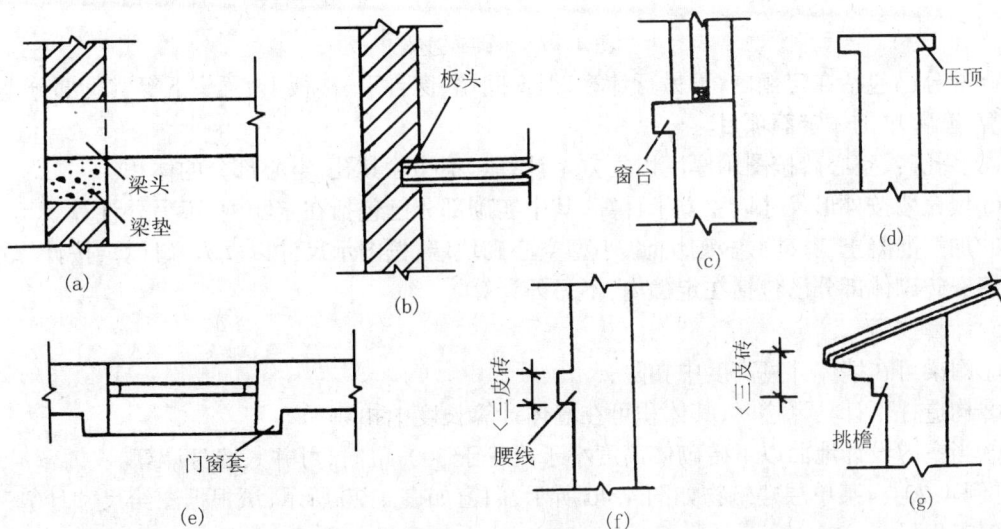

图4.37　零星构件示意图

⑤砖平碹、平砌砖过梁按图示尺寸以立方米计算。如设计无规定时,砖平碹按门窗洞口宽度两端共加100mm,乘以高度(门窗洞口宽小于1 500mm时,高度为240mm,大于1 500mm时,高度为365mm)计算,如图4.38所示。平砌砖过梁按门窗洞口宽度两端共加500mm,乘以高度440mm计算,如图4.39所示。

4)其他规定

①框架间砌体,分别内外墙以框架间的净空面积乘以墙厚按立方米计算,框架外表镶贴砖部分亦并入框架间砌体工程量内计算。

②空花墙按空花部分外形体积以立方米计算。空花部分不予扣除,其中实体部分以立方米另行计算。

③空斗墙按外形体积以立方米计算,墙角、内外墙交接处,门窗洞口立边,窗台砖及屋檐处

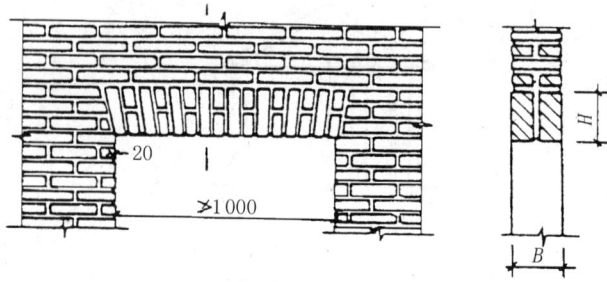

图 4.38 砖平碹

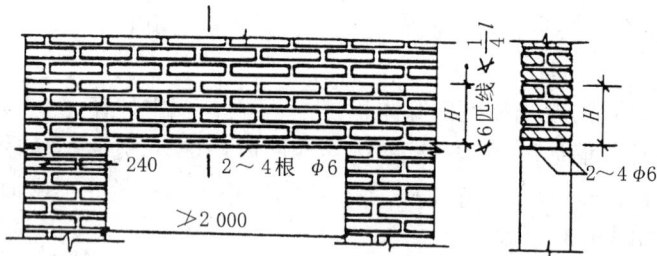

图 4.39 平砌砖过梁

的实砌部分已包括在定额内,不另行计算,但窗间墙、窗台下、楼板下、梁头下等实砌部分,应另行计算,套零星砌体定额项目。

④多孔砖、空心砖按图示厚度以立方米计算。不扣除其孔、空心部分的体积。

⑤填充墙按外形尺寸以立方米计算,其中实砌部分已包括在定额内,不另外计算。

⑥加气混凝土墙、硅酸盐砌块墙、小型空心砌块墙,按图示尺寸以立方米计算,按计算规定需要镶嵌砖砌体部分已包括在定额内,不另外计算。

5)计算技巧

①圈梁可在墙体计算高度中扣除;

②构造柱不计马牙槎时,其体积可在墙体计算长度中扣除。

③当室内设计地面以下砖砌体高度小于或等于300mm时,可并入墙身计算。

[例4.20] 某单层建筑物如图4.40所示,门窗如表4.20所示,试根据图给尺寸计算一砖内外墙工程量。

表4.20 门窗统计表

门窗名称	代号	洞口尺寸/(mm×mm)	数量/樘	单樘面积/m²	合计面积/m²
单扇无亮无砂镶板门	M₁	900×2 000	4	1.8	7.2
双扇铝合金推拉窗	C₁	1 500×1 800	6	2.7	16.2
双扇铝合金推拉窗	C₂	2 100×1 800	2	3.78	7.56

[解] 外墙中心线:

$$L_{中} = (3.3 \times 3 + 5.1 + 1.5 + 3.6)m \times 2 = 40.2 \ m$$

构造柱可在外墙长度中扣除:

$$L'_{中} = (40.2 - 0.24 \times 11)m = 37.56 \ m$$

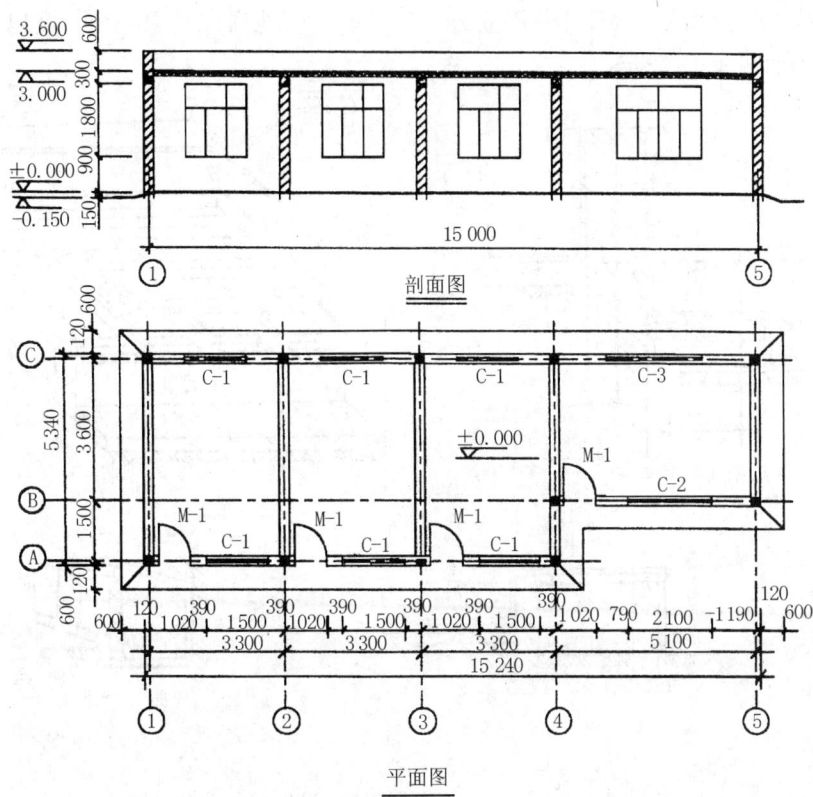

剖面图

平面图

图 4.40

内墙净长线：$L_净 = (1.5 + 3.6) \times 2m + 3.6m - 0.12 \times 6m = 13.08 \text{ m}$

外墙高(扣圈梁)：$H_外 = (0.9 + 1.8 + 0.6)m = 3.3 \text{ m}$

内墙高(扣圈梁)：$H_内 = (0.9 + 1.8)m = 2.7 \text{ m}$

应扣门窗洞面积：取表 4.20 中数据相加得：

$$S_{门窗} = (7.2 + 16.2 + 7.56)m^2 = 30.96 \text{ m}^2$$

应扣门洞过梁体积(在混凝土分部算得)：$V_{GL1} = 0.146 \text{ m}^3$

则内外墙体工程量：$V_墙 = (L'_中 \times H_外 + L_净 \times H_内 - S_{门窗}) \times 墙厚 - V_{GL} =$

$$(37.56 \times 3.3 + 13.08 \times 2.7 - 30.96) \times 0.24 - 0.146]m^3 =$$

$$30.65 \text{ m}^3$$

(3)其他砖砌体

①砖砌锅台、炉灶，不分大小，均按图示外形尺寸以立方米计算，不扣除各种空洞的体积。

②砌筑台阶(不包括梯带)按水平投影面积以平方米计算。

③厕所蹲台、水槽腿、灯箱、垃圾箱、台阶挡墙或梯带、花台、花池、地垄墙及支承地楞的砖墩，房上烟囱、屋面架空隔热层砖墩及毛石墙的门窗立边、窗台虎头砖等实砌体积，以立方米计算，套用零星砌体定额项目。

④检查井及化粪池不分壁厚均以立方米计算，洞口上的砖平碹并入砌体内计算。

⑤砖砌地沟不分墙基、墙身合并以立方米计算。石砌地沟按其中心线长度以延长米计算。零星砌体如图4.41所示。

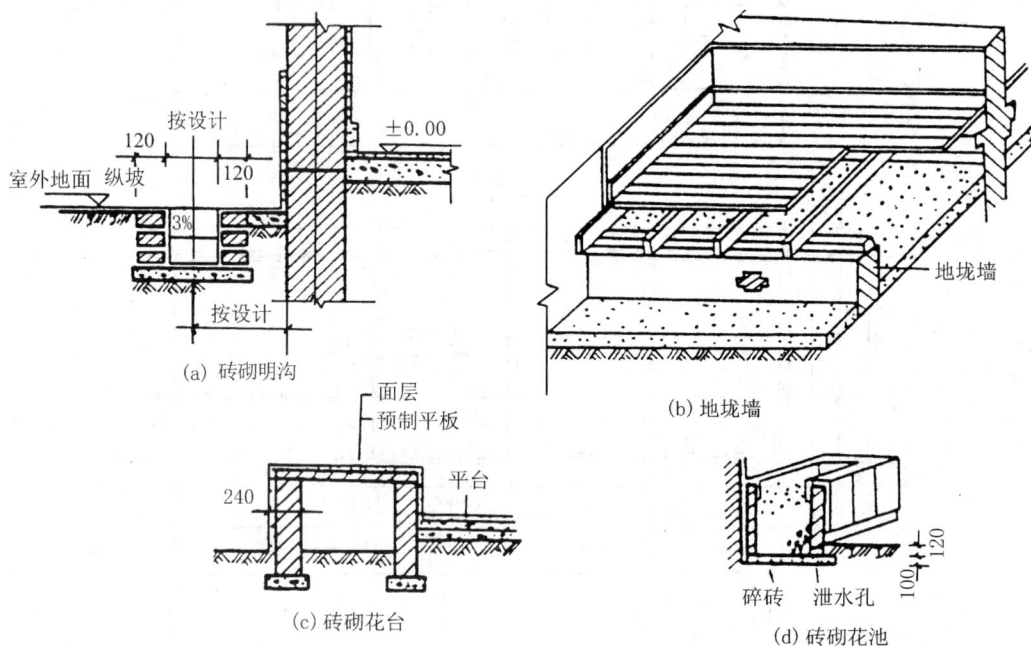

图4.41 零星砌体示意图

(4)砖烟囱

烟囱是用来排放生产和生活中烟气的构筑物。烟囱主要由基础、囱身、烟道、内衬、隔热层等部分组成,囱身在60m以内的常设计为砖烟囱。图4.42为20m高砖烟囱示意图。

①筒身,圆形、方形均按图示筒壁平均中心线周长乘以厚度并扣除筒身各种孔洞、钢筋混凝土圈梁、过梁等体积以立方米计算,其筒壁周长不同时可按下式分段计算。

$$V = \sum H \times C \times \pi D$$

式中　V——筒身体积;

　　　H——每段筒身垂直高度;

　　　C——每段筒壁厚度;

　　　D——每段筒壁中心线的平均直径。

②烟道、烟囱内衬按不同内衬材料并扣除孔洞后,以图示实体积计算。

③烟囱内壁表面隔热层,按筒身内壁并扣除各种孔洞后的面积以平方米计算;填料按烟囱内衬与筒身之间的中心线平均周长乘以图示宽度和筒高,并扣除各种孔洞所占体积(但不扣除连接横砖及防沉带的体积)后以立方米计算。

④烟道砌砖:烟道与炉体的划分以第一道闸门为界,炉体内的烟道部分列入炉体工程量计算。

(5)砖砌水塔

水塔是调剂供水的构筑物。水塔有砖砌水塔和钢筋混凝土水塔。水塔由基础、塔身和水

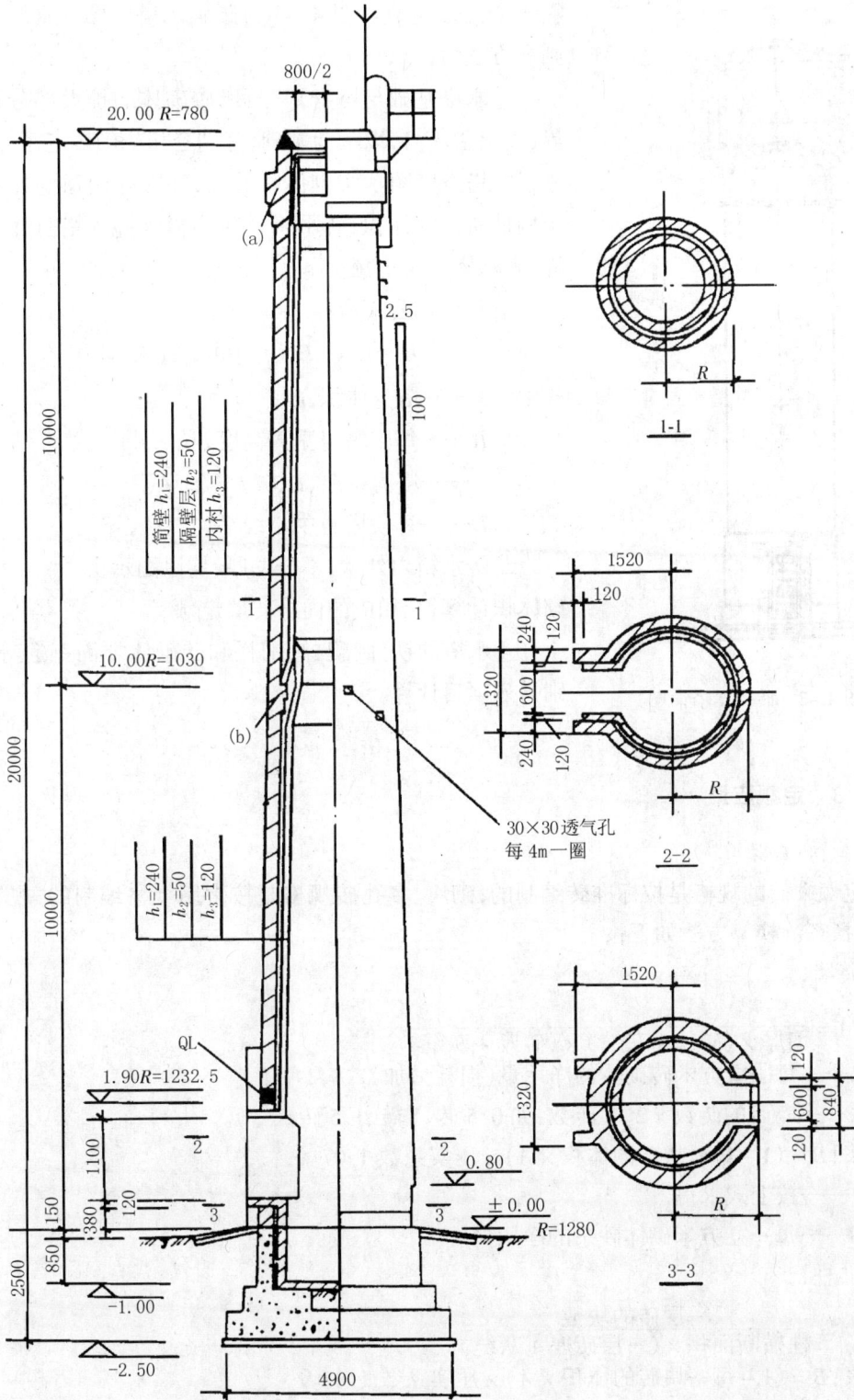

图 4.42　20m 砖烟囱示意图

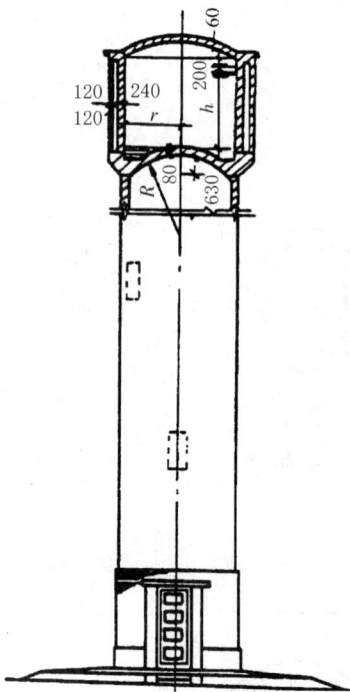

图 4.43　砖砌水塔简图

箱 3 个部分组成。图 4.43 为砖砌水塔简图。水塔计算规则和方法为：

①水塔基础与塔身划分：以砖砌体的扩大部分顶面为界，以上为塔身，以下为基础，分别套相应砌体定额。

②塔身以图示实砌体积计算，并扣除门窗洞口和混凝土构件所占的体积，砖平拱及砖出檐等并入塔身体积内计算，套水塔砌筑定额。

塔身计算公式为：

$$V = \sum H \times C \times \pi D \pm 应扣除(并入)体积$$

式中　V——塔身体积，m^3；

H——每段塔身垂直高度，m；

C——塔身壁厚，m；

D——每段塔身中心线平均直径，m。

③砖水箱内外壁，不分壁厚，均以图示实砌体积计算，套相应的内外砖墙定额。

④水塔的铁件、爬梯、围栏和砖砌体加固钢筋等，应分别另列项目计算。

4.6.3　定额应用

(1)砌砖、砌块

①定额中砖的规格是按标准砖编制的；砌块、多孔砖规格是按常用规格编制的，规格不同时，可以换算。换算方法如下：

A.砖墙：

$$砖：A = \frac{1}{墙厚 \times (砖长 + 灰缝) \times (砖厚 + 灰缝)} \times K$$

式中　A——每一立方米砖砌体的净用量(损耗另加)；

K——墙后的砖数×2。(砖数：如 0.5 砖、1 砖、1.5 砖……)。

砂浆：$B = (1 - 每一块砖的体积 \times A) \times 压实系数 1.07$。

式中　A——按上式求得

B——每一立方米砌体砂浆的净用量

B.砖柱：

$$砖：A = \frac{一层砖的块数}{柱横断面积 \times (一层砖厚 + 灰缝)}$$

砂浆：$B = (1 - 每一块砖的体积 \times A) \times 压实系数 1.07$。

A、B 值的含义同上。

C.以上换算方法，也适用于其他规则六面体砌块的换算。

[例4.21]　已知标准砖规格为 240mm×115mm×53mm,砖的损耗率为 2.0%,砂浆损耗率为 1.0%,灰缝取 10mm。试求砌筑一砖墙的砖和砂浆用量。

[解]

砖的净用量：$A = 1 \times 2/[0.24 \times (0.24+0.01) \times (0.053+0.01)]$ 块 = 529.1 块

砖的定额耗用量：529.1 块 ×(1+2.0%) = 539.68 块 = 5.4 千块

砂浆净用量：$B = (1 - 0.24 \times 0.115 \times 0.053 \times 529) m^2 \times 1.07 = 0.242\ m^2$

砂浆定额耗用量：$0.242 m^2 \times (1+1.0\%) = 0.244\ m^2$

②砌砖定额中已包括先立门窗的调直用工以及腰线窗台线、挑檐等一般出线用工。

③砖砌体均包括了原浆勾缝用工,加浆勾缝时,另按相应定额计算。

④填充墙以填炉渣、炉渣混凝土为准,如实际使用材料与定额不同时允许换算,其他不变。

⑤墙体必须放置的拉接钢筋,应按钢筋混凝土章节另行计算。

⑥硅酸盐砌块、加气混凝土砌块墙,是按水泥混合砂浆编制的,如设计使用水玻璃矿渣等粘结剂为胶合料时,应按设计要求另行换算。

⑦圆形烟囱的基础按砖基础定额执行,人工乘以系数1.2。

⑧砖砌挡土墙,2砖以上执行砖基础定额;2砖以内执行砖墙定额。

(2)砌石

①毛石墙镶砖墙身是按内背镶 1/2 砖编制的,墙体厚度为 600mm。

②毛石护坡高度超过 4m 时,定额人工乘以系数 1.15。

③砌筑圆弧形石砌体基础、墙(含砖石混合砌体)按定额项目人工乘以系数 1.1。

4.7　混凝土及钢筋混凝土工程

4.7.1　基本问题

(1)构件常用代号表(如表4.21所示)

表4.21　结构施工图常用构件代号表

序号	名称	代号	序号	名称	代号
1	板	B	21	檩条	LT
2	屋面板	WB	22	屋架	WJ
3	空心板	KB	23	托架	TJ
4	槽形板	CB	24	天窗架	TCJ
5	折板	ZB	25	刚架	GJ
6	密肋板	MB	26	框架	KJ
7	楼梯板	TB	27	支架	ZJ
8	盖板	GB	28	基础	J
9	檐口板	YB	29	设备基础	SJ
10	吊车安全走道板	DB	30	桩	ZH
11	墙板	QB	31	柱	Z

续表

序号	名称	代号	序号	名称	代号
12	天沟板	TGB	32	柱间支撑	ZC
13	梁	L	33	垂直支撑	CC
14	屋面梁	WL	34	水平支撑	SC
15	吊车梁	DL	35	梯	T
16	圈梁	QL	36	雨棚	YP
17	过梁	GL	37	阳台	YT
18	连系梁	LL	38	梁垫	LD
19	基础梁	JL	39	预埋件	M
20	楼梯梁	TL			

(2)基础定额中混凝土及钢筋混凝土工程的项目分类

①现浇构件模板,包括:基础、柱、梁、墙、板、框架轻板及其他。

②预制构件模板,包括:桩、柱、梁、屋架、板、框架轻板及其他。

③构筑物模板,包括:烟囱、水塔、贮水(油)池、贮仓、筒仓等。

④钢筋,包括:现浇构件、预制构件钢筋制作安装。

⑤现浇构件混凝土,包括:基础、柱、梁、墙、板及其他。

⑥预制构件混凝土,包括:桩、柱、梁、屋架、板及其他。

⑦构筑物混凝土,包括:烟囱、水塔、贮水(油)池、贮仓、筒仓等。

⑧钢筋混凝土构件接头灌缝。

⑨集中搅拌、运输、泵输送混凝土。

(3)各地为预算方便,一般不再单独计算模板工程量,而在地方预算定额中以模板摊销费出现,包干使用时不作调整

(4)钢筋计算的基本问题

1)常用混凝土构件中的钢筋种类

①受力钢筋:又叫主筋。配置在受弯、受拉、偏心受压构件的受拉区以承受拉力。

②架立钢筋:用来固定箍筋以形成钢筋骨架,一般配置在梁上部。

③箍筋:一方面起架立作用,另一方面还起着抵抗剪力的作用。它应垂直于主筋设置。一般的梁应由受力筋、架立筋和箍筋组成钢筋骨架。

④分布筋:在板中垂直于受力筋,以保证受力钢筋位置并传递内力。它能将构件所受的外力分布于较广的范围,以改善受力情况。

⑤附加钢筋:因构件几何形状或受力情况变化而增加的附加筋。

2)钢筋的混凝土保护层(a 值)

钢筋在混凝土中,应有一定厚度的混凝土将其包住。钢筋外皮至最近的混凝土表面之间的混凝土就叫钢筋的混凝土保护层。一般构件的混凝土保护层厚度见表4.22。

表 4.22　钢筋的混凝土保护层厚度(a 值)

钢筋种类	构件名称		保护层厚度/mm
受力筋	室内正常环境	板、墙、壳	15
		梁、柱	25
	露天或室内高温环境	板、墙、壳	25
		梁、柱	35
	有垫层	基础	35
	无垫层		70
分布筋	板、墙、壳		10
箍筋	梁、柱		15

注:①本表中取值为混凝土等级强度 C25 或 C30 时;②大于 C20 号的预制构件,保护层厚度可按照本表减少 5mm,但墙、板和环形构件,应保持不小于 10mm;③预应力混凝土结构的保护层,应按设计要求;④在侵蚀性环境中的构件,受力钢筋的保护层应按设计要求采用;⑤为了保证混凝土保护层的必须厚度,应在钢筋下设置水泥砂浆垫块或塑料卡。

3)钢筋的弯钩

绑扎钢筋骨架的受力钢筋应在末端做弯钩,但是下列钢筋可以不做弯钩:

①螺纹、人字纹等变形钢筋;

②焊接骨架和焊接网中的光面钢筋;

③绑扎骨架中受压的光面钢筋;

④梁、柱中的附加钢筋及梁的架立钢筋;

⑤板的分布钢筋。

钢筋弯钩的形式如图 4.44 所示:

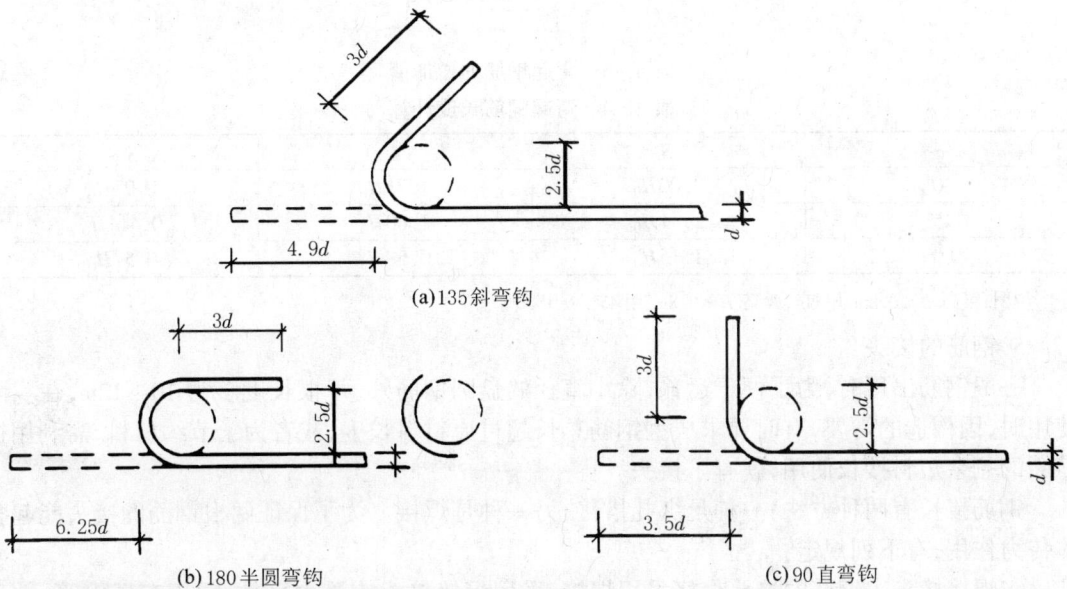

(a)135斜弯钩

(b)180半圆弯钩

(c)90直弯钩

图 4.44　钢筋弯钩的形式

①斜弯钩,见图(a);

②带有平直部分的半圆弯钩,见图(b);

③直弯钩,见图(c);

预算中计算钢筋的工程量时,弯钩的长度可不扣加工时钢筋的延伸率。常用的弯钩长度见表4.23所示。(表中 d 为钢筋直径,单位 mm。X 为钢筋弯钩平直部分长度)

表4.23　常用的弯钩长度

弯钩长度		180°	90°	135°	
增加长度	Ⅰ级钢筋	6.25d	3.5d	4.9d	
	Ⅱ级钢筋		$X+0.9d$	$X+2.9$	
	Ⅲ级钢筋		$X+1.2d$	$X+3.6d$	

注:箍筋弯钩的平直部分(X),一般结构不小于箍筋直径的5倍;有抗震要求的结构,不应小于箍筋直径的10倍。

4)弯起钢筋的增加长度($\Delta S-L$)

常用弯起钢筋的弯起角度有 30°,45°,60° 三种,其弯起增加值是指斜长与水平投影长度之间的差值($\Delta S-L$),如图4.45所示。可按弯起角度、弯起钢筋净高 H_0(H_0 = 构件断面高 - 两端保护层厚)计算,如表4.24所示。

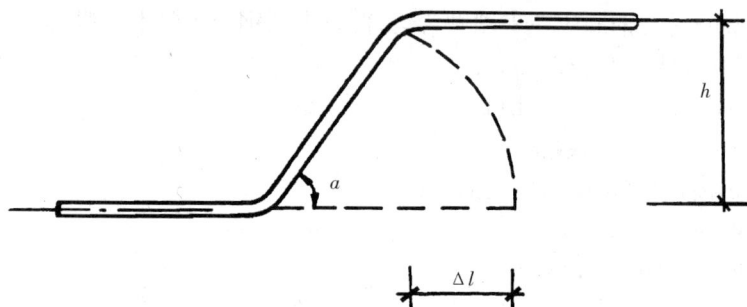

图4.45　弯起钢筋的增加值

表4.24　弯起钢筋长度计算

α	S	L	$\Delta(S-L)$
30°	2.00H_0	1.73H_0	0.27H_0
45°	1.41H_0	1.00H_0	0.414H_0
60°	1.15H_0	0.58H_0	0.57H_0

说明:梁高 $H\geqslant0.8$m,用60°,梁高 $H<0.8$m,用45°,板用30°。

5)钢筋的接头

一般钢筋出厂时,为了便于运输,除小直径的盘圆钢筋外,每根长度多为 10~12m,在实际使用时,因构造的需要,有时要求成型钢筋总长超过原材料长度,或者为了节约材料,需利用被剪断的剩余短料接长使用,就有了接头。

钢筋接长有两种方法:一种是绑扎搭接;另一种是焊接。为了保证两根钢筋的接头能起整体传力作用,有下列规定:

①焊接接头。钢筋的接头最好采用焊接,采用焊接接头应受力可靠,便于布置钢筋,并且可以减少钢筋加工工作量和节约钢筋。焊接接头主要有闪光对焊和电弧焊两种,焊接接头应优先采用闪光对焊,在没有对焊设备时才采用电弧焊。电弧焊应双面焊,不得已时才采用单面焊。

钢筋电弧焊接接头,若采用搭接接头或帮条接头的方式(适用于焊接直径 10~40mm 的 Ⅰ

～Ⅲ级钢筋和 5 号钢钢筋),其双面焊缝长度为钢筋直径的 4 倍(Ⅱ,Ⅲ级钢筋为 5 倍);单面焊缝长度为钢筋直径的 8 倍(Ⅱ,Ⅲ级钢筋为 10 倍)。

②绑扎接头。它是在钢筋搭接部分的中心和两端共 3 处用铁丝绑扎而成,绑扎接头操作方便,但较不结实。因此接头要长一些,要多消耗钢材,所以除了没有焊接设备或操作条件不许可的情况下,一般不采用绑扎接头。

③设计图纸已注明的钢筋接头,按图纸规定计算;设计图纸未注明的通长钢筋接头,盘圆按施工组织设计规定长度计算接头,$\phi25$ 以内的条圆每 8m 长计算一个接头,$\phi25$ 以上的条圆每 6m 长计算一个接头,接头长度按规范计算。

④绑扎接头使用条件有一定的限制,应符合规范要求。要使搭接处接头可靠,必须有足够的搭接长度(L_d),见表 4.25。

表 4.25　钢筋最小搭接长度(L_d)

钢筋类型	绑扎搭接		焊接搭接	
	受拉区	受压区	受拉区	受压区
Ⅰ级钢筋	$30d$	$21d$	$25d$	$18d$
Ⅱ级钢筋	$40d$	$28d$	$35d$	$25d$
Ⅲ级钢筋	$50d$	$35d$	$40d$	$28d$
冷拔低碳钢丝	300mm	200mm	250mm	200mm

6)钢筋的每米理论重量

钢筋的每米理论重量值如表 4.26 所示。

表 4.26　钢筋的每米理论重量

直径	光圆钢筋		带肋钢筋	
	截面	重量	截面	重量
5	0.196	0.154		
6	1.283	0.222		
6.5	0.332	0.260		
8	0.503	0.395		
10	0.785	0.617	0.785	0.62
12	1.131	0.888	1.313	0.889
14	1.539	1.21	1.54	1.21
16	2.011	1.58	2.0	1.58
18	2.545	2.00	2.54	2.00
20	3.142	2.47	3.14	2.47
22	3.801	2.98	3.8	2.98
25	4.909	3.85	4.91	3.85
28	6.158	4.83	6.16	4.83
30	7.069	5.55		
32	8.042	6.31	8.04	6.31
38				
40			12.57	9.87

4.7.2　工程量计算

(1)钢筋工程

1)钢筋工程量计算规则

基础定额规定,钢筋工程量按以下规则计算:

①钢筋工程,应区别现浇、预制构件、不同钢种和规格,分别按设计长度乘以单位重量,以吨计算。

②计算钢筋工程量时,设计已规定钢筋搭接长度的,按规定搭接长度计算;设计未规定搭接长度的,已包括在钢筋的损耗率之内,不另计算搭接长度。钢筋电渣压力焊接、套筒挤压等接头,以个计算。

2)钢筋工程量计算方法

①钢筋工程量计算的基本方法可表达为:

$$钢筋工程量 = 钢筋图示长度 \times 钢筋每米理论重量 \tag{4.38}$$

式中,钢筋每米理论重量可按表 4.26 查用,在手中无表可查(如考试)时,也可以用简便公式计算,其公式为:$0.617D^2$(其中,D 为钢筋直径,取单位为 cm)。例:求 $\phi12$ 钢筋的每米理论重量,取 D 为 1.2,代入公式得:$0.617 \times 1.2^2 \text{kg/m} = 0.888 \text{ kg/m}$。

由于钢筋每米理论重量很容易确定,因而计算钢筋图示长度就成为了钢筋工程量计算的主要问题,也是预算中工作量最大的工作。本节以下的内容,主要是讨论钢筋长度如何计算。

②一般直筋长度计算　计算式可表达为:

$$直筋长度 = 构件长 - 两端保护层厚 + 弯钩 + 其他增加长$$

或

$$A = L - 2a + 2 \times 6.25d + \Delta L \tag{4.39}$$

式中　A——直筋长度

$\quad\quad L$——构件长度

$2a$——两端保护层厚,按表 4.21 取。

2×6.25——为 180°弯钩计算长,为计算方便,可直接表达为 $12.5d$。

ΔL——其他增加长,如搭接长度等。

③弯起钢筋长度计算　弯起钢筋长度是将弯起钢筋投影成水平直筋,再增加弯起部分斜长以水平长相比的增加值计算而得。计算式可表达为:

$$弯起筋长度 = 构件长 - 两端保护层厚 + 弯钩 + 其他增加长 + 斜长增加值$$

或

$$B = L - 2a + 12.5d + \Delta L + \Delta(S - L) \tag{4.40}$$

式中　B——弯起筋长度

$\Delta(S - L)$——斜长增加值,按表 4.23 取。

其余符号同上。

④箍筋长度计算　箍筋一般按一定间距设置,箍筋长度计算应先算出单支箍长度再乘以支数,最后求得箍筋总长度。其表达式为:

$$箍筋长度 = 单支箍长度 \times 支数 \tag{4.41}$$

单支箍长度根据构件断面及箍筋配置情况的不同可有以下 5 种计算方法:

A.方形或矩形断面的梁、柱配置的封闭双支箍长度(如图 4.46 所示)。

其单支箍长度计算,不扣保护层,也不增加弯钩,以构件断面周长计算。即

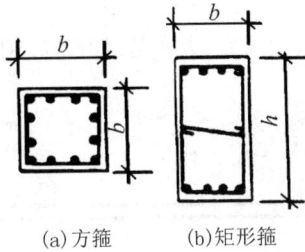

(a)方箍 (b)矩形箍

图 4.46 封闭双支箍

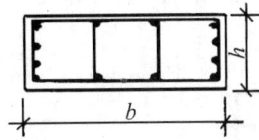

图 4.47 四肢箍

$$L = (b + h) \times 2 \quad 或 \quad L = 4b \tag{4.42}$$

B.一字箍(如图 4.46 所示)按构件断面宽度,不扣保护层,加两个半圆弯钩(12.5d)计算。即

$$L = b + 12.5d \tag{4.43}$$

C.矩形断面的梁、柱配置的四支箍长度(如图 4.47 所示),为一面长相当于构件宽度 2/3 的两个单箍相套而成。其计算方法为:

$$L = (2/3b + h) \times 2 \times 2 \tag{4.44}$$

D.方形断面内的套箍(如图 4.48 所示),与方形箍呈 45°放置,其长度计算方法为:

$$L = 2 \times b \times 1.414 \tag{4.45}$$

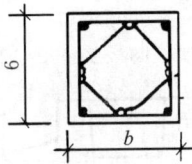

图 4.48 方形套箍

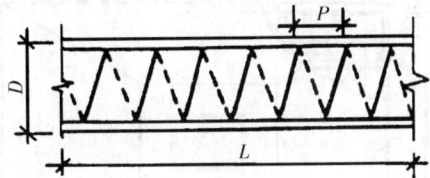

图 4.49 螺旋箍

⑤螺旋箍(如图 4.49 所示),其长度是连续不断的,可按以下公式一次计算出螺旋箍总长度。即

$$L = H/@ \times \sqrt{@^2 + (D - 2a - d)^2 \pi^2} \tag{4.46}$$

式中 H——需配置螺旋箍的构件长或高,m;

$@$——螺旋箍螺距,m;

D——需配置螺旋箍的构件断面直径,m;

$2a$——保护层厚度,m;

d——螺旋箍直径,m。

箍筋支数,可分为以下两种情况计算:

①一般的简支梁,箍筋可布至梁端,但应扣减梁端保护层,其计算方法为:

$$支数 = (L - 2a)/@ + 1 \tag{4.47}$$

式中 L——梁的构件长,m;

$2a$——保护层厚度,m;

$@$——箍筋间距,m;

1——排列的箍筋最后均应加一支。

②与柱整浇的梁,箍筋可布至支座边 50mm 处,支座中规定设一支,如图 4.50 所示。

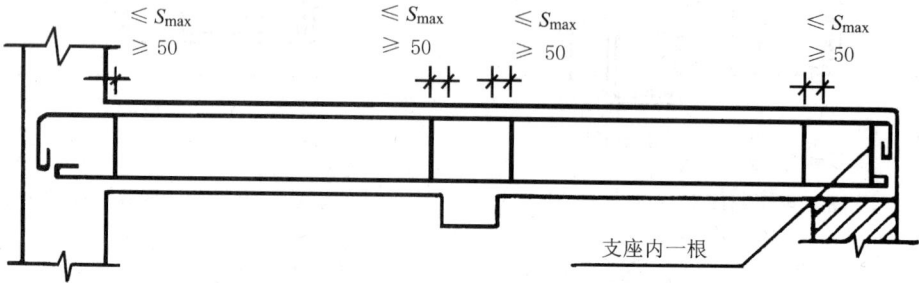

图 4.50 整浇梁中箍筋分布

计算方法为:

$$支数 = (L_净 - 2 \times 0.05)/@ + 1 + 支座数 \qquad (4.48)$$

式中　$L_净$——梁的净跨长,即支座间净长度;

其余符号同上。

[例 4.22]　按图 4.51 所示,计算杯形基础底板配筋工程量(共 24 个)。

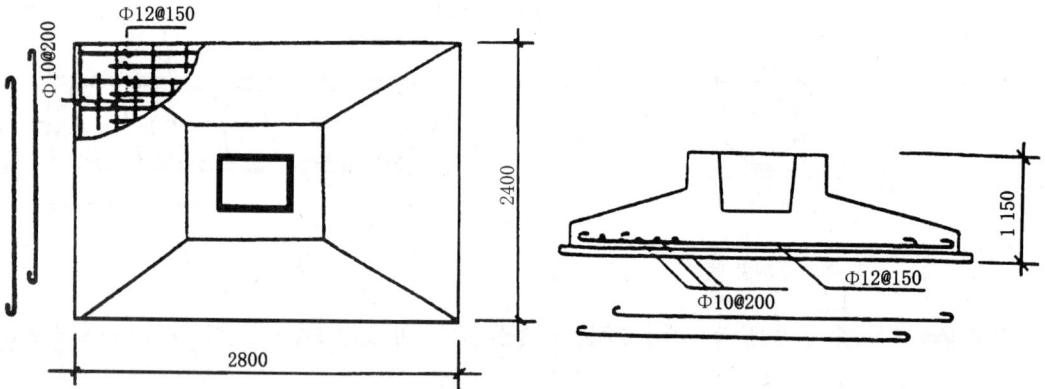

图 4.51　杯形基础底板配筋示意图

[解]　钢筋计算时最好分钢种、规格,并按编号顺序进行计算,若图上未编号,可自行按受力筋,架立筋并按钢筋大小顺序编号,最后按 $\phi10$ 以内 I 级钢,$\phi10$ 以外 I 级钢,$\phi10$ 以外 II 级钢 3 种情形分别汇总后套相应定额。一般独立基础在底板上均双向配置受力筋。

①号筋　$\phi12@150$(沿长边方向)

单支长 $= 2.8m - 2 \times 0.035m + 12.5 \times 0.012m = 2.88$ m

支数 $= (2.4 - 2 \times 0.035)/0.15$ 支 $+ 1$ 支 $= 16.53 = 17$ 支

总长 $= 2.88 \times 17m = 48.96$ m

查表 4.26 知,$\phi12$ 钢筋每米理论重量为 0.888 kg/m。

钢筋重量为:$G_1 = 48.96 \times 0.888 \times 24kg = 1\,043$ kg $= 1.043$ t

②号筋　$\phi10@200$(沿短边方向)

单支长 = 2.4m − 2 × 0.035m + 12.5 × 0.012m = 2.48 m

支数 = (2.8 − 2 × 0.035)/0.2 支 + 1 支 = 14.65 支 = 15 支

总长 = 2.48 × 15m = 37.2 m

查表 4.26 知，ϕ10 钢筋每米理论重量为 0.617 kg/m

钢筋重量为：G_1 = 37.2 × 0.617 × 24 kg = 551 kg = 0.551 t

钢筋汇总

　　ϕ10 以内 I 级钢：　0.551t

　　ϕ10 以外 I 级钢：　1.043t

[例 4.23]　按图 4.52 所示，计算条形基础底板配筋工程量。

[解]　条形基础底板一般在短向配置受力主筋，而在长向配置分布筋。且在外墙四角及内外墙交接处，由于受力主筋已双向配置，则不再配置分布筋。也就是说，分布筋布至外墙四角及内外墙交接处时，只要与受力筋搭接最小搭接即可，按表 4.24 的规定，可取 30d。为简化计算，分布筋长度为：

$$A = L_净 + 2 \times 40d \tag{4.49}$$

式中　A　——分布筋分段计算长度；

　　　$L_净$——相邻两基础底边之间净长度；

　　　d——分布筋直径。

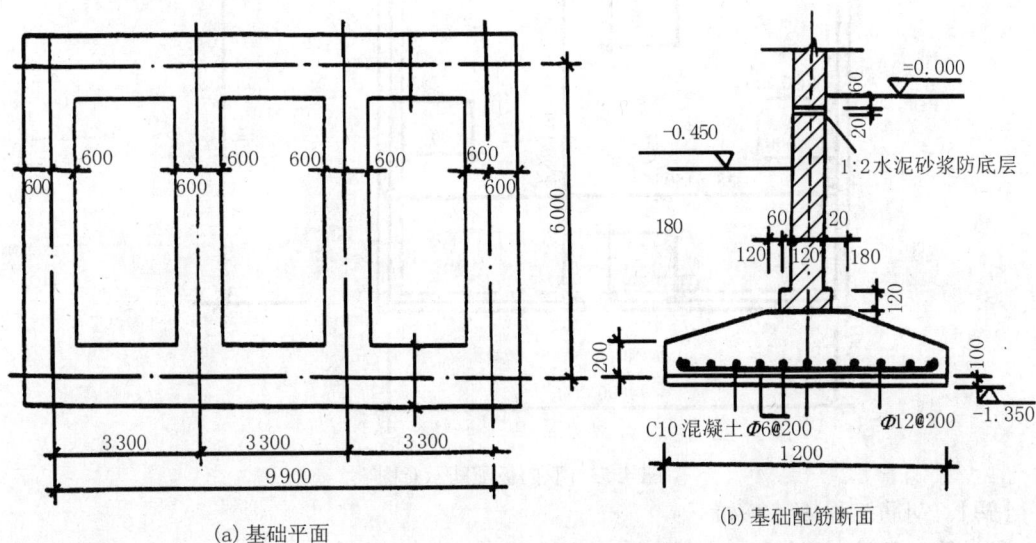

(a) 基础平面　　　　　　　　(b) 基础配筋断面

图 4.52　条形基础配筋示意图

本题计算过程如下：

①号筋　受力主筋　ϕ12@200

单支长 = (1.2 − 2 × 0.035(有垫层) + 12.5 × 0.012)m = 1.28 m

支数：纵向 = {(9.9 + 0.6 × 2 − 2 × 0.035)/0.2 + 1} × 2 支 = 56 × 2 支 = 112 支

　　　横向 = {(6.0 + 0.6 × 2 − 2 × 0.035)/0.2 + 1} × 4 支 = 37 × 4 支 = 148 支

总支数 = (112 + 148) 支 = 260 支

总长度 = 1.28 × 260m = 332.8 m

钢筋重量：$G_1 = 332.8 \times 0.888\text{kg} = 296 \text{ kg} = 0.296 \text{ t}$

②号分布筋　$\phi 6@200$

分段长度：纵向 $= (3.3 - 1.2 + 2 \times 40 \times 0.06)\text{m} = 2.58 \text{ m}$

横向 $= (6.0 - 1.2 + 2 \times 40 \times 0.06)\text{m} = 5.28 \text{ m}$

每段支数 $= [(1.2 - 2 \times 0.035)/0.2 + 1]$支 $= 7$ 支

总长度 $= (2.58 \times 7 \times 6(\text{段})\text{m} + 5.28 \times 7 \times 4(\text{段})\text{m}) = 256.2 \text{ m}$

钢筋重量：$G_2 = 256.2 \times 0.222\text{kg} = 57 \text{ kg} = 0.057 \text{ t}$

钢筋汇总

$\phi 10$ 以内 I 级钢：　0.296 t

$\phi 10$ 以外 I 级钢：　0.057 t

[例 4.24]　按图 4.53 所示,计算双向板配筋工程量(四周支承在砖墙上)。

配筋说明:该板为四周支承在砖墙上的双向平板,轴线为 $4.8\text{m} \times 4.2\text{m}$,墙厚为 240mm,板厚为 120mm,板底配置的受力筋 $\phi 8@150$,形成双向交叉,故板底不在配置分布筋。板四周上部配置负弯矩筋 $\phi 6@200$,水平段从墙边伸入板内 600mm,(板净跨的 1/7 长)。负弯矩筋应按构造要求配置 $\phi 6@250$ 的架力筋,一般不在图上画出。由于是平板,钢筋在板四周都应扣减保护层。

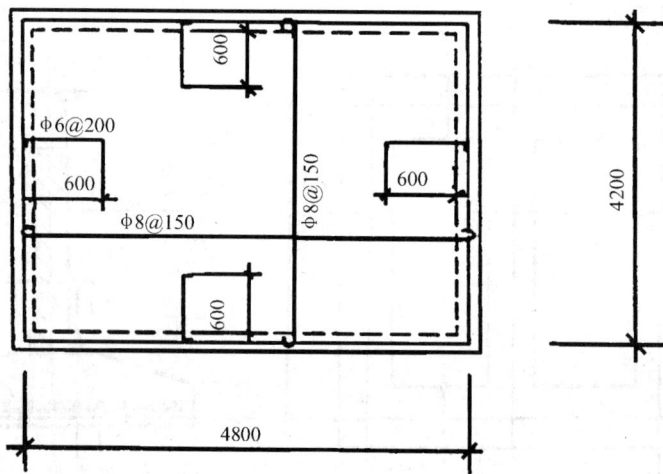

图 4.53　双向板配筋示意图

[解]　钢筋工程量计算如下:

①号筋　配 $\phi 8@150$

单支长 $= (4.8 + 0.24 - 2 \times 0.015 + 12.5 \times 0.008)\text{m} = 5.11 \text{ m}$

支数 $= ((4.2 + 0.24 - 2 \times 0.015)/0.15 + 1)$支 $= 30$ 支

总长 $= 5.11 \times 30\text{m} = 153.3 \text{ m}$

重量：$G_1 = 153.3 \times 0.395\text{kg} = 61 \text{ kg} = 0.061 \text{ t}$

②号筋　配 $\phi 8@150$

单支长 $= (4.2 + 0.24 - 2 \times 0.015 + 12.5 \times 0.008)\text{m} = 4.51 \text{ m}$

支数 $= ((4.8 + 0.24 - 2 \times 0.015)/0.15 + 1)$ 支 $= 34$ 支

总长 $= 4.51 \times 34\text{m} = 153.34 \text{ m}$

重量：$G_2 = 153.34 \times 0.395\text{kg} = 61\text{ kg} = 0.061\text{ t}$

③号筋，负弯矩钢筋　配 $\phi 6@200$

单支长 $= (0.24 - 0.015 + 0.6 + 2 \times (0.12 - 2 \times 0.015))\text{m} = 1.005\text{ m}$

支数 $= \{(4.2 + 0.24 - 2 \times 0.015)/0.2 + 1 + (4.8 + 0.24 - 2 \times 0.015)/0.2 + 1\} \times 2\text{ 支} = 98\text{ 支}$

总长 $= 1.005 \times 98\text{m} = 98.49\text{ m}$

重量：$G_3 = 98.49 \times 0.222\text{kg} = 22\text{ kg} = 0.022\text{ t}$

④号筋　负弯矩钢筋的架立筋，配 $\phi 6@250$

由于板的四角负弯矩钢筋已形成双向交叉，故架立筋只须与之搭接 $30d$ 既可。

单支长：纵向 $= (4.2 - 0.24 - 2 \times 0.6 + 2 \times 30 \times 0.006)\text{m} = 3.12\text{ m}$

横向 $= (4.8 - 0.24 - 2 \times 0.6 + 2 \times 30 \times 0.006)\text{m} = 3.72\text{ m}$

每段支数 $= ((0.24 - 0.015 + 0.6)/0.25 + 1)\text{ 支} = 4\text{ 支}$

总长 $= (3.12 + 3.72) \times 4 \times 2\text{m} = 54.72\text{ m}$

重量：$G_4 = 54.72 \times 0.222\text{kg} = 12\text{ kg} = 0.012\text{ t}$

钢筋工程量汇总

全部为 $\phi 10$ 以内Ⅰ级钢：$(0.061 \times 2 + 0.022 + 0.012)\text{t} = 0.156\text{ t}$

(2)现浇混凝土工程

1)计算规则

①混凝土工程除另有规定者外，均按图示尺寸实际体积以立方米计算。不扣除构件内钢筋、预埋铁件及墙、板中 0.3m^2 内的孔洞所占体积。

②基础：

A.有筋带形混凝土基础，如图 4.54 所示，其筋高与筋宽之比在 4:1 以内的按有筋带形混凝土基础计算。超过 4:1 时，其底板按板式基础计算，以上部分按墙计算，如图 4.52 所示。

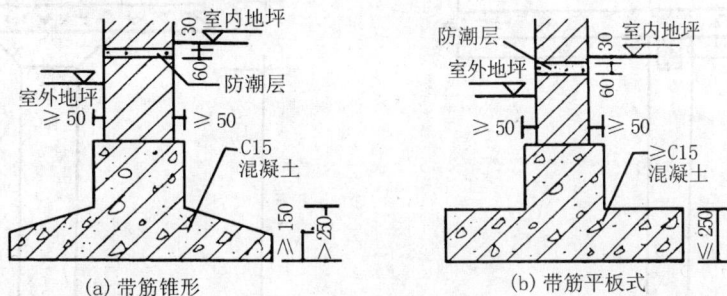

图 4.54　有筋带形混凝土基础

B.箱式满堂基础应分别按无梁式满堂基础、柱、墙、梁、板有关规定计算，套相应定额项目。满堂基础如图 4.55 所示。

C.设备基础除块体以外，其他类型设备基础分别按基础、梁、柱、板、墙有关规定计算，套相应定额项目。

③柱：按图示断面尺寸(断面积)乘以柱高以立方米计算，柱高按下列规定确定：

A.有梁板间的柱高，如图 4.56 所示，应自柱基上表面(或楼板上表面)至上一层楼板上表

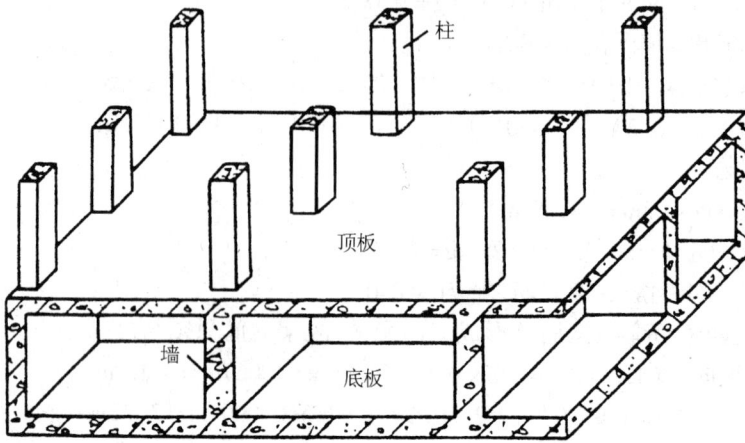

图 4.55 箱式满堂基础

面之间的高度计算(柱连续不断,穿通有梁板)。

　　B.无梁板间的柱高,如图 4.57 所示,应自柱基上表面(或楼板上表面)至柱帽下表面之间的高度计算(柱被无梁板隔断)。

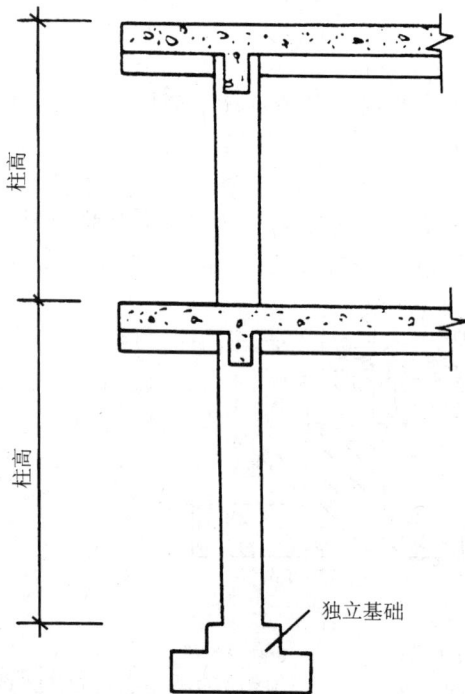

图 4.56 有梁板间柱高

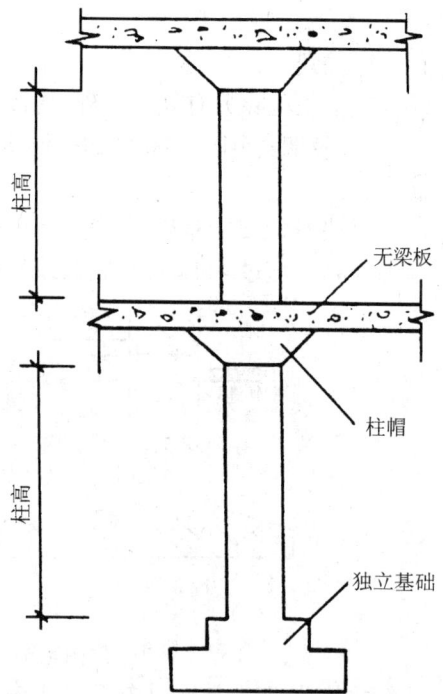

图 4.57 无梁板间柱高

　　C.框架柱的高度,如图 4.58 所示,应自柱基上表面至上、柱顶高度计算(柱连续不断,穿通梁和板)。

　　D.构造柱按全高计算,与砖墙嵌接(马牙槎)部分的体积,如图 4.59 所示,并入柱身体积内计算。

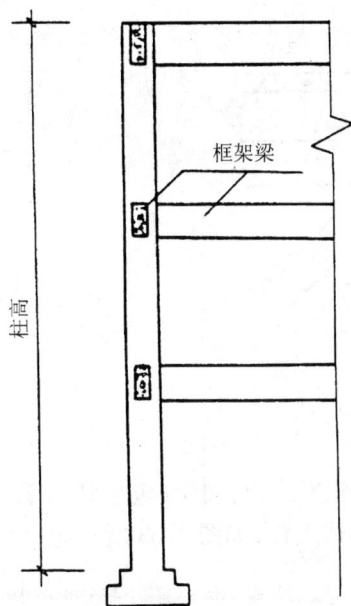

图 4.58　框架柱高

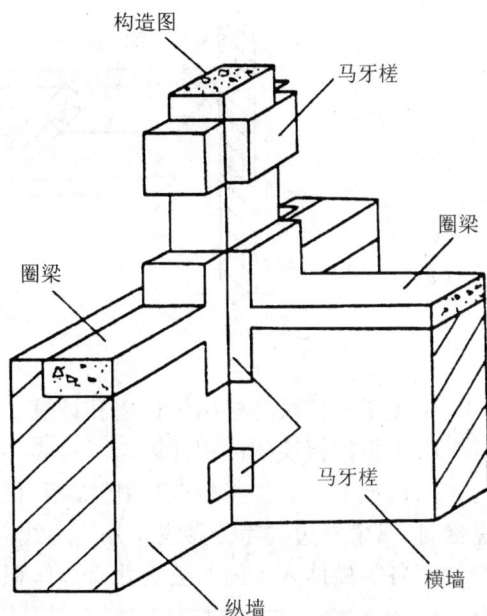

图 4.59　构造柱及马牙槎

E.依附柱上的牛腿,并入柱身体积内计算。

④梁:按图示断面尺寸(断面积)乘以梁长以立方米计算,梁长按下列规定确定:

A.梁与柱连接时,梁长算至柱侧面,如图 4.60 所示。

B.主梁与次梁连接时,次梁算至主梁侧面,如图 4.61 所示。

C.伸入墙内的梁头、梁垫体积并入梁体积内计算。

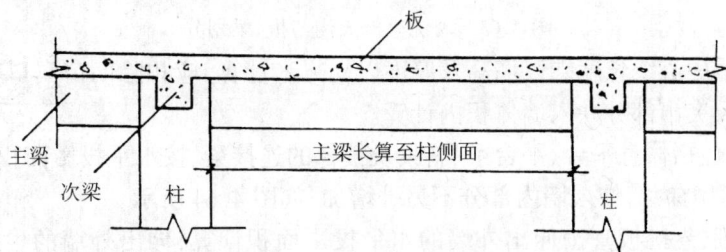

图 4.60　梁与柱连接

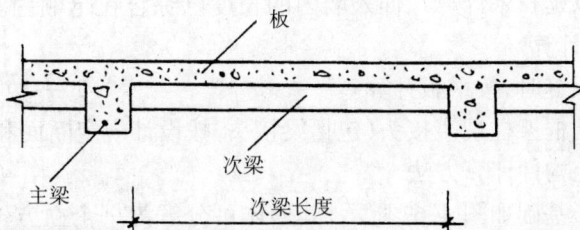

图 4.61　主梁与次梁连接

⑤板:按图示面积乘以板厚以立方米计算,其中:

A.有梁板包括主次梁与板,按梁、板体积之和计算,如图 4.62 所示。

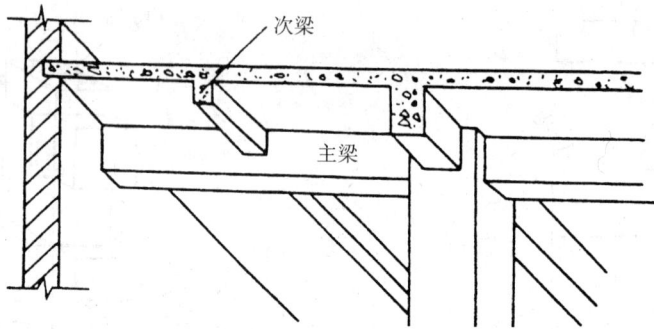

图 4.62 有梁板

B.无梁板按板与柱帽体积之和计算。

C.平板按板实体体积计算。

D.现浇挑檐天沟与板(包括屋面板、楼板)连接时,以外墙为分界线,与圈梁(包括其他梁)连接时,以梁外边线为分界线。外墙边线以外或梁外边以外为挑檐天沟,如图 4.63 所示。

E.各类板伸入墙内的板头并入板体积内计算。

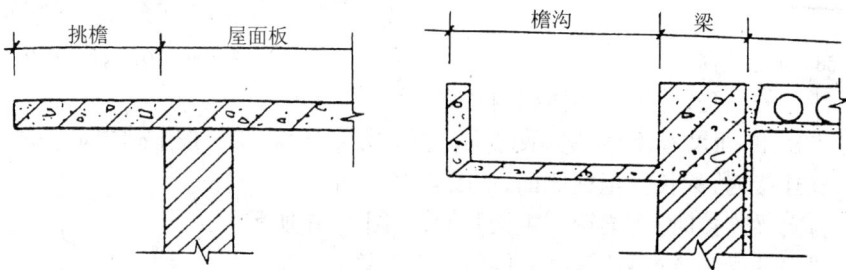

图 4.63 现浇挑檐天沟与板、梁划分

⑥墙:按图示中心线长度乘以墙高及厚度以立方米计算,应扣除门窗洞口及 0.3m² 以外孔洞的体积,墙垛及突出部分并入墙体积内计算。

⑦整体楼梯包括休息平台、平台梁、斜梁及楼梯的连接梁、按水平投影面积计算,不扣除宽度下于 500mm 的楼梯井,伸入墙内部分不另外增加,如图 4.64 所示。

⑧阳台、雨棚(悬挑板),按伸出外墙的水平投影面积计算,伸出外墙的牛腿不另外计算。带反檐的雨棚按展开面积并入雨棚内计算,如图 4.65、图 4.66 所示。

⑨栏杆按净长度以延长米计算。伸入墙内的长度已综合在定额内。栏板以立方米计算,伸入墙内的栏板,合并计算。

⑩预制板补现浇板缝时,按平板计算。

⑪预制钢筋混凝土框架柱现浇接头(包括梁接头)按设计规定断面和长度以立方米计算。

2)常用现浇混凝土构件计算方法

①杯形基础 杯形基础如图 4.67 所示,其形体可分解为一个立方体(底座),加一个四棱台(中台),再加一个立方体(上座),扣减一个倒四棱台(杯口)。

其中,四棱台的计算公式为:

$$V = 1/3 \times (S_上 + S_下 + \sqrt{S_上 \times S_下}) \times h \tag{4.50}$$

式中 V——四棱台体积;

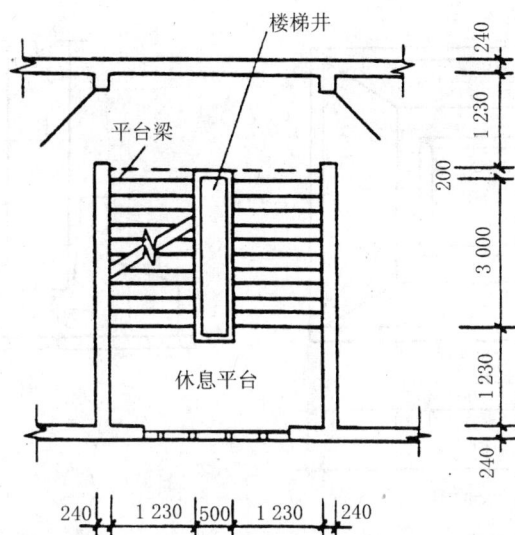

图 4.64 楼梯示意

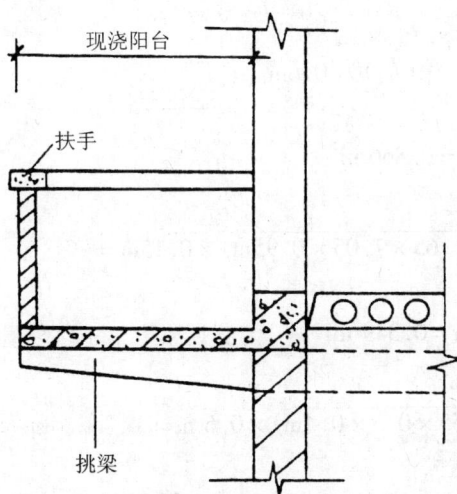

图 4.65 有挑梁的阳台

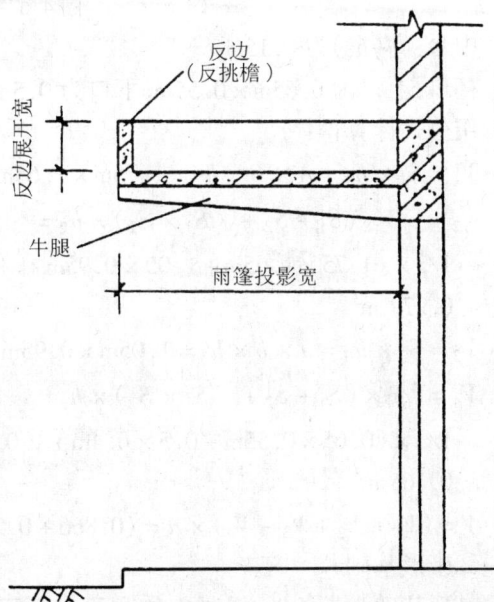

图 4.66 带反檐的雨篷

$S_上$——四棱台上底面积；

$S_下$——四棱台下底面积；

h——四棱台计算高度。

[**例** 4.25] 某工程做杯形基础(如图 4.67 所示)6 个,试求其混凝土工程量。

[**解**] 由图给条件知,该杯形基础由下到上可以分解为 4 个部分计算,其中第二和第四部分按四棱台,第一和第三部分按立方体计算。各部分尺寸为:

底座:长(A)为 1.75m;宽(B)为 1.65m;面积为 1.75m×1.65m,高(h_1)为 0.3m。

上台:长(a)为 1.05m;宽(b)为 0.95m;面积为 1.05m×0.95m,高(h_3)为 0.35m。

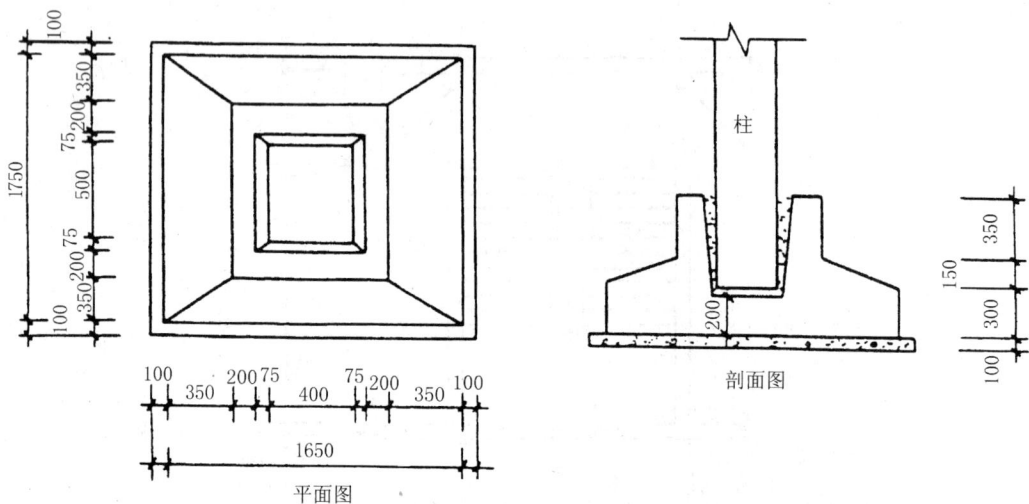

图 4.67 杯形基础

中台:高(h_2)为 0.15m。

杯口:上口为 0.65m×0.55m,下口为 0.5m×0.4m,深(h_4)为 0.6m。

用公式计算得:

$$V_1 = S_1 \times h_1 = A \times B \times h_1 = 1.75m \times 1.65m \times 0.3m = 0.866 \ m^3$$

$$V_2 = 1/3 \times (S_1 + S_2 + \sqrt{S_1 \times S_2}) \times h_2 =$$

$$1/3 \times (1.75 \times 1.65m + 1.05 \times 0.95m + \sqrt{1.75 \times 1.65 \times 1.05 \times 0.95}m) \times 0.15m =$$

$$0.279 \ m^3$$

$$V_3 = S_2 \times h_3 = a \times b \times h_3 = 1.05m \times 0.95m \times 0.35m = 0.349 \ m^3$$

$$V_4 = 1/3 \times (S_1 + S_2 + \sqrt{S_1 \times S_2}) \times h_2 =$$

$$1/3 \times (0.65 \times 0.55m + 0.5 \times 0.4m + \sqrt{0.65 \times 0.55 \times 0.5 \times 0.4}m) \times 0.6 \ m =$$

$$0.165 \ m^3$$

$$V = (V_1 + V_2 + V_3 - V_4) \times n = (0.866 + 0.279 + 0.349 - 0.165)m^3 \times 6 = 7.97 \ m^3$$

②带形基础

带形基础为长条形,混凝土体积可按断面面积乘以计算长度以立方米计算,其计算方法为:

$$V = L \times F \tag{4.51}$$

其中,计算长度(L):外墙取外墙中心线长度,内墙取净长度。断面积(F)按图示尺寸计算。

带形基础如图 4.68 所示,计算时可能有以下 3 种情况:

情况 1:断面为矩形时,如图(a)。$F_1 = B \times h$(B 为基底宽度,h 为基础高度),外墙长取外墙中心线长($L_中$),内墙取基础底面之间净长度($L_基$)。

情况 2:断面为锥形时,如图(b)。断面积计算式为:

$$F_2 = B \times h_1 + (B + b) \times h_2/2 \tag{4.52}$$

式中　h_1——矩形部分高度;

h_2——梯形部分高度；

B——基底宽度；

b——基顶宽度。

外墙长取外墙中心线长($L_\text{中}$)，则外墙带形基础体积为：

$$V_\text{外} = L_\text{中} \times F_2 \tag{4.53}$$

内墙带形基础体积应按下式方法计算，即先算净长部分体积，再加两端搭头体积：

$$V_\text{内} = L_\text{基} \times F_2 + 2V_\text{搭} \tag{4.54}$$

其中：

$$V_\text{搭} = L_\text{搭} \times h_2 \times (b + 2B)/6 \tag{4.55}$$

式中 $L_\text{搭}$——内墙在 T 形搭头处斜面的水平投影长，若内外墙基础断面相同时：

$$L_\text{搭} = (B - b)/2 \tag{4.56}$$

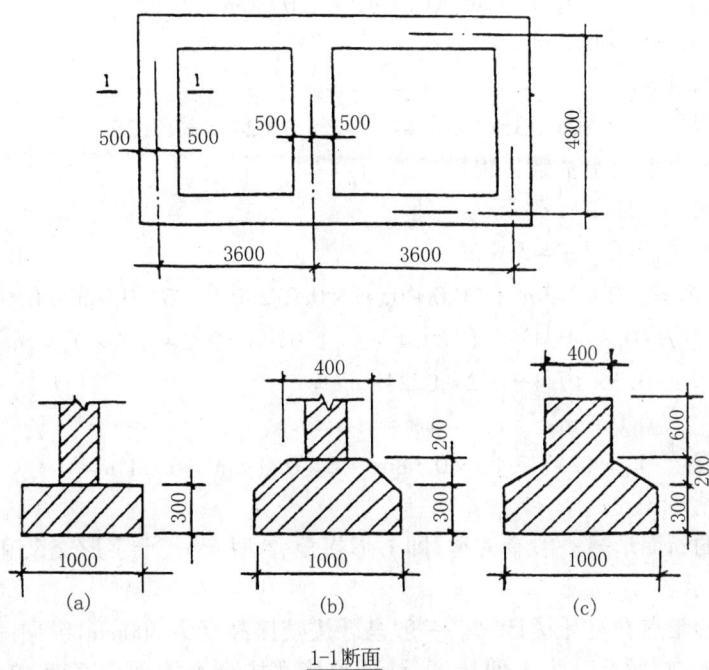

1-1断面

图 4.68 带形基础

情况 3：断面为带肋锥形时，如图(c)。断面积计算式为：

$$F_3 = B \times h_1 + (B + b) \times h_2/2 + b \times h_3 \tag{4.57}$$

式中 h_3——肋梁部分高度。

其余符号同上。

外墙长仍取外墙中心线长($L_\text{中}$)，则外墙带形基础体积为：

$$V_\text{外} = L_\text{中} \times F_3 \tag{4.58}$$

内墙带形基础体积应按下式方法计算，即先算净长部分体积，再加两端搭头体积：

$$V_\text{内} = L_\text{基} \times F_3 + 2V_\text{搭} \tag{4.59}$$

其中：

$$V_\text{搭} = L_\text{搭} \times \{h_2 \times (b + 2B)/6 + b \times h_3\} \tag{4.60}$$

[例 4.26] 按图 4.68 所示，代入具体尺寸，计算该带形混凝土基础在三种不同断面情况

下的工程量。

[解] ①矩形断面带形混凝土基础工程量

外墙中心线：$L_{中} = (3.6 + 3.6 + 4.8)\text{m} \times 2 = 24 \text{ m}$

内墙基础之间净长度：$L_{基} = 4.8\text{m} - 0.5 \times 2\text{m} = 3.8 \text{ m}$

基础断面积：$F_1 = 1.0\text{m} \times 0.3\text{m} = 0.30 \text{ m}^2$

带形基础工程量：$V_1 = (24 + 3.8)\text{m} \times 0.30\text{m}^2 = 8.34 \text{ m}^3$

②锥形断面带形混凝土基础工程量

外墙中心线：$L_{中} = 24 \text{ m}$

内墙基础之间净长度：$L_{基} = 3.8 \text{ m}$

基础断面积：$F_1 = 1.0 \times 0.3\text{m}^2 + (1.0 + 0.4) \times 0.2/2\text{m}^2 = 0.44 \text{ m}^2$

搭头体积：$V_{搭} = (1.0 - 0.4)/2\text{m} \times (0.4 + 2 \times 1.0)/6\text{m} \times 0.2\text{m} =$

$\qquad\qquad 0.3 \times 0.4 \times 0.2\text{m}^3 =$

$\qquad\qquad 0.024 \text{ m}^3$

带形基础工程量：$V_1 = (24 + 3.8) \times 0.44\text{m}^3 + 2 \times 0.024\text{m}^3 = 12.28 \text{ m}^3$

③带肋锥形带形混凝土基础工程量

外墙中心线：$L_{中} = 24 \text{ m}$

内墙基础之间净长度：$L_{基} = 3.8 \text{ m}$

基础断面积：$F_1 = 1.0 \times 0.3\text{m}^2 + (1.0 + 0.4) \times 0.2/2\text{m}^2 + 0.6 \times 0.4\text{m}^2 = 0.68 \text{ m}^2$

搭头体积：$V_{搭} = (0.8 - 0.4)/2 \times \{(0.4 + 2 \times 1.0)/6 \times 0.2 + 0.6 \times 0.4\} \text{ m}^3 =$

$\qquad\qquad 0.3 \times \{0.4 \times 0.2 + 0.24\} \text{ m}^3 =$

$\qquad\qquad 0.096 \text{ m}^3$

带形基础工程量：$V_1 = (24 + 3.8) \times 0.68\text{m}^3 + 2 \times 0.096\text{m}^3 = 19.1 \text{ m}^3$

③构造柱

常用构造柱的断面形式一般有四种，即 L 形拐角、T 型接头、十字形交叉和长墙中的"一字形"，如图 4.69 所示。

构造柱计算的难点在马牙槎计算。一般马牙槎咬接高度为 300mm，纵向间距 300mm，马牙宽为 60mm，如图 4.70 所示。为方便计算，马牙咬接宽按全高的平均宽度 60mm × 1/2 = 30mm 计算。若构造柱两个方向的尺寸记为 a 及 b，则构造柱计算断面积可按下式计算：

$$Fg = a \times b + 0.03an_1 + 0.03bn_2 = ab + 0.03(an_1 + bn_2) \qquad (4.61)$$

式中　Fg——构造柱计算断面积

$\qquad n_1, n_2$——分别为相应于 a, b 方向的咬接边数，其数值为 0,1,2。

按上式(4.61)计算后，4 种形式的构造柱计算断面积可得表 4.27 的计算值，供计算时查用。则构造柱工程量计算公式为：

$$V = 计算断面积 \times 柱全高(H) \qquad (4.62)$$

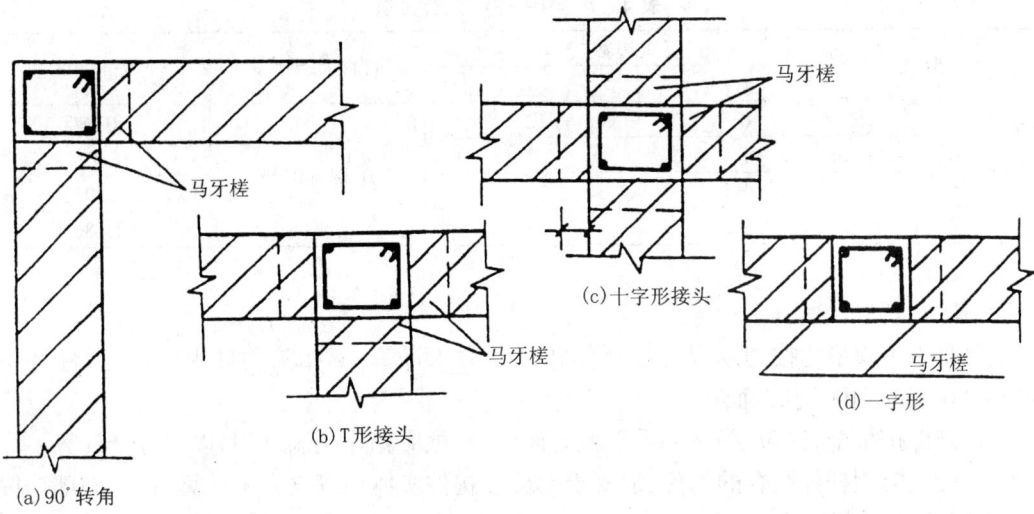

图 4.69 构造柱的四种断面

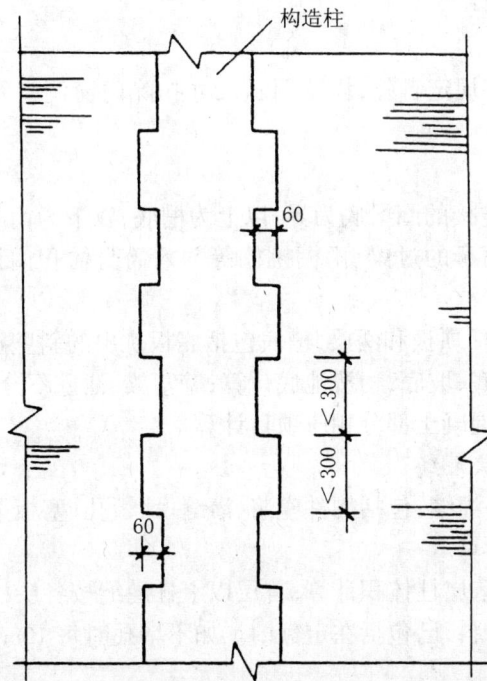

图 4.70 构造柱马牙槎立面

表 4.27　构造柱计算断面积

构造柱形式	咬接边数		柱断面积/m²	计算断面积/m²
	n_1	n_2		
一字形	0	2		0.072
T形	1	2	0.24×0.24	0.079 2
L形	1	1		0.072
十字形	2	2		0.086 4

(3)预制、预应力混凝土构件

①混凝土工程量均按图示尺寸实体体积以立方米计算,不扣除构件内钢筋、铁件及小于 $300mm \times 300mm$ 以内的孔洞面积。

②预制桩按桩全长(包括桩尖)乘以桩断面(空心桩应扣除孔洞体积)以立方米计算。

③混凝土与钢杆件组合的构件,混凝土部分按构件实体积以立方米计算,钢构件部分按吨计算,分别套相应的定额项目。

(4)固定预埋螺栓、铁件的支架,固定双层钢筋的铁马凳,垫铁件,按审定的施工组织设计规定计算,套相应的定额项目

(5)构筑物混凝土

①构筑物混凝土除另有规定者外,均按图示尺寸扣除门窗洞口及 $0.3m^2$ 以外的孔洞所占体积以实体体积计算。

②水塔:

A.筒身与槽底以槽底连接的圈梁底为界,以上为槽底,以下为筒身。

B.筒式塔身及依附于筒身的过梁、雨棚挑檐等并入筒身体积内计算;柱式塔身,柱、梁合并计算。

C.塔顶及槽底,塔顶包括顶板和圈梁,槽底包括底板挑出的斜壁板和圈梁等合并计算。

③贮水池不分平底、锥底、坡底,均按池底计算;壁基梁、池壁不分圆形壁和矩形壁,均按池壁计算;其他项目均按现浇混凝土部分相应项目计算。

(6)钢筋混凝土构件接头灌缝

①钢筋混凝土构件接头灌缝:包括构件座浆、灌缝、堵板孔、塞板梁缝等。均按预制钢筋混凝土构件实体积以立方米计算。

②柱与柱基的灌缝,按首层柱体积计算;首层以上柱灌缝按各层柱体积计算。

③空心板堵头的人工材料,已包括在定额内。如不堵孔时每 $10m^3$ 空心板应扣除 $0.23m^3$ 预制混凝土块和2.2工日。

4.7.3　定额应用问题

①定额中的钢筋是以机制手绑、部分电焊、对焊及点焊编制的,实际施工与定额不同时不得换算。定额中以包括钢筋除锈工料,不得另行计算。

②现浇、预制、预应力定额项目中未包括钢筋和预埋铁件用量,其工程量按施工图计算,执行"钢筋、预埋铁件制作安装"定额。钢筋、铁件的制作损耗已包括在定额中,不得另行计算。

③预制构件的吊钩、现浇构件中固定钢筋位置的支撑钢筋、双层钢筋用的"铁马登"、伸出

构件的锚固钢筋均按钢筋计算,并入钢筋工程量。短钢筋接长所需的工料、机械定额内已综合考虑,不另行计算。

④预应力钢筋的张拉设备费用已综合考虑。粗钢筋的冷加工按"预应力粗钢筋冷加工"定额计算。定额中未考虑预应力钢筋的人工时效费,如设计施工要求进行人工时效者,每吨预应力钢筋增加人工时效费(四川省"九五"《工程计价定额》规定为人工时效费60元)。

⑤先张法预应力构件制作定额中的台座摊消费是按永久性的预制加工厂(场)考虑的。临时台座可按实计算并扣除永久性张拉台座摊消费。

⑥本定额后张法预应力构件系按后张自锚工艺考虑的,如采用端杆螺栓方案时,端杆螺栓另行计算,但定额中的后张自锚工具摊消费乘以系数0.13。

⑦重叠生产的预制构件混凝土浇筑捣脚手架,已综合考虑在定额内不另行计算。

⑧毛石混凝土的毛石投入量与定额不同时,可作调整。

⑨屋架下弦为圆钢或角钢时,按金属结构分部拉杆定额执行。

⑩螺旋型和艺术型楼梯的折算厚度为160mm,整体楼梯的折算厚度为200mm。

4.8　构件运输及安装工程

4.8.1　定额项目分类

(1)构件运输

1)预制混凝土构件运输

按6类混凝土构件列项,每类又按运输距离1,3,5,10,15,20,25,30,35,40,45,50km以内分12个距离段,共列子项72个。混凝土构件分类如表4.28所示。

表4.28　混凝土构件分类表

类别	项目
1	4m以内空心板、实心板
2	6m以内的桩、屋面板、工业楼板、进深梁、基础梁、吊车梁、楼梯休息板、楼梯段、阳台板
3	6m以上至14m梁、板、柱、桩、各类屋架、桁架、托架(14m以上另行处理)
4	天窗架、挡风架、侧板、端壁板、天窗上下档、门框及单件体积在0.1m³以内的小构件
5	装配式内、外墙板,大楼板,厕所板
6	隔墙板(高层用)

2)金属构件运输

按3类金属构件列项,每类又按运输距离1,3,5,10,15,20 km以内分6个距离段,共列子项18个。金属构件分类如表4.29所示。

表 4.29 金属构件分类表

类别	项目
1	钢柱、屋架、托架梁、防风桁架
2	吊车梁、制动梁、型钢檩条、钢支撑、上下档、钢拉杠栏杆、盖板、垃圾出灰口、倒灰门、蓖子、爬梯、零星构件平台、操作台、走道休息台、扶梯、钢吊车梯台、烟囱紧固箍
3	墙架、挡风架、天窗架、组合檩条、轻钢屋架、滚动支架、悬挂支架、管道支架

3)木门窗运输

按运输距离 1,3,5,10,15,20 km 以内分 6 个子项。

(2)预制构件安装

①柱安装；

②框架安装；

③吊车梁安装；

④梁安装；

⑤屋架安装；

⑥天窗架、天窗端壁安装；

⑦板安装；

⑧升板工程提升。

(3)金属结构构件安装

①钢柱安装；

②钢吊车梁安装；

③钢屋架拼装；

④钢屋架安装；

⑤钢网架拼装安装；

⑥钢天窗架拼装安装；

⑦钢托架梁安装；

⑧钢桁架安装；

⑨钢檩条安装；

⑩钢屋架支撑、柱间支撑安装；

⑪钢平台、操作台、扶梯安装。

4.8.2 定额编制有关问题

(1)构件运输

1)本节定额适用于由构件堆放场地或构件加工厂至施工现场的运输。

2)构件运输定额综合考虑了城镇、现场运输道路等级、重车上下坡等各种因素,不得因道路条件不同而修改定额。

3)构件运输过程中,如遇路桥限载(限高)而发生的加固、拓宽等费用及有电车线路和公安及交通管理部门的保安护送费用,应另行计算。

(2)构件安装

1)构件安装定额是按单机作业制定的。

2)定额是按机械起吊点中心回转半径 15m 以内的距离计算的。如超出 15m 时,应另按构件 1km 运输定额项目执行。

3)每一工作循环中,均包括机械的必要位移。

4)本定额是按履带式起重机、轮胎式起重机、塔式起重机分别编制的,如使用汽车式起重机时,按轮式起重机相应定额项目计算,乘以系数 1.05。

5)定额中不包括起重机械、运输机械行驶道路的修筑、铺垫工作的人工、机械和材料。

6)柱接柱定额未包括钢筋焊接。

7)小型构件安装系指单体小于 0.1m³ 的构件安装。

8)升板预制柱加固系指预制柱安装后,至楼板提升完成期间,所需的加固搭设费。

9)定额未包括金属构件拼装和安装所需的连接螺栓。

10)钢屋架单榀重量在 1t 以下者,按轻钢屋架定额计算。

11)钢柱、钢屋架、天窗架安装定额中,不包括拼装工序,如需拼装时,按拼装定额项目计算。

12)凡"单位"一栏中注有"%"者,均指该项费用占本项定额总价的百分数。

13)预制混凝土构件若采用砖模制作时,其安装人工、机械乘以系数 1.1。

14)预制混凝土构件和金属构件安装均不包括为安装工程所搭设的临时性脚手架,若发生应另按有关规定计算。

15)定额中的塔式起重机台班均已包括在垂直运输机械费定额中。

16)单层房屋盖系统构件必须在跨外安装时,按相应的构件安装定额的人工、机械乘以系数 1.18。用塔式起重机、卷扬机时,不乘此系数。

17)本定额综合工日不包括机械驾驶人工工日。

18)钢柱安装在混凝土柱上,其人工、机械乘以系数 1.43。

19)钢构件的安装螺栓均为普通螺栓,若使用其他螺栓时,应按有关规定进行调整。

20)预制混凝土构件、钢构件,若需跨外安装时,其人工、机械乘以系数 1.18。

21)钢网架拼装定额不包括拼装后所用材料,使用本定额时,可按实际施工方案进行补充。

22)钢网架定额是按焊接考虑的,安装是按分体吊装考虑的,若施工方法与定额不同时,可另行补充。

4.8.3　工程量计算规则

(1)一般规则

①预制混凝土构件运输及安装均按构件图示尺寸,以实体积计算;钢构件按构件设计图示尺寸以吨计算,所需螺栓、电焊条等重量不另行计算。木门窗以外框面积以平方米计算。

②预制混凝土构件运输及安装损耗率,按表 4.30 规定计算后并入构件工程量内。其中预制混凝土屋架、桁架、托架及长度在 9m 以上的梁、板、柱不计算损耗率。

表 4.30　预制混凝土构件制作、运输及安装损耗率表

名称	制作废品率/%	运输堆放损耗/%	安装(打桩)损耗/%
各类预制构件	0.2	0.8	0.5
预制钢筋混凝土桩	0.1	0.4	1.5

③加气混凝土板(块)、硅酸盐块运输每立方米折合钢筋混凝土构件体积 $0.4m^3$ 按一类构件运输计算。

④金属结构中所用钢板,设计为多边形者,按矩形计算,矩形的边长以设计尺寸中互相垂直的最大尺寸为准。

(2)预制混凝土构件各种损耗量计算方法

制作损耗量 = 图示量×(预制混凝土构件 + 运输损耗率 + 安装损耗率)　　　　(4.63)

运输损耗量 = 图示量×(运输损耗率 + 安装损耗率)　　　　(4.64)

安装损耗量 = 图示量×安装损耗率　　　　(4.65)

[例4.27] 某工程安装3.6m长预制空心楼板,图示工程量为 $30m^3$。试求制作、运输、安装的损耗量以及制作、运输、安装的工程量。

[解]'①预制空心楼板的各种损耗量可依据图示量和损耗率求得。

制作损耗量 = $30m^3$ × (0.002 + 0.008 + 0.005) = 0.45 m^3

运输损耗量 = $30m^3$ × (0.008 + 0.005) = 0.39 m^3

安装损耗量 = $30m^3$ × 0.005 = 0.15 m^3

②各种工程量计算得:

制作工程量 = 图示量 + 制作损耗量 = (30 + 0.45)m^3 = 30.45 m^3

运输工程量 = 图示量 + 运输损耗量 = (30 + 0.39)m^3 = 30.39 m^3

安装工程量 = 图示量 + 安装损耗量 = (30 + 0.15)m^3 = 30.15 m^3

4.9　门窗及木结构工程

4.9.1　基本问题

(1)项目划分

本节分门窗、木结构及附表3个部分。门窗部分有9个小节共326个子项;木结构部分有4个小节共36个子项;附表有5个。

(2)项目内容

1)门窗

随着社会的发展,门窗从适应功能需要的普通型,向功能和美观齐备的装饰型发展,为适应这种变化的要求,基础定额门窗项目划分为普通木门、特种门、普通木窗、铝合金门窗安装、塑料门窗安装、钢门窗安装、铝合金踢脚板及门锁安装等部分。

①普通木门

A.分为镶板门、胶合板门、半截玻璃门、自由门、连窗门5类。

B.每一类又按带纱或不带纱、单扇或双扇、带亮或不带亮等方法划分项目。

C.将门框制作、门框安装、门扇制作、门扇安装分别列项,可单独计算,也可合并计算。如:云南省在此部分增加了"制安"及"安装"两个项目,其中,"制安"是前面框制作、框安装、扇制作、扇安装四个子目的合并。"安装"是以商品价按樘购买的木门、窗的安装项目。

②厂库房大门、特种门

A.分木板大门、平开钢木大门、推拉钢木大门、冷藏库门、冷藏冻结间门、防火门、保温门、变电室门、折叠门 9 种。

B.按平开或推拉、带采光窗或不带采光窗、一面板或二面板(防风型、防严寒 2 种)、保温层厚 100mm 或 150mm、实拼式或框架式等方法划分项目。

C.将门扇制作和门扇安装、门樘制作安装和门扇制作安装、衬石棉板(单、双)或不衬石棉板分别列项。

③普通木窗

A.分单层玻璃窗、一玻一纱窗、双层玻璃窗、双层带纱窗、百叶窗、天窗、推拉传递窗、圆形玻璃窗、半圆形玻璃窗、门窗扇包镀锌铁皮、门窗框包镀锌铁皮等 11 个部分。

B.每一部分又按单扇无亮、双扇带亮、三扇带亮、四扇带亮、带木百叶片 $0.9m^2$ 以内或 $0.9m^2$ 以外、门窗扇衬钉毛毡橡皮等方法划分项目。

C.将窗框制作、窗框安装、窗扇制作、窗扇安装分别列项,可单独计算,也可合并计算。

④铝合金门窗制作、安装

A.分为单扇地弹门、双扇地弹门、四扇地弹门、全玻地弹门、单扇平开门、单扇平开窗、推拉窗、固定窗、不锈钢片包门框 9 种。

B.每一种又按无上亮或带上亮、无侧亮或带侧亮或带顶窗等方法划分项目。

⑤铝合金、不锈钢门窗安装

分为地弹门、不锈钢地弹门、平开门、推拉窗、固定窗、平开窗、防盗窗、百叶窗、卷闸门 9 种。

⑥彩板组角钢门窗安装

分为彩板门、彩板窗、附框 3 个项目。

⑦塑料门窗安装

分塑料门带亮、不带亮和塑料窗单层、带纱 4 个项目。

⑧钢门窗安装

A.分为普通钢门、普通钢窗、钢天窗、组合钢窗、防盗钢窗、钢门窗安玻璃、全钢板大门、围墙钢大门 8 种,共 18 个项目。

B.按单层或带纱、平开式或推拉式或折叠门、钢管框铁丝网或角钢框铁丝网等方法划分项目。

C.将钢大门的门扇制作和门扇安装分别列项。

⑨铝合金踢脚板及门锁安装

分为门扇铝合金踢脚板安装和门扇安装等 3 个项目。

2)木结构

本部分分为木屋架、屋面木基层、木楼梯、木柱、木梁和其他木结构。

①木屋架

A.分为圆木木屋架、方木木屋架、圆木钢屋架、方木钢屋架 4 种。

B.每一种又按 10m 以内、10m 以外、15m 以内、20m 以内、25m 以内等方法划分项目。

②屋面木基层

A.分为檩条、屋面板制作、钉椽子挂瓦条、钉屋面板油毡挂瓦条、钉屋面板、钉檩条、封檐板 7 种。

B.按方檩或圆檩、平口或错口、檩木斜中距 1.0m 以内或 1.5m 以内,封檐板高 20cm 或 30cm 以内划分项目。

③木楼梯、木柱、木梁

分为木楼梯、圆木柱、方木柱、圆木梁、方木梁 5 个项目。

④其他

分为门窗木贴脸、披水板、盖口条、明式暖气罩、木搁板、木格踏板共 6 个项目。

3)附表

分为木门窗五金配件表、铝合金门五金配件表、铝合金窗五金配件表、普通钢门窗五金零件综合用量表、铝合金门窗用料表等 5 个。

(3)适用范围

本节适用于建筑工程和装饰工程门窗制作安装及木结构工程。尚未考虑内容有:

①各个项目均未计算脚手架费用。

②各个项目均未计算材料和半成品的垂直运输费用。

③各个项目均未计算半成品的场外运输费用。

④各个项目均未计算 20m 以上超高施工的人工机械降效。

⑤门窗各个项目需要与建筑结构连结牢固的部分,均应在结构中预埋铁件或木块。或预留空洞,待连结牢固后,结构体部分的填平补齐费用均未包括在本节中。

⑥各个项目均未包括面层的油漆或装饰。

⑦各个项目均未计算成品保护费用。

(4)各类门扇的区别

①全部用冒头结构镶板者,称"镶板门"。

②在同一门扇上装玻璃和镶板(钉板)者,玻璃面积大于或等于镶板(钉板)面积的二分之一者,称"半玻门"。

③在同一门扇上无镶板(钉板)全部装玻璃者,称"全玻门"。

④用上下冒头或带一根中冒头钉企口板,板面起三角槽者,称"拼板门"。

常用门如图 4.71 所示。

4.9.2 计算规则

(1)门窗计算规则

①各类门、窗制作、安装工程量均按门、窗洞口面积以平方米计算。无框者,按扇外围面积计算。

②定额项目内已包括窗框披水条工料,不另行计算。如设计规定窗扇设披水条时,另按披水条定额以延长米计算,如图 4.72 所示。

③门窗框上钉贴脸板按图示尺寸以米计算,如图 4.72 所示。

④厂库房大门定额中标明有框的按洞口面积计算工程量,无框的按扇外围面积计算工程量。

⑤特种门定额中除保温隔音门按洞口面积计算工程量外,其余特种门按扇外围面积计算

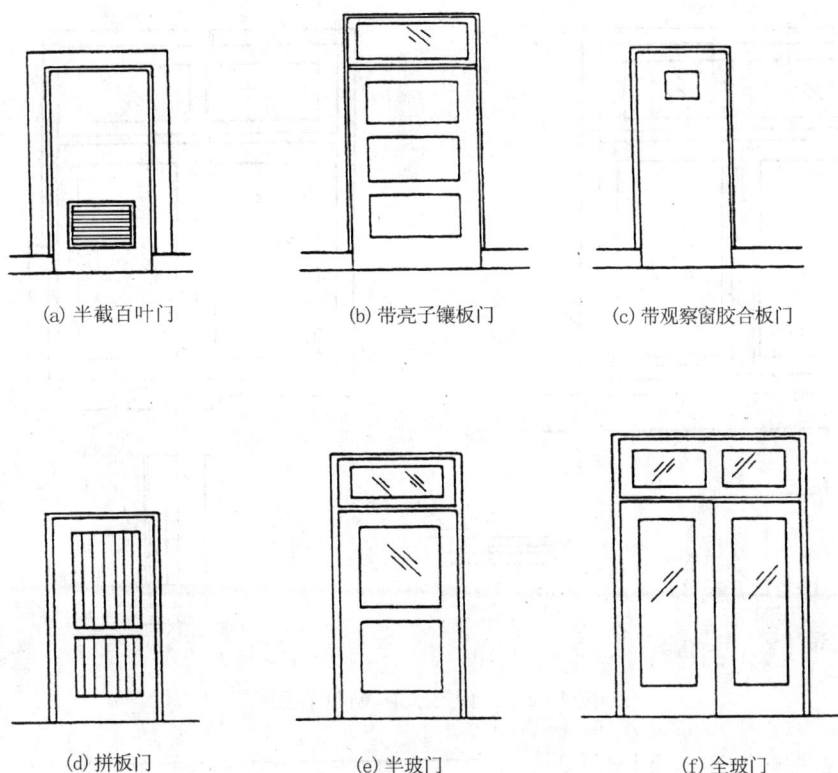

(a) 半截百叶门　　　　(b) 带亮子镶板门　　　　(c) 带观察窗胶合板门

(d) 拼板门　　　　(e) 半玻门　　　　(f) 全玻门

图 4.71　常用门类型

工程量。

⑥卷闸门按(门洞口高度 + 600mm)×(卷闸门实际宽度)面积计算。电动装置以套计算，小门以个计算，如图 4.73 所示。

⑦彩板组角钢门窗附框安装按延长米计算。

⑧不锈钢片包门框按外表面积计算。

(2)屋架计算规则

①屋架按竣工木材以立方米计算，其后备长度及配制损耗均已包括在定额内，不另行计算。附属于屋架的木夹板、垫木、风撑与屋架连接的挑檐木均按竣工木材计算后并入相应的屋架内。与圆木屋架相连接的挑檐木、风撑等如为方木时，应乘以系数 1.563 折合圆木并入圆木屋架竣工木材材积内，圆木屋架如图 4.74 所示。

②单独的挑檐木按方檩木计算。

③带气楼屋架的气楼部分及马尾、折角和正交部分的半屋架应并入相连接的正屋架竣工材积计算。

④檩木按竣工木材以立方米计算，檩木垫木或钉在屋架的檩托木，已包括在定额内，不另行计算。檩木长度按设计规定计算，檩木搭接长度按设计或规范要求计算。

⑤屋面木基层(如图 4.75 所示)工程量按斜面积以平方米计算。不扣除附墙烟囱、通风

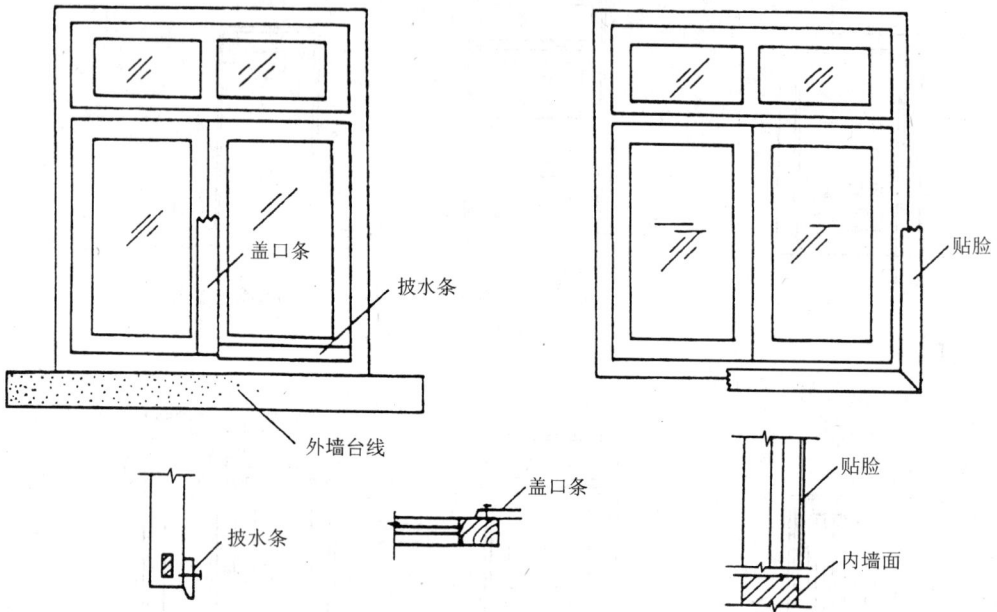

图 4.72 门窗披水条、贴脸示意图

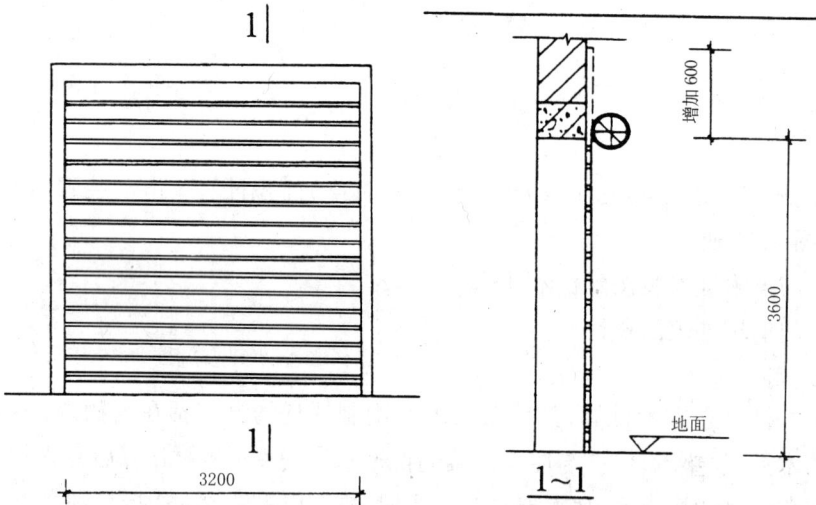

图 4.73 卷闸门示意图

孔、通风帽底座、屋顶小气窗和斜沟的面积。天窗挑檐与屋面重叠部分按设计规定增加。

⑥封檐板工程量按延长米计算,博风板按斜长计算,有大刀头者,每个大刀头增加长度500mm 计算,如图 4.76 所示。

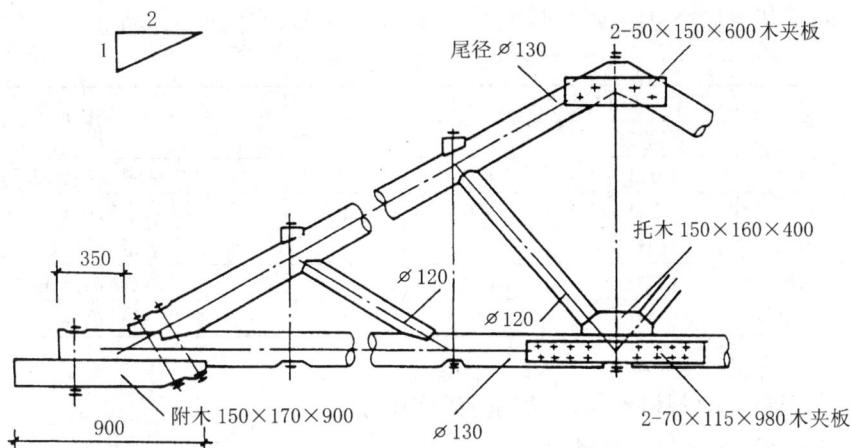

图 4.74　圆木屋架

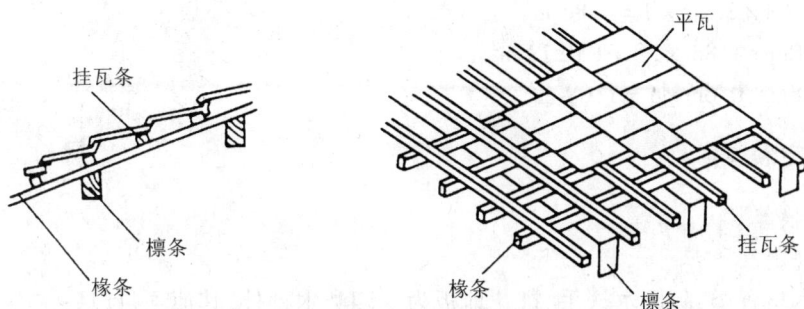

图 4.75　屋面木基层

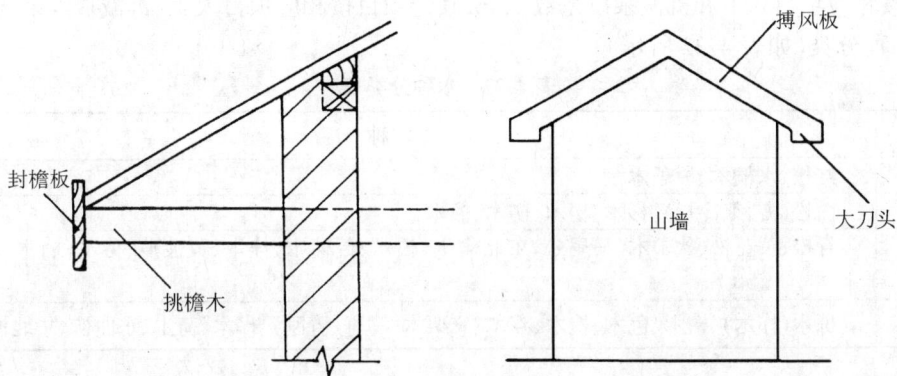

图 4.76　封檐板与搏风板

4.9.3　门窗工程量计算方法

①可按门窗统计表计算。

②可按建筑平面图、剖面图所给尺寸计算。

③可按门窗代号计算。在有些施工图中,习惯于用代号表示门窗洞口尺寸。如 M0921,表示门宽 900mm,门高 2100mm。C1818,表示窗宽 1800mm,窗高 1800mm。樘数可在图上数出。

[**例** 4.28]　某工程给出门窗统计表,如表 4.31 所示,求其门窗工程量。

表 4.31　门窗统计表

名称	编号	洞口尺寸/mm		数量	备注
		宽	高		
门	M-1	1 000	2 400	11	单扇带亮镶板门
	M-2	1 200	2 400	1	双扇带亮镶板门
	M-3	1 800	2 700	1	铝合金带上亮双开地弹门
窗	C-1	1 800	1 800	38	双扇铝推拉窗
	C-2	1 800	600	6	双扇铝推拉窗

[**解**]　因门窗种类、规格不同,工程量应分别计算:

M-1　$1.0m \times 2.4m \times 11 = 26.4 \ m^2$

M-2　$1.2m \times 2.4m \times 1 = 2.88 \ m^2$

M-3　$1.8m \times 2.7m \times 1 = 4.86 \ m^2$

C-1　$1.8m \times 1.8m \times 38 = 123.12 \ m^2$

C-2　$1.8m \times 0.6m \times 1 = 1.08 \ m^2$

4.9.4　定额换算

(1)木种换算

1)定额规定

本分部木材种类,除硬木扶手、拼花地板为三四类木种外,其他项目以一二类木种为准,如采用三四类木种时,分别乘以下列系数:木门窗制作,按相应项目人工和机械乘以系数 1.3;木门窗安装,按相应项目人工和机械乘以系数 1.16;其他项目按相应项目人工、机械乘以系数 1.35。

2)木种分类(如表 4.32 所示)

表 4.32　木种分类表

类别	木种
一类	红松、水桐木、樟子木
二类	白松(方杉、冷杉)、杉木、杨木、柳木、椴木
三类	青松、黄花松、秋子木、马尾松、东北榆木、柏木、苦楝木、梓木、黄菠萝、椿木、楠木、柚木、樟木
四类	栎木(柞木)、檀木、色木、槐木、荔木、麻栗木(马栎、青刚)、桦木、荷木、水曲柳、华北榆木

[**例** 4.29]　某工程采用冷杉制作安装无纱带亮镶板门 36 樘,门洞尺寸为 $1.0m \times 2.4m$。试换算相应定额并分析出相应的人工和冷杉消耗量。

[**解**]　①查用相应定额并换算,过程如表 4.33 所示。

表4.33　无纱带亮镶板门木种换算计算表

定额编号	项目	相应人工(工日/100m²)			相应机械(台班/100m²)			
		原定额消耗量	调整系数	调整后消耗	机械名称	原定额消耗量	调整系数	调整后消耗
7-17	门框制作	8.56	1.3	11.13	木工圆锯机	0.17	1.3	0.22
					木工平刨床	0.54		0.70
					木工压刨床	0.46		0.60
					木工打眼机	0.06		0.08
					木工开榫机	0.28		0.36
					木工裁口机	0.24		0.31
7-18	门框安装	14.68	1.16	17.03	木工圆锯机	0.06	1.16	0.07
7-19	门扇制作	24.55	1.3	31.92	木工圆锯机	0.66	1.3	0.86
					木工平刨床	1.39		1.81
					木工压刨床	1.39		1.81
					木工打眼机	1.01		1.31
					木工开榫机	1.01		1.31
					木工裁口机	0.54		0.70
7-20	门扇安装	15.28	1.16	17.72	-	-	1.16	-

②根据工程量和调整后的定额消耗量计算实际耗用量

该木门制安工程量按洞口面积计算得：

$$S = 1.0m(宽) \times 2.4m(高) \times 36(樘) = 86.4 \text{ m}^2$$

工日消耗量：$86.4\text{m}^2/100\text{m}^2 \times (11.13 + 17.03 + 31.92 + 17.72)$工日 = 67.22 工日

各种机械台班消耗量：

木工圆锯机　$86.4\text{m}^2/100\text{m}^2 \times (0.22 + 0.07 + 0.86)$台班 = 0.99 台班

木工平刨床　$86.4\text{m}^2/100\text{m}^2 \times (0.70 + 1.81)$台班 = 2.17 台班

木工压刨床　$86.4\text{m}^2/100\text{m}^2 \times (0.60 + 1.81)$台班 = 2.08 台班

木工打眼机　$86.4\text{m}^2/100\text{m}^2 \times (0.08 + 1.31)$台班 = 1.20 台班

木工开榫机　$86.4\text{m}^2/100\text{m}^2 \times (0.36 + 1.31)$台班 = 1.44 台班

木工裁口机　$86.4\text{m}^2/100\text{m}^2 \times (0.31 + 0.70)$台班 = 0.87 台班

(2)材积换算

1)定额规定

定额中所注明的木材截面或厚度均以毛料为准,如设计图纸注明的断面或厚度为净断料时,应增加刨光损耗;板、方材一面刨光增加 3mm,两面刨光增加 5mm;圆木每立方米材积增加 0.05m^3。

2)定额对板、方材规格的分类

如表4.34所示。

表4.34　板、方材规格的分类

项目	按宽厚尺寸比例分类	按板材厚度,方材宽厚乘积分类				
板材	宽≥厚×3	名称	薄板	中板	厚板	特厚板
		厚度(mm)	≤18	19~35	36~65	≥65
方材	宽<厚×3	名称	小方	中方	大方	特大方
		宽×厚(cm²)	≤54	55~100	101~225	≥225

3)定额中木门窗框、扇断面(毛料)取定值

无纱镶板门框:60mm×100mm

有纱镶板门框:60mm×120mm

无纱窗框:60mm×90mm

有纱窗框:60mm×110mm

无纱镶板门扇:45mm×100mm

有纱镶板门扇:45mm×100mm+35mm×100mm

无纱窗扇:45mm×60mm

有纱窗扇:45mm×60mm+35mm×60mm

胶合板门扇:38mm×60mm

4)定额取定的断面与设计规定不同时,应按比例换算

框断面以边框断面为准(框裁口如为钉条者加贴条的断面);扇料以主断面为准。换算公式为:

$$换算材积 = 设计断面(加刨光损耗)/定额断面×定额材积 \qquad (4.66)$$

或　　　　　　$$换算系数 = 设计断面(加刨光损耗)/定额断面$$

则　　　　　　$$换算材积 = 换算系数×定额材积 \qquad (4.67)$$

[例4.30]　某工程制安98樘无纱带亮镶板门,如图4.77所示,门洞尺寸为1.0m×2.4m。框料设计断面(净料)为42mm×95mm,扇料设计断面(净料)为40mm×95mm。试换算相应定额并分析出相应材料消耗量。

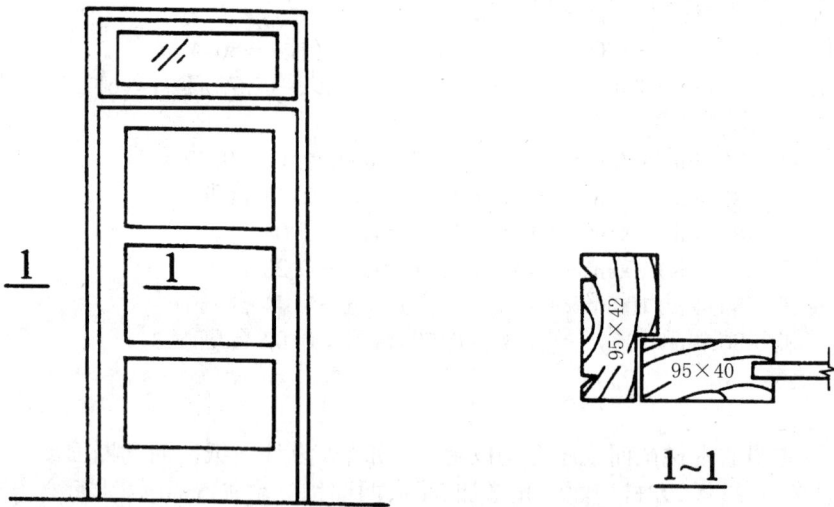

图4.77　无纱带亮镶板门及用料断面示意图

[解]　①查用相应定额并换算如表4.35所示。

表4.35　相应定额换算(m³/100m²)

材料名称	7-17 门框制作	换算系数	换算材积	7-19 门扇制作	换算系数	换算材积
一等木方<54(小方)	0.065	0.75	0.048 8	1.849	1.00	1.849
一等木方55~100(中方)	1.972		1.479	0.288		0.288
一等木板<18(薄板)	—		—	1.202		1.202

其中,换算系数计算为:

框料：　换算系数 $= (42 + 3) \times (95 + 5)/60 \times 100 = 0.75$

扇料：　换算系数 $= (40 + 5) \times (95 + 5)/45 \times 100 = 1.00$

式中门框料断面较小的尺寸按单面刨光增加 3mm 计算。

②各种板、方材的消费量计算

A.相应定额项目调整后的板、方材消耗量如表 4.36 所示。

表 4.36　相应定额项目调整后的板、方材消耗量

材料名称	7-17	7-18	7-19	7-20	前四项合计
	门框制作	门框安装	门扇制作	门扇安装	
一等木方(小方)	0.0488	—	1.849	—	1.898
一等木方 5(中方)	1.479	0.388	0.288	—	2.155
一等木板(薄板)	—	—	1.202	—	1.202

B.该木门制安工程量按洞口面积计算得:

$$S = 1.0 \text{m}(宽) \times 2.4 \text{m}(高) \times 98(樘) = 235.2 \text{ m}^2$$

C.各种板、方材的消费量为:

一等小方：$235.2\text{m}^2/100\text{m}^2 \times 1.898\text{m}^3 = 4.464 \text{ m}^3$

一等中方：$235.2\text{m}^2/100\text{m}^2 \times 2.155\text{m}^3 = 5.068 \text{ m}^3$

一等薄板：$235.2\text{m}^2/100\text{m}^2 \times 1.202\text{m}^3 = 2.827 \text{ m}^3$

(3)铝合金型材用量换算

定额规定:铝合金地弹门制作(框料)型材是按 101.6mm × 44.5mm,厚 1.5mm 方管编制的;单扇平开门、双扇平开门、双扇平开窗是按 38 系列编制的;推拉窗是按 90 系列编制的。如型材断面尺寸及厚度与定额规定不符时,可按附表(请查《基础定额》)调整铝合金型材用量,附表中"(　　)"内数量为定额取定量。

[例 4.31]　某工程制安带上亮双扇推拉窗 24 樘,窗洞口尺寸为 1800mm × 1800mm,采用 90 系列 1.4 厚铝合金型材,若已知型材市场预算价为 21.5 元/kg,试调整相应定额型材用量并计算购买型材的材料费。

[解]　①为方便读者,现将相应定额和附表抄录以下,如表 4.37 所示、表 4.38 所示。

表 4.37　带上亮双扇推拉窗相应的定额内容

定额编号			7-276	7-277
项目		单位	推拉窗	
			双扇	
			不带亮	带亮
人工	综合工日	工日	149.5	150.99
材料	铝合金型材 (其他材料略)	kg —	633.6 —	570.70 —
机械	综合机械	台班	1.62	1.63

表 4.38　带上亮双扇推拉窗铝合金型材用量摘录(kg/100m²)

铝合金窗外框尺寸	1 450 × 1 750	1 750 × 1 750	1 450 × 2 050	1 750 × 2 050
相应洞口尺寸	1 500 × 1 800	1 800 × 1 800	1 500 × 2 100	1 800 × 2 100
型材规格 60 系列 1.25~1.3 厚	347.68	319.40	325.44	295.99
70 系列 1.3 厚	405.35	373.50	377.84	344.38
90 系列 1.35~1.4 厚	582.93	536.05	539.09	492.28
90 系列 1.5 厚	648.02	595.53	(570.70)	546.06

对比以上两个表可以看出,对于带上亮双扇铝合金推拉窗,定额认定的型材用量(570.70)是采用 90 系列 1.5 厚型材,并且洞口为 1.5m × 2.1m 时的型材用量,当设计要求的型材规格和洞口尺寸与定额认定不符时,应当对型材用量进行调整。

②型材用量调整　按表 4.47 所示,当设计要求窗洞口尺寸为 1800mm × 1800mm,采用 90 系列 1.4 厚的铝合金型材时,定额型材消耗量应选定为 536.05kg/100m²。

③该工程铝合金型材用量计算　带上亮双扇铝合金推拉窗工程量(按洞口面积计算):

$$S = 1.8m × 1.8m × 24 = 77.76 \ m^2$$

型材用量 = 77.76m²/100m² × 536.05kg = 416.83 kg

④铝合金型材的材料费计算

材料费 = 21.5 元/kg × 416.83kg = 8 961.90 元

(4)其他内容的换算

①门窗五金包括:普通折叶、插销、风钩、普通翻窗铰链,门还包括搭扣和镀铬弓背拉手。使用上述五金者,不得调整和换算。如使用贵重五金时,其费用可另行计算,但不增加安装人工费,同时,定额中已包括的五金费用亦不扣除。

②门窗扇包镀锌铁皮,以双面为准,如设计规定单面包铁皮时,其工料乘以系数 0.67。

③铝合金卷闸门(包括卷筒、导轨)、彩板组角钢门窗、塑料门窗安装均以成品编制的。

④不锈钢片包门框中,木骨架枋材按 40 × 45 计算,如果设计与定额不同时,允许换算。

4.10　楼地面工程

4.10.1　基本问题

(1)定额内容

楼地面是楼面和地面的总称,是构成楼地层的组成部分。一般来说,地层(又称地坪)主要由垫层、找平层和面层所组成,构成地层的项目都能在本节(分部)中找到。楼层主要由结构层、找平层、保温隔热层和面层组成,在本节(分部)中能找到找平层和面层,其他构造层次对应的项目应在其他分部寻找。

(2)定额项目分类

如表4.39所示。

表4.39 楼地面定额项目分类

构造分类	定额分类	包含内容
垫层	垫层	灰土、三合土、砂、砂石、毛石、碎砖、碎石、炉(矿)渣、混凝土
找平层	找平层	水泥砂浆找平层、细石混凝土找平层
面层	整体面层	水泥砂浆、水磨石、水泥豆石浆、混凝土、菱苦土等面层
	块料面层	大理石、花岗岩、汉白玉、预制水磨石块、彩釉砖、水泥花砖、缸砖、陶瓷锦砖、拼碎块料、红(青)砖、凹凸假麻石块、镭射玻璃、塑料、橡胶板、地毯、木地板、防静电活动地板
其他	踢脚线	
	栏杆、扶手	铝合金管、不锈钢管、塑料、钢管、硬木、
	楼梯、台阶面	
	散水、明沟	

(3)相关名词解释

①找平层:是指为铺设楼地面面层所做的平整底层。

②整体面层:是指大面积整体浇筑而成的现制楼面或地面面层。

③分格调色水磨石:是指用白水泥色石子浆代替水泥石子浆而做成的水磨石面,也称彩色水磨石面。

④彩色镜面水磨石:是指高级水磨石,除质量达到规定要求外,其表面磨光应按"五浆五磨",七道"抛光"工序施工。

⑤汉白玉:是一种纯白色或白底带少量隐纹的大理石,石质纯净、洁白如玉。

⑥彩釉砖:是一种彩色釉面陶瓷地砖。

⑦缸砖:俗称地砖或铺地砖,其表面不上釉,色泽为暗红、浅黄、深黄或青灰色,形状有正方形、长方形和六角形。

⑧陶瓷锦砖:又称马赛克。

⑨镭射玻璃:是以玻璃为基体的饰面材料,在其表面制成全息光栅或其他几何光栅,在阳光或灯光的照射下,会反射出艳丽的七色光彩。

⑩防静电活动地板:是一种有金属材料和木质材料制成的特种地板,表面覆以耐高压装饰板。

4.10.2 工程量计算规则

①地面垫层按室内主墙间净空面积乘以设计厚度以立方米计算。应扣除凸出地面的构筑物、设备基础、室内管道、地沟等所占的体积,不扣除柱、垛、间壁墙、附墙烟囱及面积在0.3m²以内的孔洞所占体积。

②整体面层、找平层按主墙间净空面积以平方米计算,应扣除凸出地面的构筑物、设备基础、室内管道、地沟等所占面积,不扣除柱、垛、间壁墙、附墙烟囱及面积在0.3m²以内的孔洞所占面积,但门洞、空圈、暖气包槽和壁龛的开口部分亦不增加。

③块料面层,按图示尺寸实铺面积以平方米计算,门洞、空圈、暖气包槽和壁龛的开口部分

的工程量并入相应的面层计算。

　　④楼梯面层(包括踏步、平台、以及小于 500mm 宽的楼梯井)按水平投影面积计算。

　　⑤台阶面层(包括踏步及最上一层踏步沿 300mm)按水平投影面积计算。

　　⑥其他:

　　A.踢脚板按延长米计算,门洞、空圈开口部分长度不予扣除,但洞口、空圈、柱、垛、附墙烟囱等侧壁长度亦不增加。

　　B.散水、防滑坡道按图示尺寸以平方米计算。

　　C.栏杆、扶手包括弯头长度按延长米计算。

　　D.防滑条按楼梯踏步两端距离减 300mm 以延长米计算。

　　E.明沟按图示尺寸以延长米计算。

4.10.3　计算实例

　　在本节中,工程量计算的关键问题是区别室内净面积、实铺面积、水平投影面积和延长米的概念及计算方法。

　　[例 4.32]　某建筑平面如图 4.78 所示,若地面为水泥砂浆面层,水泥砂浆踢脚线,试求其工程量。

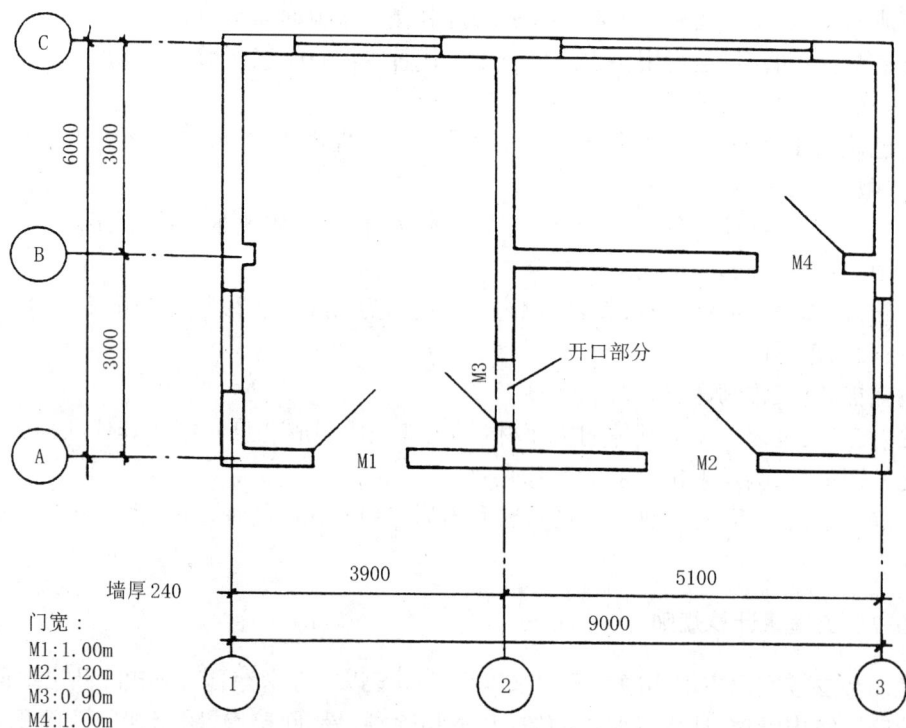

图 4.78　某建筑平面图

　　[解]　①水泥砂浆面层

　　水泥砂浆面层属于整体面层,应按主墙间净空面积以平方米计算。

$$S_净 = (5.1 - 0.24) \times (3.0 - 0.24) \times 2 \ \text{m}^2 + (3.0 \times 2 - 0.24) \times (3.9 - 0.24) \ \text{m}^2 =$$

47.91 m²

②水泥砂浆踢脚线

按按延长米计算,门洞、空圈开口部分长度不予扣除,但洞口、空圈、柱、垛、附墙烟囱等侧壁长度亦不增加。

$L = (5.1 - 0.24 + 3.0 - 0.24) \times 2 \times 2 \ m + (3.0 \times 2 - 0.24 + 3.9 - 0.24) \times 2 \ m =$

49.32 m

[例4.33]　上题中,若地面用水泥砂浆铺贴花岗岩面层和踢脚线,其工程量又该是多少?

[解]　①花岗岩面层

花岗岩面层属于块料面层,工程量按实铺面积计算,也就是在室内净面积基础上加上门洞开口部分面积。

室内净面积(同上题) = 47.91 m²

门洞开口部分面积 = $(1.0 + 1.2 + 0.9 + 1.0) \times 0.24 \ m^2 = 0.98 \ m^2$

实铺面积 = $(47.91 + 0.98) \ m^2 = 48.89 \ m^2$

②花岗岩踢脚线

亦按延长米计算,工程量(同上题) = 49.32 m

[例4.34]　上题中,若室外围绕外墙有一道宽600mm的散水,有一条紧靠散水,断面为190mm×260mm的明沟,试求其工程量。

[解]　①散水工程量

外墙外边线长:$L_{外} = (9.0 + 0.24 + 6.0 + 0.24) m \times 2 = 30.96 \ m$

散水工程量 = $(30.96 \times 0.6 + 4 \times 0.6^2) m^2 =$

20.02 m²

②明沟工程量

按延长米计算,明沟中心线长为:

$L = (9.0 + 0.24 + 0.6 \times 2 + 0.26 + 6.0 + 0.24 + 0.6 \times 2 + 0.26) \ m \times 2 = 36.8 \ m$

[例4.35]　某建筑四层楼梯如图4.64所示,试计算花岗岩铺楼梯面层工程量并分析块料用量。

[解]　①楼梯面层工程量

楼梯面层工程量按楼梯的水平投影面积计算。

$S = (1.23 + 3.0 + 0.2 + 1.23) \times (1.23 + 0.5 + 1.23) \times 4 \ m^2 =$

$5.66 \times 2.96 \times 4 \ m^2 =$

67.01 m²

②查《基础定额》(8-58)知:花岗岩板定额消耗量为:144.69m²/100m²

则块料用量为:

$67.01m^2/100m^2 \times 144.69m^2 = 96.96 \ m^2$

③几点说明:

A.在基础定额中,定额消费量总是与一定的计算规则相对应的,楼梯面层规定按水平投影面积计算,似乎只计算到楼梯踏面(水平面)的面积,这样规定是为了简化计算方法,而踢面

(即垂直面,不反映在水平投影面积中)所需的人、材、机消耗已经在定额中得到调整,这一点读者应特别注意。

B.在本例中,楼梯面层水平投影面积计算得 67.01m²,经过材料分析后花岗岩块料的实际消耗量为 96.96m²,多给的部分除了施工损耗外就是给铺贴踢面的材料消耗量。

[**例 4.36**] 某建筑室外台阶如图 4.79 所示,门厅及室外台阶均做水磨石面层,试计算室外台阶部分的工程量。

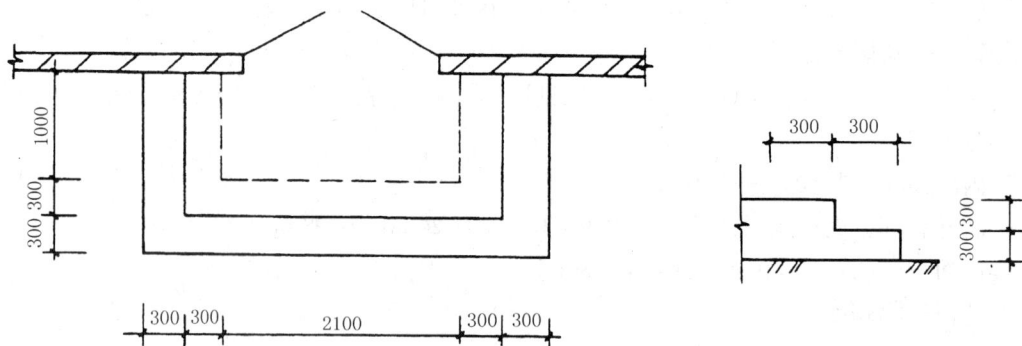

图 4.79 台阶示意图

[**解**] 一般来说,室外台阶作为连接室内外地坪高差的过渡处理,不会一出门就下台阶,总有一个平台缓冲一下。本例中,室外台阶部分应由平台和台阶两部分组成,工程量分别计算,其中平台面层做法若与门厅面层做法相同,可合并计算工程量。

①台阶面层工程量

台阶面层(包括踏步及最上一层踏步沿 300mm)按水平投影面积计算得:

$$S_{台阶} = (2.1 + 0.3 \times 2 \times 2) \times 0.3 \times 2 \ m^2 + 1.0 \times 0.3 \times 2 \times 2 \ m^2 =$$
$$3.18 \ m^2$$

②平台面层工程

$$S_{平台} = 2.1 \times 1.0 \ m^2 =$$
$$2.1 \ m^2$$

4.10.4 定额应用问题

1)定额中踢脚板高度是按 150mm 编制的。超过时材料用量可以调整,人工机械用量不变。

[**例 4.37**] 某工程已计算贴花岗岩踢脚板工程量(延长米)为 4 152m,如果设计要求踢脚板高度为 180mm,应如何套用相应定额。

[**解**] ①我们已知,定额认定的踢脚板高度为 150mm,按延长米折算为面积是:

$$4\ 152m \times 0.15m = 623 \ m^2$$

当踢脚板高度为 180mm 时,按延长米折算为面积是:

$$4\ 152m \times 0.18m = 747 \ m^2$$

两者相减：747m² – 623m² = 124 m²，多出的部分应该调整。

②调整系数计算

调整系数 = 设计高度/定额高度 =

$$180/150 = 1.2$$

③套定额并计算相应调整的各种材料定额消耗量和该踢脚板项目实际材料消耗量。

各种材料实际材料消耗量 = 各种材料定额消耗量 × 调整系数

套用《基础定额》(8-61)，计算过程及结果如表 4.40 所示。

表 4.40　踢脚板项目调整计算

材料名称	计量单位	定额用量	调整系数	调整后用量	工程量/100m	实际用量	计量单位
花岗岩板	m²/100m²	15.23		18.276		758.45	m²
水泥砂浆	m³/100m²	0.3		0.36		14.94	m³
素水泥浆	m³/100m²	0.02		0.024		0.99	m³
白水泥	kg/100m²	4.00	1.2	4.80	41.5	199.2	kg
棉纺头	kg/100m²	0.15		0.18		7.47	kg
锯木屑	m³/100m²	0.09		0.108		4.48	m³
石料切断锯片	片/100m²	0.06		0.072		2.99	片
水	m³/100m²	0.04		0.048		1.99	m³

2)木地板中的硬、杉、松木板，是按毛料厚度 25mm 编制的，设计厚度与定额厚度不同时，可以换算。

换算按比例换算，其方法为：

$$换算材积 = 设计厚度(加刨光损耗)/定额厚度 × 定额材积 \tag{4.68}$$

或

$$换算材积 = 换算系数 × 定额材积 \tag{4.69}$$

$$换算系数 = 设计厚度(加刨光损耗)/定额厚度$$

[例 4.38]　某工程铺普通木地板(平口、铺在木愣上)地面，设计要求木板净厚度为 25mm，试换算相应定额木地板材料消耗量。

[解]　本例在计算中应采用前一节(门窗及木结构)的刨光损耗，双面刨光增加 5mm。则设计厚度为：25mm + 5mm = 30 mm

查《基础定额》(8-127)，并将计算过程和结果表达在表 4.41 中。

其中：换算系数 = 30mm/25mm = 1.2

表 4.41　相应定额木地板材料消耗量换算

材料名称	计量单位	定额用量	换算系数	调整后用量
一等木板 25mm	m³/100m²	2.785	1.2	3.342

3)各中明沟平均净空断面(深 × 宽)均按 190mm × 260mm 计算的，断面不同时允许换算。

4.11 屋面防水工程

4.11.1 基本问题

(1)额项目分类

本节按部位划分为屋面工程、防水工程、变形缝三个部分。各部分按使用的材料品种划分子项,其分类如表4.42所示。

表4.42 定额项目分类

类别	按类型分	按材料分	包括的主要项目
屋面	瓦屋面		水泥瓦、粘土瓦、小青瓦、石棉瓦、金属压型板
	卷材屋面	油毡屋面	石油沥青玛谛脂
		高分子卷材	三元一丙橡胶、再生橡胶、氯丁橡胶、氯化聚乙烯–橡胶、氯磺化聚乙烯、防水柔毡、SBC120复合卷材
	涂膜屋面		塑料油膏贴玻纤布、聚氯脂涂膜、掺无积盐防水剂、
	屋面排水		铁皮件、铸铁管件、玻璃钢管件
防水	卷材防水	油毡卷材	玛谛脂
		高分子卷材	氯化聚乙烯—橡胶、三元一丙橡胶、再生橡胶
	涂膜防水		苯乙烯、塑料油膏、石油沥青、防水砂浆
变形缝	填缝		油浸麻丝、玛谛脂
	盖缝		木质、铁皮

(2)定额的适用范围

屋面工程主要包括瓦屋面、刚性屋面、卷材屋面、涂料屋面、铁皮(金属压型板)屋面、屋面排水等。防水工程适用于楼地面、墙基、墙身、构筑物、水池、水塔及室内厕所、浴室的防水,建筑物±0.00以下的防水,防潮工程按防水相应项目计算。变形缝指的是建筑物和构筑物变形缝的填缝、盖缝和止水等,按变形缝部位和材料分项。

定额规定:水泥瓦、粘土瓦、小青瓦、石棉瓦规格与定额不同时,瓦材数量可以换算,其他不变。变形缝填缝断面与定额取定不同时,用料可以换算,人工不变。木板盖缝断面取定为20cm×2.5cm,设计断面不同时,用料可以换算,人工不变。

目前,屋面防水和地下室防水在设计和施工上受到极大重视。国家标准规定了屋面防水等级,按不同等级进行防水设防。许多类别的建筑物,如高层建筑要求二道或多道防水设防(一种防水材料能够独立成为防水层的称为一道),因此,在概预算中应列出项目,按相应计算规则计算工程量。

(3)卷材的几种铺贴方法

1)满铺法

满铺法亦称实铺法,是在油毡下满涂胶粘剂,使卷材与基层的整个接触面积用胶粘剂粘结在一起。

2)空铺法

空铺法是指卷材与基层之间只在四周一定宽度范围内实施粘贴,其余部分则不加粘贴,使第一层油毡与基层之间存在空隙。

3)点铺法

点铺法是指卷材与基层之间只实施点的粘结,要求粘结点应多于 5 个点/m²,每点面积应达到 100mm × 100mm,粘结总面积要达到接触面的 6% 左右。

4)条铺法

条铺法是指卷材与基层之间只做条带粘结,但要求粘结总面积不应小于整个接触面的 25% 左右。

5)冷贴法

冷贴法是指将胶粘剂直接涂刷在基层表面或卷材粘结面上,使卷材与基层实施粘结,而不需要热施工的铺贴方法。

4.11.2　计算规则

(1)屋面工程

1)瓦屋面、金属压型板屋面

包括挑檐部分均按图 4.80 中尺寸的水平投影面积乘以屋面坡度系数(见表 4.43),以平方米计算。不扣除房上烟囱,风帽底座、风道、屋面小气窗和斜沟所占面积,但屋面小气窗出檐与屋面重叠部分的面积,应并入屋面工程量内计算。

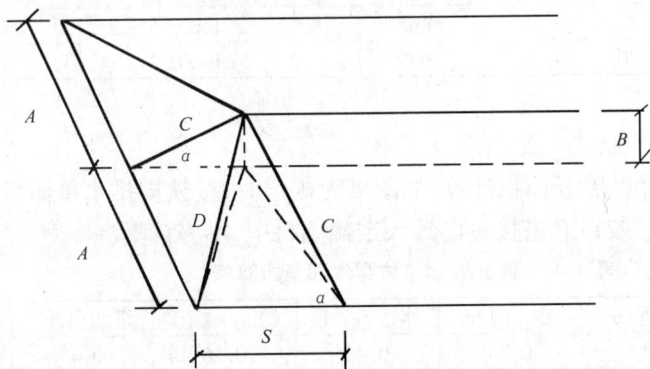

图 4.80　坡屋面尺寸示意

2)卷材屋面

卷材屋面按图示尺寸的水平投影面积乘以规定的坡度系数(见表 4.43)以平方米计算。但不扣除房上烟囱、风帽底座、风道、屋面小气窗和斜沟所占的面积;屋面女儿墙、伸缩缝和天窗等处的弯起部分,按图示尺寸并入屋面工程量计算,无图示尺寸时,女儿墙、伸缩缝的弯起部分可按 250mm 计算,天窗弯起部分可按 500mm 计算。卷材屋面的附加层、接缝、收头、找平层的嵌缝、冷底子油已计入定额内,不另计算。

3)涂膜屋面

涂膜屋面的工程量计算同卷材屋面。涂膜屋面的油膏嵌缝、玻璃布盖缝、屋面分格缝,以延长米计算。

表 4.43　屋面坡度系数表

坡度 B(A = 1)	坡度 B / 2A	坡度 角度(α)	延尺系数 C (A = 1)	偶延尺系数 C (A = 1)
1	1/2	45°	1.414 2	1.732 1
0.75		36°52′	1.250 0	1.600 8
0.7		35°	1.220 7	1.577 9
0.666	1/3	33°40′	1.201 5	1.562 0
0.65		33°01′	1.192 6	1.556 4
0.6		30°58′	1.166 2	1.536 2
0.577		30°	1.154 7	1.527 0
0.55		28°49′	1.141 3	1.517 0
0.5	1/4	26°34′	1.118 0	1.500 0
0.45		24°14′	1.096 6	1.483 9
0.4	1/5	21°48′	1.077 0	1.469 7
0.35		19°17′	1.059 4	1.456 9
0.30		16°42′	1.044 0	1.445 7
0.25		14°02′	1.030 8	1.436 2
0.20	1/10	11°19′	1.019 8	1.428 3
0.15		8°32′	1.011 2	1.422 1
0.125		7°8′	1.007 8	1.419 1
0.100	1/20	5°42′	1.005 0	1.417 7
0.083		4°45′	1.003 5	1.416 6
0.066	1/30	3°49′	1.002 2	1.415 7

4)屋面排水

①铁皮排水按图示尺寸以展开面积计算,如图纸无规定时,按铁皮排水单体零件工程量面积折算表(见表4.44)计算。咬口和搭接等已计入定额项目中,不另计算。

表 4.44　铁皮排水单体零件面积折算表

名　称	水 落 管 /m	檐 沟 /m	水 斗 /个	漏 斗 /个	下水管 /个	天　沟 /m
折算面积/m²	0.32	0.30	0.40	0.16	0.45	1.30
名　称	斜沟天窗 窗台泛水/m	天窗侧 面泛水/m	烟囱 泛水/m	通气管泛 水/m	滴水檐头 泛水/m	滴　水/m
折算面积/m²	0.50	0.70	0.80	0.22	0.24	0.11

②铸铁、玻璃钢、塑料等水落管直径按图示尺寸以延长米计算,雨水口、水斗、弯头、短管以个计算。

(2)防水工程

①建筑物地面防水、防潮层,按主墙间净空面积计算,扣除凸出地面的构筑物、设备基础等所占面积,不扣除柱、垛、间隔墙。烟囱以及 0.3m² 以内孔洞所占面积。与墙面连接处高度在500mm 以内者按展开面积计算,并入平面工程量内,超过 500mm 时,按立面防水层计算。

②建筑物墙基防水、防潮层按墙长度乘以宽度以平方米计算。外墙长度按中心线,内墙长度按净长线。

③构筑物及建筑物地下室防水层,按实铺面积计算,不扣除 0.3 m² 以内的孔洞面积。平面与立面交接处的防水层,其上卷高度超过 500mm 时,按立面防水层计算。

④防水卷材的附加层、接缝收头、冷底子油等主料已计入定额内,不另计算。

(3)变形缝

变形缝按图示尺寸以延长米计算。

4.11.3　计算实例

[**例** 4.39]　计算如图 4.81 所示四坡水瓦屋面工程量,已知屋面坡度的高跨比($B:2A = 1:3$), $\alpha = 33°40'$。

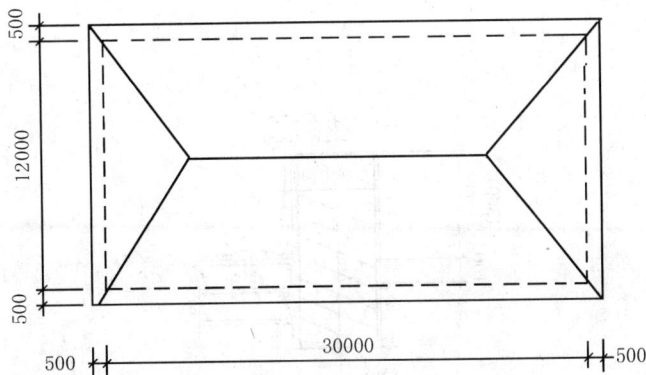

图 4.81　四坡水瓦屋面

[**解**]　查表 4.43 知,四坡水屋面偶延长系数 $D = 1.562\ 0$,即

$$S = (30 + 0.5 \times 2) \times (12 + 0.5 \times 2) \times 1.562\ 0\ \text{m}^2 = 629.49\ \text{m}^2$$

[**例** 4.40]　计算如图 4.82 所示卷材屋面工程量。女儿墙与楼梯间出屋面墙交接处,卷材弯起高度取 250mm。

[**解**]　该屋面为平屋面(坡度小于 5%),工程量按水平投影面积计算,弯起部分并入屋面工程量内。

①水平投影面积

$$S_1 = (3.3 \times 2 + 8.4 - 0.24) \times (4.2 + 3.6 - 0.24)\text{m}^2 + (8.4 - 0.24) \times 1.2\text{m}^2 +$$
$$(2.7 - 0.24) \times 1.5\ \text{m}^2 =$$
$$(14.76 \times 7.56 + 8.16 \times 1.2 + 2.46 \times 1.5)\ \text{m}^2 =$$
$$125.07\ \text{m}^2$$

②弯起部分面积

$$S_2 = [(14.76 + 7.56) \times 2 + 1.2 \times 2 + 1.5 \times 2] \times 0.25\text{m}^2 + (4.2 + 0.24 + 2.7 + 0.24) \times 2 \times$$
$$0.25\text{m}^2 + (4.2 - 0.24 + 2.7 - 0.24) \times 2 \times 0.25\text{m}^2(出屋面楼梯间顶) =$$
$$(12.51 + 3.69 + 3.21)\text{m}^2 =$$
$$19.41\ \text{m}^2$$

③屋面卷材工程量

$$S = S_1 + S_2 = (125.07 + 19.41)\text{m}^2 = 144.48\ \text{m}^2$$

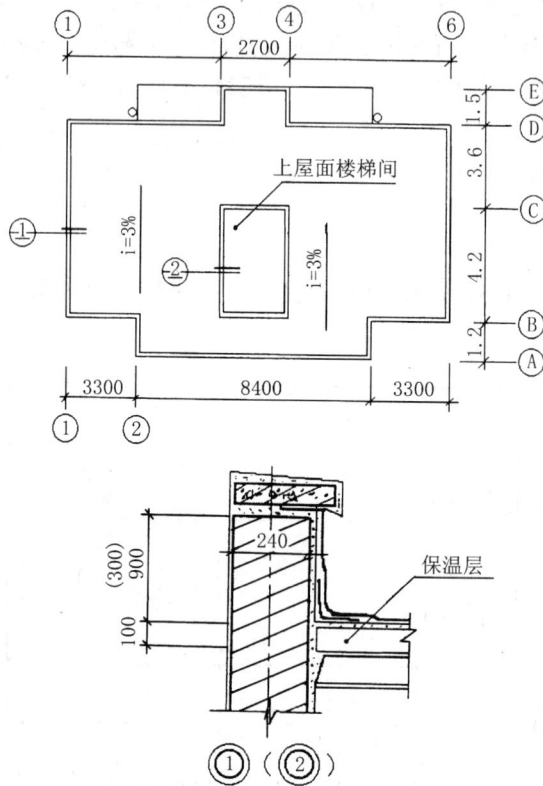

图 4.82 屋顶平面示意图

4.12 防腐、保温、隔热工程

4.12.1 基本问题

本节由耐酸防腐和保温隔热两部分组成。

耐酸防腐部分适用于平面、立面及池、沟、槽需要有耐酸防腐要求的工程,常发生于有特殊要求的化验室、实验室、构筑物等结构和构件的外表面处理。耐酸防腐项目所使用的材料都是防腐材料。不仅胶泥、砂浆等胶合和涂抹材料应具有防腐性,块料也是耐酸块料,并且都必须是合格品。耐酸防腐按部位和构造做法区分了整体面层、隔离层、平面砌块料面层和池、沟、槽块料面层,以及基层面上刷耐酸防腐涂料等,再按不同材料划分子项目。如砌块面层,除按照平面、立面、池槽等不同部位,还按不同块料和相应结合层以及勾缝材料来分列子目。

整体面层、隔离层适用于平面、立面,包括沟、坑、槽外表面的防腐耐酸工程。块料面层以平面砌为准,砌立面者按平面砌相应项目,人工乘系数 1.38,其他不变;块料踢脚板人工乘系数 1.56,其他不变。各种砂浆、胶泥、混凝土材料的种类、配合比及各种整体面层的厚度,如设计与定额不同时,可以换算,但各种块料面层的结合层砂浆或胶泥厚度不变。整体面层厚度的换算方法为套用定额相应的增减项目。

· 148 ·

保温隔热部分适用于中温、低温及恒温要求的工业厂(库)房和一般建筑物的保温隔热工程。按照不同部位,保温隔热划分为屋面、天棚、墙体、楼地面和其他部位的保温隔热工程。保温隔热使用的材料有珍珠岩、聚苯乙烯塑料板、沥青软木、加气混凝土块。玻璃棉、矿渣棉、翁散稻草等。材料同样是区分各部位保温隔热预算分项的依据。《基础定额》只包括保温隔热材料的铺贴,不包括隔气防潮、保护墙和墙砖等。

4.12.2　计算规则

(1)耐酸防腐工程

①防腐工程项目应区分不同防腐材料种类及其厚度,按设计实铺面积以平方米计算,应扣除凸出地面的构筑物、设备基础等所占的面积,砖垛等凸出墙面部分按展开面积计算,并入墙面防腐工程量之内。

②踢脚板按实铺长度乘以高度以平方米计算,应扣除门洞所占面积并相应增加侧壁展开面积。

③平面砌筑双层耐酸块料时,按单层面积乘以系数2计算。

④防腐卷材接缝、附加层、收头等人工材料,已计入定额内,不另计算。

(2)保温隔热工程

①保温隔热层应区别不同保温材料,除另有规定者外,均按设计实铺厚度以立方米计算。其厚度按隔热材料净厚度计算。

②地面隔热层按围护结构体间净空面积乘以设计厚度以立方米计算,不扣除柱、垛所占体积。

③墙体隔热层,外墙按隔热层中心线、内墙按隔热层净长乘以图示尺寸的高度及厚度以立方米计算。应扣除冷藏门洞口和管道穿墙洞口所占的体积。

④柱包隔热层,按图示尺寸的隔热层中心线的展开长度乘以图示尺寸高度及厚度以立方米计算。

⑤池槽隔热层按图示池槽保温隔热层的长、宽及其厚度以立方米计算。池壁按墙面计算,池底按地面计算。

4.12.3　计算实例

[例4.41]　计算图4.84所示(取消上屋面楼梯间)的屋面保温工程量。该屋面为建筑找坡,采用珍珠岩作保温兼找坡材料,试求保温层工程量。

[解]　①计算平均厚度

$$\delta = (0.1 + 7.8 \times 3\% + 0.1)\text{m} \div 2 = 0.217 \text{ m}$$

②计算珍珠岩体积,面积取[例4.40]中的水平投影面积。即

$$V = 125.07 \times 0.217 = 27.14 \text{ m}^3$$

4.13 墙、柱面装饰工程

本节为《基础定额》中第十一章"装饰工程"的第一小节,在本书中专门列为独立的一节介绍。

4.13.1 基本问题

墙柱面工程包括一般抹灰、装饰抹灰、镶贴块料面层及墙柱面装饰等部分。

一般抹灰指石灰砂浆、水泥砂浆、混合砂浆和其他砂浆的内、外墙面和柱面粉刷,按抹灰材料、抹灰部位、抹灰遍数和基层等分项。

装饰性抹灰和镶贴块料按面层材料、基层、粘贴材料等分项。

墙柱面装饰适用于隔墙、隔断、墙柱面的龙骨、面层、饰面、木作等工程。

墙柱面装饰部分包括单列的龙骨基层和面层,以及综合龙骨及饰面的墙柱装饰项目。龙骨材料有木龙骨、轻钢龙骨、铝合金龙骨等。

墙面抹灰和装饰项目均包括了 3.6mm 以下简易脚手架的搭设,一些独立承包的墙面"二次装修",如果施工高度在 3.6m 以下时,不应再计脚手架。

4.13.2 计算规则

(1)内墙面一般抹灰

①内墙面抹灰的长度,以主墙间的图示净尺寸计算。其高度计算规定如下:

A.无墙裙的,其高度按室内地面或楼面至天棚底面之间垂直距离计算,如图 4.83 所示;

B.有墙裙的,其高度按墙裙顶至天棚底面之间距离计算;

C.有吊顶天棚,其高度按室内地面或楼面至天棚底面另加 100mm 计算,如图 4.84 所示。

②内墙抹灰面积,应扣除门窗及空圈所占面积,不扣除踢脚板、0.3m² 以内的孔洞和墙与构件交接处的面积。洞口侧壁和顶面亦不增加,墙垛和附墙烟囱侧壁面积并入内墙抹灰工程量。

③内墙裙抹灰面积按内墙净长乘以高度计算。应扣除门窗洞口和空圈所占的面积,门窗洞口和空圈的侧壁面积不另增加,墙垛、附墙烟囱侧壁面积并入墙裙抹灰面积。

(2)外墙面一般抹灰

外墙面抹灰工程量按以下规定计算:

①外墙抹灰面积,按外墙面的垂直投影面积以平方米计算。应扣除门窗洞口、外墙裙和大于 0.3m² 孔洞所占面积,洞口侧壁面积不另增加,附墙垛、梁、柱侧面抹灰面积并入外墙抹灰工程量内计算。

②外墙裙抹灰面积按其长度乘以高度计算,扣除门窗洞口和大于 0.3m² 孔洞所占面积,洞口和孔洞侧壁面积不增加。

③窗台线、门窗套、挑檐、腰线、遮阳板等展开宽度在 300mm 以内者,按装饰线以延长米计

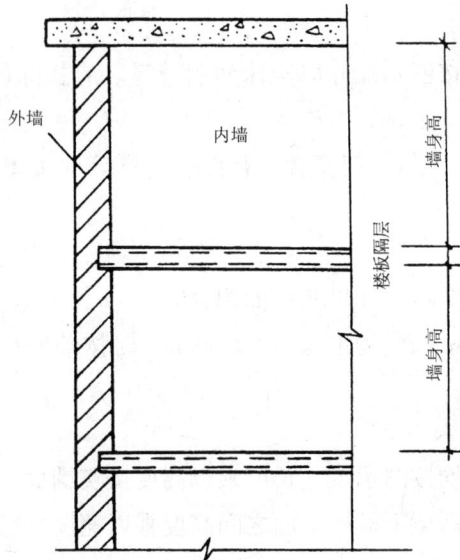

图 4.83　楼板隔层内墙抹灰高度

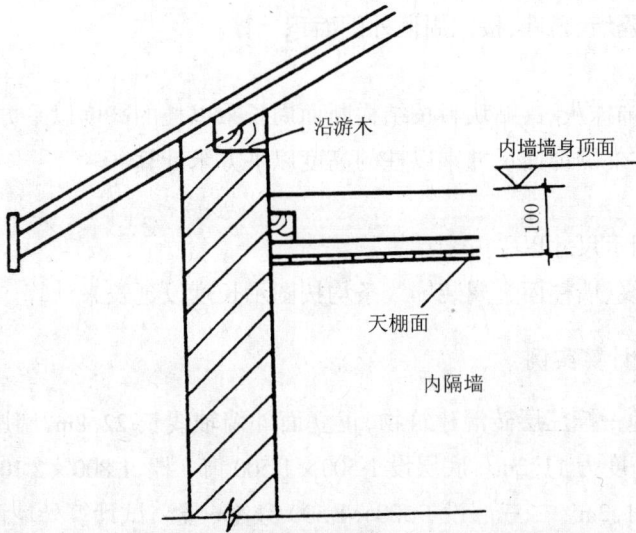

图 4.84　有天棚内墙抹灰高度

算,如展开宽度超过 300mm 以上者,按图示尺寸以展开面积计算,套零星抹灰定额项目。

④栏板、栏杆(包括立柱,扶手或压顶等)抹灰按立面垂直投影面积乘以系数 2.2 以平方米计算。

⑤墙面勾缝按垂直投影面积计算,应扣除墙裙和墙面抹灰的面积,不扣除门窗洞口、门窗套、腰线等零星抹灰所占的面积,附墙柱和门窗洞口侧面的勾缝面积亦不增加。独立柱、房上

烟囱沟缝按图示尺寸以平方米计算。

（3）外墙装饰抹灰

①外墙各种装饰抹灰均按图示尺寸以实抹面积计算。应扣除门窗洞口空圈的面积,其侧壁面积不另增加。

②挑檐、天沟、腰线、栏杆、栏板、门窗套、窗台线、压顶等均按图示尺寸展开面积以平方米计算,并入相应的外墙面积内。

（4）块料面层

①墙面贴块料面层均按图示尺寸以实贴面积计算。

②墙裙以高度在1 500mm以内为准,超过1 500mm时按墙面计算,高度低于300mm以内时,按踢脚板计算。

（5）墙柱面装饰

①木隔墙、墙裙、护壁板均按图示尺寸长度乘以高度按实铺面积以平方米计算。

②玻璃隔墙按上横档顶面至下横档底面之间高度乘以宽度(两边立挺外边线之间)以平方米计算。

③浴厕木隔断,按下横档底面至上横档顶面高度乘以图示长度以平方米计算,门扇面积并入隔断面积内计算。玻璃幕墙、隔墙如设计有平、推窗者,扣除平、推窗面积,另按门窗工程量相应定额执行。

④铝合金,轻钢隔墙、幕墙,按四周框外围面积计算。

（6）独立柱

①一般抹灰、装饰抹灰、镶贴块料按结构断面周长乘以柱的高度以平方米计算。

②柱面装饰按柱外围饰面尺寸乘以柱的高度以平方米计算。

（7）其他

①木窗台板按图示尺寸以平方米计算。

②窗帘盒、挂镜线、墙柱面金属装饰线条均按图示长度以延长来计算。

4.13.3 工程量计算实例

[例4.42] 某地一幢三层砖混建筑物,正立面外墙轴线长22.8m,墙厚240mm,室外地坪至女儿墙顶的垂直高度为11.2m。底层设1 500×1 500窗5樘,1 800×2 100门1樘,窗台线下抹水泥砂浆墙裙,高1.2m。二三层设1 500×1 500窗各6樘。试计算外墙面装饰抹灰工程量。

[解] 工程量按外墙裙以上扣除门窗洞口的面积计算得:

$$S = (22.8 + 0.24) \times (11.2 - 1.2)\text{m}^2 - 1.5 \times 1.5 \times (5 + 6 + 6)\text{m}^2 - 1.8 \times 2.1 \times 1\text{m}^2 =$$
$$(230.4 - 38.25 - 3.78)\text{m}^2 =$$
$$188.37 \text{ m}^2$$

[例4.43] 某单层餐厅,室内净高3.9m,窗台高0.9m,室内净面积为35.76m×20.76m,四周厚240mm外墙上设1.5m×2.7m铝合金双扇地弹门2樘(型材框宽为101.6mm,居中立樘),1.8m×2.7m铝合金双扇推拉窗14樘(型材为90系列,框宽为90mm,居中立樘),外墙内壁需

贴高 1.8m 花瓷板墙裙,试求贴块料工程量。

[解]　按规定,墙面贴块料面层均按图示尺寸以实贴面积计算,也就是说,扣洞应增侧壁。

墙裙面积:$S_1 = 35.76 \times 20.76 \times 1.8\text{m}^2 = 1336.28 \ \text{m}^2$

在群裙高 1.8m 范围内应扣

门洞面积:　　$S_2 = 1.5 \times 1.8 \times 2\text{m}^2 = 5.4 \ \text{m}^2$

窗洞面积:　　$S_3 = 1.8 \times (2.7 - 0.9) \times 14\text{m}^2 = 45.36 \ \text{m}^2$

应增门洞侧壁:

门洞侧壁宽为:　　$b_1 = (0.24 - 0.101\ 6)/2 \ \text{m} = 0.069 \ \text{m}$

门洞侧壁面积:　　$S_4 = 1.8 \times 2 \times 0.069 \times 2(\text{樘})\text{m}^2 = 0.497 \ \text{m}^2$

应增窗洞侧壁:

窗洞侧壁宽为:　　$b_2 = (0.24 - 0.09)/2 \ \text{m} = 0.075 \ \text{m}$

窗洞侧壁面积:　　$S_5 = \{1.8 + (2.7 - 0.9) \times 2\} \times 0.075 \times 14(\text{樘})\text{m}^2 = 5.67 \ \text{m}^2$

则,墙裙贴块料工程量为:

$$S = S_1 - S_2 - S_3 + S_4 + S_5 =$$
$$(1\ 336.28 - 5.4 - 45.36 + 0.497 + 5.67)\text{m}^2 =$$
$$1\ 291.69 \ \text{m}^2$$

4.13.4　定额应用问题

①抹灰厚度如设计与定额取值不同时,除定额项目有注明可以换算外,其他的一律不作调整。抹灰厚度,按不同的砂浆分别列在定额项目中,同类砂浆列总厚度,不同砂浆分别列出厚度,如定额项目中 18 + 6 mm 即表示两种不同砂浆的各自厚度。

②圆弧形、锯齿形、不规则墙面抹灰、镶贴块料、饰面、按相应项目人工乘以系数 1.15。

③外墙贴块料釉面砖、劈离砖和金属面砖项目灰缝宽分密缝、10mm 以内和 20mm 以内列项,其人工、材料已综合考虑。如灰缝超过 20mm 以上时,其块料及灰缝用量允许调整,其他不变。

④定额木材种类除注明者外,均以一二类木种为准,如采用三四类木种,其人工及木工机械乘以系数 1.3。

⑤木龙骨基层是按双向计算的,设计为单向时,材料、人工用量乘以系数 0.55;木龙骨基层用于隔断、隔墙时,每 100m² 木砖改按木材 0.07m³ 计算。

[例 4.44]　某外墙采用水刷豆石装饰抹灰,做法为底层 1:2.5 水泥沙浆,厚 15mm,面层为水泥豆石浆,厚 13mm。试根据表 4.45 所给定额内容确定定额套用。

表 4.45　与本例有关的定额项目

定额编号		11-68	…	11-58	…	11-104
项目	单位	水泥豆石 12 + 12mm 砖墙面		水泥砂浆 每增减 1mm		水泥豆石 每增减 1mm
人工	综合工日	工日	36.59		0.38		0.41
材料	水泥砂浆 1:3	m³	1.39		0.12		
	水泥豆石浆 1:2.5	m³	1.39				0.12
	素水泥浆	m³	0.11				
	107 胶	kg	2.48				
	水	m³	2.88		0.01		
机械	灰浆浇拌机 200L	台班	0.46		0.02		0.02

[解]　从上表中看出,定额(11-68)确定底层为 1:3 水泥砂浆,厚 12mm,面层为 1:1.25 水泥豆石浆,厚 12mm,并在项目内注明了 12 + 12mm,定额用量均为 1.39m³/100m²。

为使定额厚度与设计厚度一致,应采用(11-58)和(11-104)来进行调整。

则本项目套用定额为:(11-68) + (11-58) × 3 + (11-104)

[例 4.45]　某内墙面装饰采用木龙骨基层,设计为单向,中距 45cm²,龙骨规格为 60cm × 70mm。试根据《基础定额》换算调整其工料。

[解]

①材料体积换算

设计龙骨规格为 6cm × 7cm = 42cm²,中距 45cm,应使用《基础定额》(11-211)项(断面 45cm² 以内,平均中距 50cm 以内)予以调整。定额中,该范围(即 45cm² 以内)龙骨断面规定为 50 × 70mm²,当设计规格与定额不同时,允许换算材质,人工和其他材料不变。(11-211)项的一等方材消耗量为 2.424m³。

则按设计规格换算一等方材消耗量为:(6 × 7/5 × 7) × 2.424m³ = 2.909 m³

②单向木龙骨调整

《基础定额》中的木龙骨基层按双向计算,设计为单向时,材料、人工用量乘以系数 0.55。该项设计的每 100m² 木龙骨基层工料用量如下:

综合人工:　10.26 × 0.55 工日 = 5.64 工日

一等方材:　2.909 × 0.55m³ = 1.600 m³

木　砖:　0.396 × 0.55m³ = 0.218 m³

铁　钉:　1.68 × 0.55kg = 0.92 kg

防腐油:　2.99 × 0.55kg = 1.64 kg

4.14　天 棚 工 程

4.14.1　基本问题

天棚装饰工程包括抹灰面层、天棚龙骨、天棚面层、龙骨及饰面等部分。

天棚抹灰即直接式顶棚。

吊顶天棚包括天棚龙骨与天棚面层两个部分,预算中应分别列项,按相应的设计项目配套使用。

龙骨及饰面部分则综合了骨架和面层,各项目中包括了龙骨和饰面的工料。

吊顶龙骨按其吊挂方式,有双层龙骨和单层龙骨两种。龙骨底面不在同一水平面而下层紧贴上层的为双层龙骨,龙骨在同一水平面的为单层龙骨。造型天棚分一级和多级天棚,天棚面层在同一标高为一级天棚,不在同一标高且高差在 200mm 以上者称为二级或三级天棚。

天棚龙骨中,对剖圆木楞、方木楞按主楞跨度 3m 以内、4m 以内划分。轻钢龙骨和铝合金龙骨按一级天棚和多级天棚分别列项,同时,按面层规格 300mm × 300mm、450mm × 450mm、600mm × 600mm 和 600mm × 600mm 以上等划分。

定额龙骨是按常用材料及规格组合编制的,如与设计规定不同时,可以换算,人工不变。二级或三级以上的造型天棚,套用其面层定额时,面层人工乘以系数 1.3。

天棚装饰项目已包括了 3.6m 以下简易脚手架的搭设及拆除。

4.14.2　计算规则

(1)天棚抹灰

①天棚抹灰面积,按主墙间的净面积计算,不扣除间壁墙、垛、柱、附墙烟囱、检查口和管道所占面积。带梁天棚,梁两侧抹灰面积,并入天棚抹灰工程量计算。

②密肋梁和井字梁天棚行抹灰面积,按展开面积计算。

③阳台底面抹灰按水平投影以平方米计算,并入相应天棚抹灰面积内。阳台如带悬挂梁者,其工程量乘以系数 1.30。

④雨篷底面或顶面抹灰分别按水平投影面积以平方米计算,并入相应天棚抹灰面积内。雨篷顶面带反沿或反梁者,其工程量乘以系数 1.20,底面带悬臂梁者,其工程量乘以系数 1.20。雨篷外边线按相应装饰或零星项目执行。

⑤天棚抹灰如带有装饰线时,分别按三道线以内或五道线以内按延长米计算,线角的道数以一个突出的棱角为一道线。

⑥檐口天棚的抹灰面积,并入相应的天棚抹灰工程量内计算。

⑦楼梯底面的抹灰工程量计算(包括楼梯休息平台)按水平投影面积计算后乘以系数 1.2计算。

(2)天棚骨架、面层、饰面

①各种吊顶天棚龙骨按主墙间净空面积计算,不扣除间隔墙、检查口、附墙烟囱、柱、垛和管道所占面积。但天棚中的折线、迭落等圆弧形、高低吊灯槽等面积也不展开计算。

②天棚面装饰工程量按以下规定计算：

A.天棚装饰面积,按主墙间实铺面积以平方米计算,不扣除间隔墙、检查口、附墙烟囱、附墙垛和管道所占面积,应扣除独立柱及与天棚相连的窗帘盒的面积。

B.天棚中的折线、迭落等圆弧形、拱形、高低灯槽及其他艺术形式天棚面层均按展开面积计算。

4.14.3 计算实例

[例4.46] 会议室天棚平面尺寸如图4.85所示,该天棚材料为不上人型轻钢龙骨,2 440×1 220×10石膏板面层,二级吊顶,高差为300mm。试按《基础定额》计算上述两项工程量,并分析它们的人工耗用量。

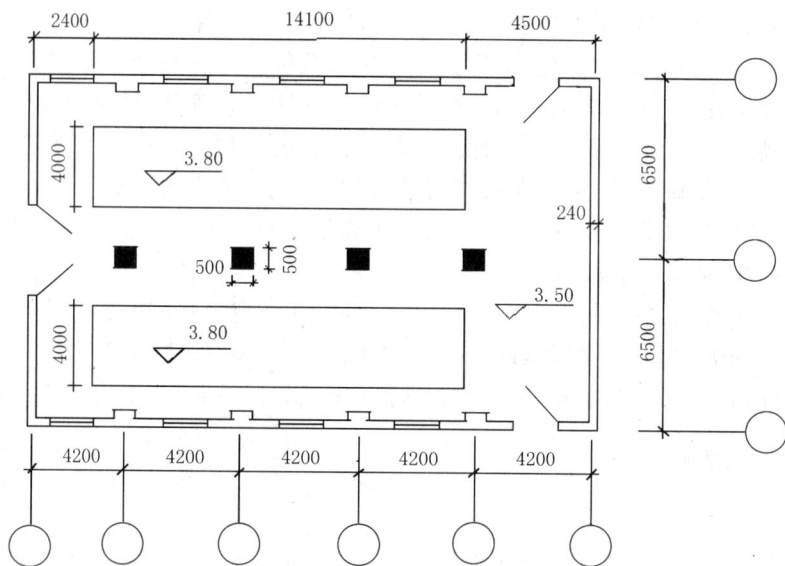

图4.85 天棚平面示意图

[解] ①龙骨工程量

$$(4.2 \times 5 - 0.24) \times (6.5 \times 2 - 0.24)m^2 = 264.90 \ m^2$$

②面层工程量

$$264.90m^2 - 0.5 \times 0.5 \times 4(独立柱)m^2 + (14.1 + 4) \times 2 \times 2 \times 0.3m^2 = 281.30 \ m^2$$

③人工耗用量

A.龙骨套用《基础定额》11-326项(面层规格600×600以上,二三级天棚),人工定额为20.17工日/100m²。即

$$20.17 \times 2.65 = 53.45 \ 工日$$

B.面层套用《基础定额》11-383项。人工定额为11.94工日/100m²,二级以上造型天棚,其面层人工乘以系数1.3。即

$$11.94 \times 2.81 \times 1.3 = 43.62 \ 工日$$

[例4.47] 计算图4.86所示现浇雨棚装饰工程量,并套用《基础定额》。雨棚顶面、底面均为1:3水泥砂浆抹灰,底面刷106涂料三遍,反沿外面镶贴釉面砖,灰缝8mm。

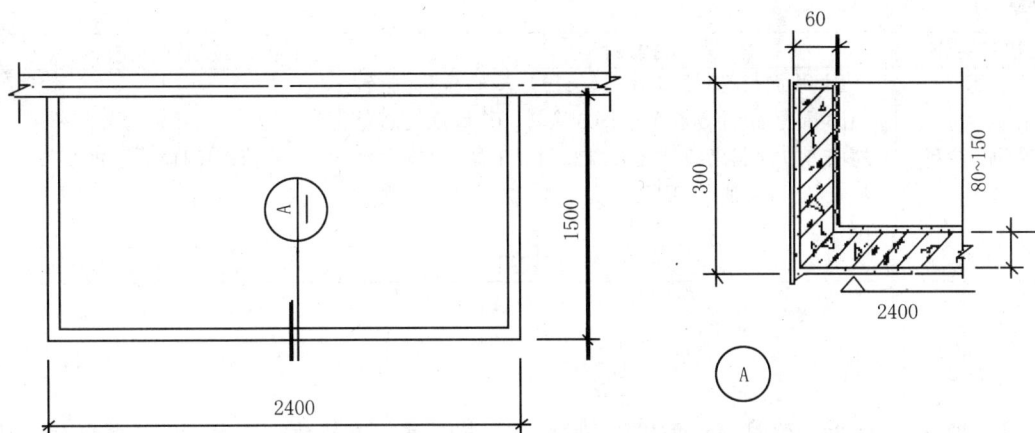

图 4.86　雨棚平面示意图

[**解**]　①工程量计算

顶面抹灰：　$2.4 \times 1.5 \times 1.2m^2 = 4.32\ m^2$

底面抹灰：$2.4 \times 1.5m^2 = 3.6\ m^2$

反沿贴面砖：$(2.4 + 1.5 \times 2) \times 0.3m^2 = 1.62\ m^2$

底面刷 106：　$2.4 \times 1.5m^2 = 3.6\ m^2$

雨棚净高 2.5m,不计算装饰脚手架。

②《基础定额》项目套用

抹灰工程量合并,套《基础定额》11-288 项(天棚工程)。

面砖套《基础定额》11-175 项。

刷 106 套《基础定额》11-635 项。

4.15　油漆、涂料、裱糊工程

4.15.1　基本问题

油漆项目按基层不同分为木材面油漆、金属面油漆和抹灰面油漆。在此基础上,按油漆品种、刷漆部位分项。涂料、裱糊按涂刷、裱糊和装饰部位分项。定额项目划分如表 4.46 所示。

表 4.46　油漆、涂料、裱糊工程项目划分表

按基层分	按漆种分	按油刷部位分
木材面油漆	调和漆、磁漆、清漆、醇酸磁漆、醇酸清漆、聚氨脂漆、硝基清漆、丙烯酸清漆、过氯乙烯、防火漆熟桐油、广(生)漆、地板漆、	单层木门、单层木窗、木扶手、其他木材面、木地板
金属面油漆	调和漆、醇酸清漆、过氯乙烯清漆、沥青漆、红丹防锈漆、银粉漆、防火漆、臭油水、	单层钢门窗、其他金属面
抹灰面油漆	调和漆、乳胶漆、水性水泥漆、画石纹、做假木纹	墙柱天棚抹灰面、拉毛面
喷塑	一塑三油、	墙柱面、天棚面

续表

按基层分	按漆种分	按油刷部位分
喷(刷)涂料	JH801 涂料、仿瓷涂料(双飞粉)、多彩涂料、彩砂喷涂、砂胶涂料、106 涂料、803 涂料、107 胶水泥彩色地面、777 涂料席纹地面、177 涂料乳液罩面、刷白水泥浆、刷石灰油浆、刷石灰浆、刷石灰大白浆、刷大白浆、	抹灰墙柱面、装饰线条
裱糊	墙纸、金属墙纸、织锦缎	墙面、梁柱面、天棚面

4.15.2 计算规则

①楼地面、天棚面、墙、柱、梁面的喷(刷)涂料、抹灰面油漆及裱糊工程,均按楼地面、天棚面、墙、柱、梁面装饰工程相应工程量计算规则规定计算。

②木材面油漆、金属面油漆的工程量分别按表 4.47 至表 4.49 规定计算,并乘以表列系数。

其计算方法可以表达为:

$$油漆工程量 = 被油刷对象的工程量 × 表中相应系数 \qquad (4.70)$$

也就是说,油漆工程量计算没有特别规则,也无须专门计算,只要被油刷对象的工程量计算出来后,在本节中找到相应系数相乘,就是油漆工程量。

表 4.47 木材面油漆工程系数表

项目名称	系数	工程量计算方法
单层木门	1.00	按单面洞口面积
双层(一板一纱)木门	1.36	
双层(平裁口)木门	2.00	
单层全玻门	0.83	
木百页门	1.25	
厂房大门	1.10	
单层木窗	1.00	按单面洞口面积
双层(一玻一纱)窗	1.36	
双层(平裁口)窗	2.00	
三层(二玻一纱)窗	2.60	
单层组合窗	0.83	
双层组合窗	1.13	
木百叶窗	1.50	
木扶手(不带托板)	1.00	按延长米
木扶手(带托板)	2.60	
窗帘盒	2.04	
木方格吊顶天棚	1.20	长×宽
墙面、天棚面、吸音板	0.87	
木护墙、墙裙	0.91	
窗台板、筒子板、盖板	0.82	
暖气罩	1.28	

项目名称	系数	工程量计算方法
屋面板(带檩条)	1.11	斜长×宽
木间壁、木隔断	1.90	单面外围面积
木栅栏、大栏杆(带扶手)	1.82	
木屋架	1.79	跨度(长)×中高×1/2
衣柜、壁柜	0.91	投影面积(不展开)
零星木装修	0.87	按展开面积
木地板、木踢脚线	1.00	长×宽
木楼梯(不包括底面)	2.30	水平线投影

表 4.48　金属面油漆工程系数表

项目名称	系数	工程量计算方法
单层钢门窗	1.00	
双层(一玻一纱)钢门窗	1.48	
百叶钢门	2.74	
半截百叶钢门	2.22	按单面洞口面积
满钢门或全包铁皮门	1.63	
钢折叠门	2.30	
射线防护门	2.96	柜(扇)外围面积
厂库房平开、推拉门	1.70	
间壁	0.74	长×宽
平板屋面	0.74	斜长×宽
排水、伸缩缝盖板	0.78	展开面积
吸尘罩	1.63	水平投影面积
钢屋架、天窗架	1.00	
架、屋架梁、支撑、檩条	1.00	
墙架(空腹式)	0.50	
墙架(格板式)	0.82	
钢栓、吊车架、花式架	0.63	
柱、空花构件	0.71	
操作台、走台、制动梁	0.71	重量/t
钢梁车挡	0.71	
钢栅栏门、栏杆、窗栅	1.71	
钢爬梯	1.18	
踏步式钢扶梯	1.05	
轻型屋架	1.42	
零星铁件	1.32	

表 4.49　抹灰面油漆工程系数表

项目名称	系数	工程量计算方法
槽形底板、混凝土折板	1.30	
有梁板底	1.10	长×宽
密肋、井字梁底板	1.50	
混凝土平板式楼梯底	1.30	水平投影面积

4.15.3 计算实例

油漆工程量计算按以下步骤进行:

①先按各分部规则计算出被油刷对象工程量;

②再按表4.47至表4.49找到对应的油漆工程量计算系数;

③两者相乘就是油漆工程量。

[例4.48] 某餐厅室内装修,地面净面积为14.76m×11.76m,四周一砖墙上有单层钢窗(1.8m×1.8m)8樘,单层木门(1.0m×2.1m)2樘,单层全玻门(1.5m×2.7m)2樘,门均为外开。木墙裙高1.2m,设挂镜线一道,木质窗帘盒(比窗洞每边宽100mm),木方格吊顶天棚,以上项目均刷调和漆。试求相应项目油漆工程量。

[解] ①各个项目的工程量按各分部规则计算如下:

单层钢窗:$1.8 \times 1.8 \times 8 m^2 = 25.92 \ m^2$

单层木门: $1.0 \times 2.1 \times 2 m^2 = 4.2 \ m^2$

单层全玻门:$1.5 \times 2.7 \times 2 m^2 = 8.1 \ m^2$

木墙裙高1.2m,应扣减在高1.2m范围内的门窗洞口。门向外开,应计算洞口侧壁,在没有给出门框宽度的情况下,一般按木门框宽90mm计算,木门框靠外侧立樘。窗下墙一般高900mm,则在墙裙高1.2m的范围内,窗洞口应口高度为300mm。钢窗居中立樘,框宽40mm。

墙裙长(扣门洞):$(14.76 + 11.76) \times 2 m - 1.0 \times 2 m - 1.5 \times 2 m = 48.04 \ m$

应扣窗洞面积: $1.8 \times 0.3 \times 8 m^2 = 4.32 \ m^2$

窗洞侧壁宽度为:$(240 - 40)/2 m = 100 \ mm = 0.1 \ m$

应增加窗洞侧壁面积为:$(1.8 + 0.3 \times 2) \times 0.1 \times 8 m^2 = 1.92 \ m^2$

门洞侧壁宽度为:$(240 - 90) m = 150 \ mm = 0.15 \ m$

应增加门洞侧壁面积为:$(1.2 \times 2) \times 0.15 \times (2 + 2) m^2 = 1.44 \ m^2$

则墙裙实际面积为: $(48.04 \times 1.2 - 4.32 + 1.92 + 1.44) m^2 = 56.69 \ m^2$

挂镜线按延长米计算:$L = (48.04 - 1.8 \times 8) m = 33.64 \ m$

木质窗帘盒(比窗洞每边宽100mm)按延长米计算得:

$$L = (1.8 + 0.1 \times 2) \times 8 m = 16 \ m$$

②油漆工程量计算过程如表4.50所示。

表4.50 油漆工程量计算

油漆项目	计量单位	工程量	油漆预算系数	油漆工程量
单层钢窗	m²	25.92	1.00	25.92
单层木门	m²	4.2	1.00	4.2
单层全玻木门	m²	8.1	0.83	6.72
木墙裙	m²	56.69	0.91	51.59
木挂镜线	m	33.64	0.35	11.77
木窗帘盒	m	16	2.04	32.64

4.16　金属结构制作工程

4.16.1　基本问题

①本节所介绍的定额适用于现场加工制作,亦适用于企业附属加工厂制作的构件。

②定额中的制作,均按焊接编制的。

③构件制作,包括分段制作和整体预装配的人工材料及机械台班用量,整体预装配用的螺栓及锚固杆件用的螺栓,已包括在定额内。

④定额中除注明者外,均包括现场内(工厂内)的材料运输、加工、组装及成品堆放、装车出厂等全部工序。

⑤定额中未包括加工点至安装点的构件运输,发生时,应按前面所介绍的构件运输定额相应项目计算。

⑥定额中构件制作项目中,均已包括刷一遍防锈漆工料。

⑦钢筋混凝土组合屋架拉杆,按屋架钢支撑计算。

⑧定额编号 12-1 至 12-45 项,其他材料费(以 ＊ 表示)均以下列材料组成:木脚手板 0.03 m^3;木垫块 0.01 m^3;铁丝 8# 0.40 kg;砂轮片 0.2 片;铁砂布 0.07 张;机油 0.04 kg;洗油 0.03 kg;铅油 0.80 kg;棉纱头 0.11 kg。其他机械费(以 ＊ 表示)由下列机械组成:座式砂轮机 0.56 台班;手动砂轮机 0.56 台班;千斤顶 0.56 台班;手动葫芦 0.56 台班;手电钻 0.56 台班。各部门、地区编制价格表时以此计入。

4.16.2　工程量计算规则

①金属结构制作按图示钢材尺寸以吨计算,不扣除孔眼、切边的重量,焊条、铆钉、螺栓等重量已包括在定额内不另计算。在计算不规则或多边形钢板重量时均以最大对角线乘以最大宽度的矩形面积计算。

②实腹柱、吊车梁、H 型钢按图示尺寸计算,其中腹板及翼板宽度按每边增加 25mm 计算。

③制动梁的制作工程量包括制动梁、制动桁架、制动板重量;墙架的制作工程量包括墙架柱、墙架梁及连接柱杆重量;钢柱制作工程量包括依附于柱上的牛腿及悬臂梁重量。

④轨道制作工程量,只计算轨道本身重量,不包括轨道垫板、压板、斜垫、夹板及连接角钢等重量。

⑤铁栏杆制作,仅适用于工业厂房中平台、操作台的钢栏杆。民用建筑中铁栏杆等按本定额其他章节有关项目计算。

⑥钢漏斗制作工程量,矩形按图示分片,圆形按图示展开尺寸,并依钢板宽度分段计算,每段均以其上口长度(圆形以分段展开上口长度)与钢板宽度,按矩形计算,依附漏斗的型钢并入漏斗重量内计算。

4.16.3　计算实例

[例 4.49]　按图 4.87 所示,计算柱间支撑工程量。已知:角钢 L75×50×6 每米理论重量

为 5.68kg/m。钢材理论重量为 7 850kg/m³。

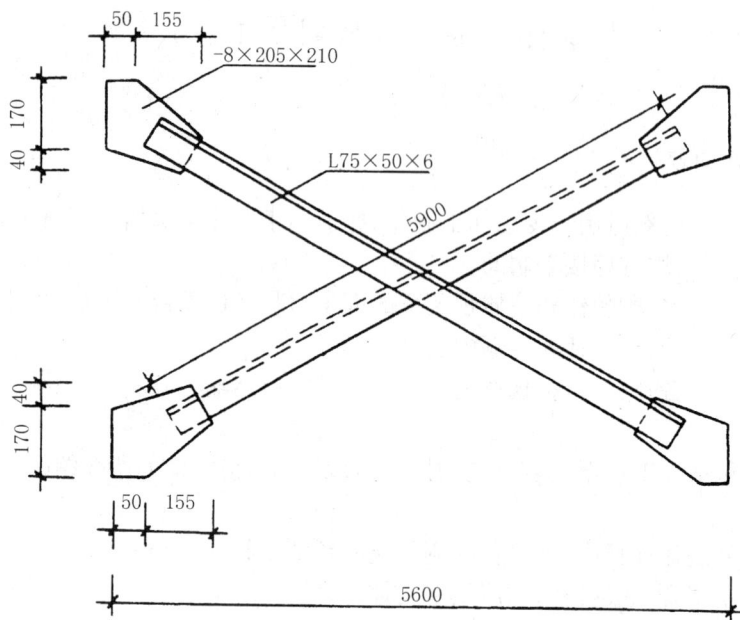

图 4.87 柱间支撑

[解]

角钢重： 5.9m×2×5.68kg/m=67.02 kg

钢板面积:(0.05+0.155)×(0.17+0.04)×4m²=0.177 2 m²

钢板重量:0.177 2m²×0.008m×7 850kg/m³=10.81 kg

柱间支撑工程量:(67.02+10.8)kg=77.83 kg

4.17 建筑工程垂直运输

4.17.1 基本问题

①本定额工作内容,包括单位工程在合理工期内完成全部工程项目所需的垂直运输机械台班,不包括机械的场外往返运输,一次安拆及路基铺垫和轨道铺拆等的费用。

②同一建筑物多种用途(或多种结构),按不同用途(和结构)分别计算。分别计算后的建筑物檐高均应以该建筑物总檐高为准。

③檐高是指设计室外地坪至檐口高度,突出主体建筑物屋顶的电梯间、水箱间等不计入檐口高度之内。构筑物高度,从设计室外地坪至构筑物的顶面高度为准。

4.17.2 工程量计算规则

①建筑物垂直运输机械台班用量,区分不同建筑物的结构类型及高度按建筑面积以平方米计算。建筑面积按本章 4.2 节规则规定计算。

②构筑物垂直运输机械台班以座计算。

4.17.3　定额应用

①本定额中现浇框架系指柱、梁全部为现浇的钢筋混凝土框架结构,如部分现浇时按现浇框架定额乘以 0.96 系数,如楼板也为现浇混凝土时,按现浇框架定额乘以 1.04 的系数。

②预制钢筋混凝土柱、钢屋架单层厂房按预制排架定额计算。

③单身宿舍按住宅定额乘以 0.9 系数。

④本定额是按Ⅰ类厂房为准编制的,Ⅱ类厂房定额乘以 1.14 系数。厂房分类如表 4.51 所示。

表 4.51　厂房分类表

厂房分类表	
Ⅰ类	Ⅱ类
机加工、机修、五金缝纫、一般纺织(粗纺、制条、洗毛等)及无水特殊要求的车间。	厂房内设备基础及工艺要求较复杂、建筑设备或建筑标准较高的车间。如铸造、锻压、电镀、酸碱、电子、仪表、手表、电视、医药、食品等车间。

注:建筑标准较高的车间,指车间有吊顶或油漆的顶棚、内墙面贴墙纸(布)或油漆墙面、水磨石地面等三项,其中一项所占建筑面积达全车间建筑面积 50% 以上之者,即为建筑标准较高的车间。

⑤服务用房是指城镇、街道、居民区具有较小规模综合服务功能的设施。其建筑面积不超过 1 000m²,层数不超过三层的建筑,如副食、百货、饮食店等。

⑥檐高 3.6m 以内的单层建筑物,不计算垂直运输机械台班。

⑦本定额项目划分是以建筑物的檐高及层数两个指标同时界定的,凡檐高达到上限而层数未达到时,以檐高为准;如层数达到上限而檐高未达到时以层数为准。

⑧本定额是按全国统一《建筑安装工程工期定额》中规定的Ⅱ类地区标准编制的,Ⅰ、Ⅲ类地区按相应定额乘以下表(表 4.52)规定系数。

表 4.52　Ⅰ、Ⅲ类地区调整系数

项目	Ⅰ类地区	Ⅲ类地区
建筑物	0.95	1.10
构筑物	1	1.11

[例 4.50]　某学校实验大楼部分为 6 层现浇框架结构,部分为 3 层砖混结构,其中现浇框架结构部分的建筑面积为 5 600m²,檐高为 28m,楼板也为现浇结构,有一个电梯间比檐口高出 2.3m;砖混结构部分的建筑面积为 764m²,檐高为 11.8m。该地区属于三类地区,所采用的施工机械是塔式起重机。

[解]　①确定定额子目编号。由于本例工程是同一建筑有两种结构,所以应套用两个定额。两种结构的建筑檐高都应以该建筑物的总檐高为准。

首先是框架结构部分。现在可供选择的定额子目有 3 个:13-40、13-139、13-140。13-40 适用于 20m(6 层)以内塔式起重机施工的科研用房(现浇框架结构),但是檐高 20m 显然低于题给工程实际檐高;13-139 适用于 30m(7～10 层)以内塔式起重机施工的科研用房(现浇框架结构),但是该工程的层数只有 6 层,这一条似乎又不满足;13-40 说的是檐口高度在 40m 以内,如果把电梯间的高度加上,就超过 30m,这一条似乎也对。到底应该是哪个呢? 正确选择应是 13-139。因为在上述定编应用说明中,已经规定"凡檐高达到上限而层数未达到时,以檐高为准;如层数达到上限而檐高未达到时,以层数为准",这里就是以檐高为准。至于说檐高的确定,也有明确规定:突出主体建筑物屋面的电梯间、水箱间等不计入檐高之内,所以不应该选择 13-140。

其次是砖混结构部分,根据"分别计算后的建筑物檐高都应该以这个建筑物的总檐高为准"的规定,我们选择定额子目的编号是 13-137。

②工程量的计算。根据计算规则得知,建筑物垂直运输工程量是以建筑物的建筑面积以平方米计算的。由于工程所处的地区为三类地区,应按表 4.61 的规定乘以系数 1.10。对于框架部分,因为楼板也是现浇,所以还应乘以系数 1.04。

故框架部分工程量为:

$5\ 600 \times 1.10 \times 1.04m^2 = 6\ 406.4\ m^2$

砖混部分工程量为:

$764 \times 1.10m^2 = 840.4\ m^2$

4.18 建筑物超高增加的人工、机械

4.18.1 基本问题

1)当建筑物超高时,工人上下班会降低工效,上楼工作前休息及自然休息时间增加,垂直运输相应时间也延长,由于人工降效也将引起机械降效,还有施工用水时水压不足要增加加压用水泵,本节是专门用来解决前面所说问题的。

2)有关定额说明

①本节定额适用于建筑物檐口高 20m(层数 6 层)以上的工程。

②檐高是指设计室外地坪至檐口的高度。突出主体建筑屋顶的电梯间、水箱间等不计入檐高之内。

③同一建筑物高度不同时,按不同高度的建筑面积,分别按相应项目计算。

④加压水泵选用电动多级离心清水泵,规格如下(表 4.53):

表 4.53 加压水泵选用

建筑物檐高	水泵规格
20m 以上 ~ 40m 以内	φ50m 以内
40m 以上 ~ 80m 以内	φ100m 以内
80m 以上 ~ 120m 以内	φ150m 以内

4.18.2 工程量计算规则

①降效系数中包括的内容指建筑物基础以上的全部工程项目,但不包括垂直运输、各类构件的水平运输及各项脚手架。

②人工降效按规定内容中的全部人工费乘以定额系数计算。

③吊装机械降效按前面所介绍的吊装项目中的全部机械费乘以定额系数计算。

④其他机械降效按规定内容中的全部机械费(不包括吊装机械)乘以定额系数计算。

⑤建筑物施工用水加压增加的水泵台班,按建筑面积以平方米计算。

4.18.3　应用实例

[**例** 4.51]　[例 4.50]所给某学校实验大楼工程,若已知该工程框架部分总人工工日数为 2 000 工日,吊装工程机械 180 台班,其他机械 30 台班,计算由于超高引起的人工降效增加工日和机械降效增加台班。

[**解**]　由于该工程框架部分檐口高度超过了 20m,所以应套定额子目编号为 14-1。砖混部分没有超高,所以不予计算。

查《基础定额》14-1 知:人工降效系数为 3.33%;吊装机械降效系数为 7.67%,其他机械降效系数 3.33%。因此:

人工降效增加工日为:2 000×0.033 3 = 66.6 工日

吊装机械降效增加台班为:180×0.076 7 = 13.81 台班

其他机械降效增加台班为:30×0.033 3 = 0.999 台班

第 **5** 章
土建工程预算编制示例

为了帮助读者更好地理解前面 4 章所学内容,并从总体上掌握预算的一般编制方法,本章以某城市一单位办公用房为例,来介绍预算编制,特别是工程量计算的详细过程。

5.1 工程概况

5.1.1 施工图

如图 5.1~图 5.4 所示。

5.1.2 设计说明

①本工程为单层砖混结构,M2.5 水泥石灰砂浆砌一砖内外墙及女儿墙,在檐口处设 C20 钢筋混凝土圈梁一道,在外墙四周设 C20 钢筋混凝土构造柱。

②基础采用现浇 C20 钢筋混凝土带型基础、M_5 水泥砂浆砌砖基础;C20 钢筋混凝土地圈梁。

③屋面做法:柔性防水屋面。

　　　　　面层:细砂撒面;

　　　　　防水层:三布四涂防水;

　　　　　找平层:1:2.5 水泥砂浆 20mm 厚;

　　　　　找坡层:1:6 水泥炉渣找坡(最薄处厚 10mm);

　　　　　基层:预应力空心屋面板。(选用西南 G221)

　　　　　落水管选用 φ110UPVC 塑料管。

④室内装修做法如下:

A.地面:面层:1:2.5 带嵌条水磨石面,15mm 厚;

　　　　找平层:1:3 水泥砂浆,20mm 厚;

　　　　垫层:C10 混凝土,80mm 厚;

　　　　基层:素土夯实。

B.踢脚线:高 150mm,同地面面层做法。

C.内墙面:混合砂浆底,面层刷 106 涂料两遍。

D.天棚面:基层:预制板底面清刷、补缝。

　　　　　面层:抹混合砂浆底,面层刷 106 涂料两遍。

⑤室外装修做法如下:

A.外墙面:抹混合砂浆底,普通水泥白石子水刷石面层。

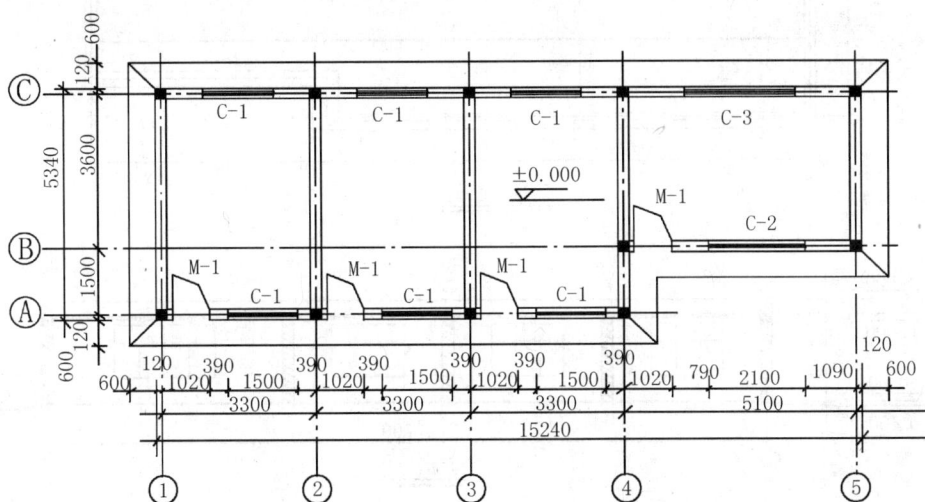

平面图

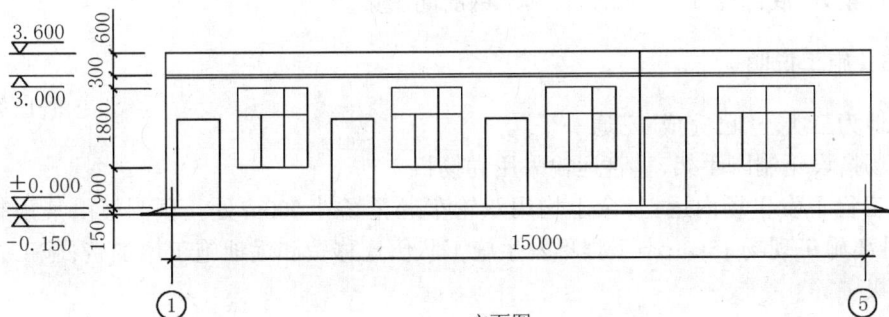

立面图

图 5.1　附图一

B.室外散水:C15 混凝土提浆抹光,60mm 厚。

⑥门窗:如表 5.1 所示(其中木门刷聚氨脂漆三遍)。

表 5.1　门窗统计表

门窗名称	代号	洞口尺寸/(mm × mm)	数量/樘	单樘面积/m²	合计面积/m²
单扇无亮无砂镶板门	M	900 × 2 000	4	1.8	7.2
双扇铝合金推拉窗	C₁	1 500 × 1 800	6	2.7	16.2
双扇铝合金推拉窗	C₂	2 100 × 1 800	2	3.78	7.56

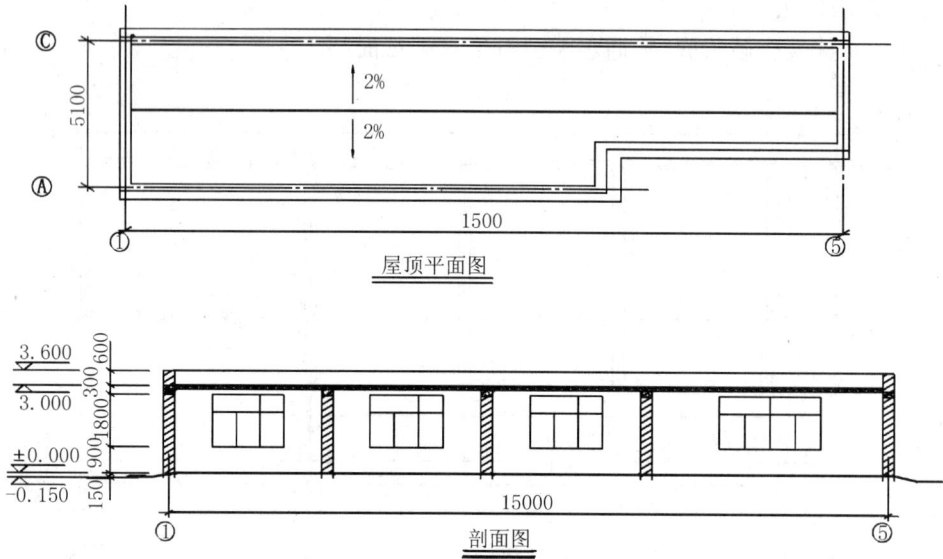

图 5.2 附图二

⑦门窗过梁:门洞上加设过梁,长度为洞口宽加 500mm,断面为 240mm×120mm。窗洞上凡圈梁代过梁处,底部增加 1φ14 钢筋,其余钢筋同圈梁。

5.1.3 施工说明

①场地为三类土,已完成"三通一平"。

②现场搭设钢制脚手架,垂直运输采用卷扬机。

③本工程不发生场内运土,余土均用双轮车运至场外 500m 处。预制板由某预制构件厂加工,厂址离施工现场 15km;本工程不发生施工队伍迁移费和远地施工增加费;施工企业取费等级为三级Ⅰ等。

④门窗均由施工单位附属加工厂制作并运至现场(运距 15km)。

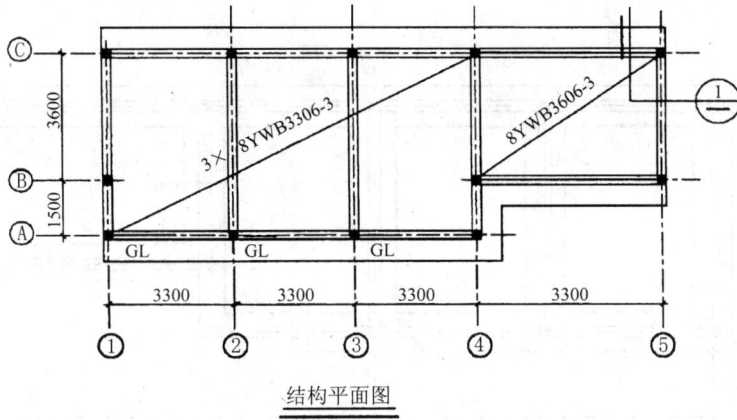

结构平面图

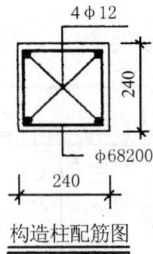

构造柱配筋图

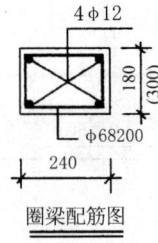

圈梁配筋图

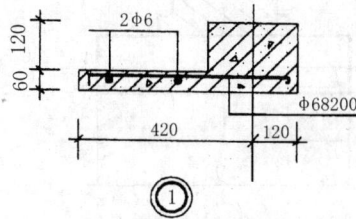

图 5.3　附图三

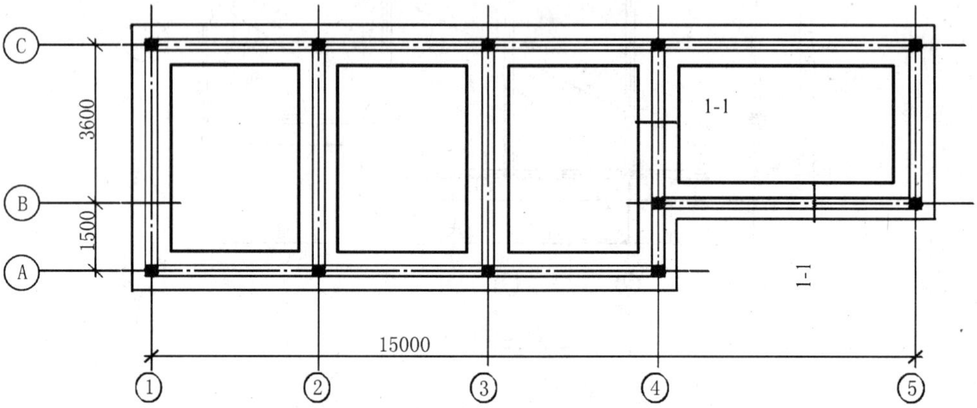

基础平面图

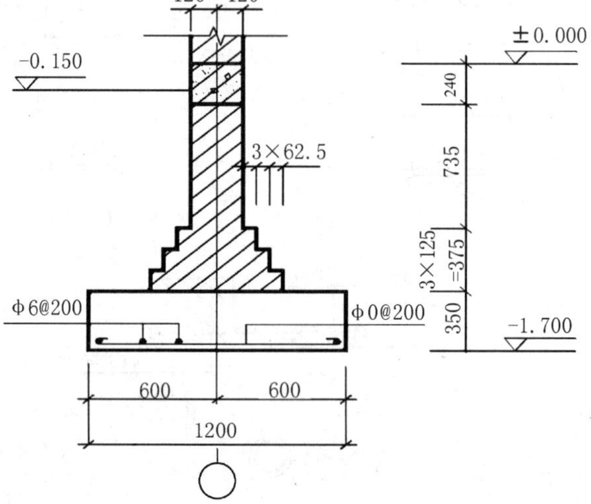

1-1

图5.4 附图四

5.2　工程量计算

工程量按分部(章)顺序列表计算如下:

(1)计算基数(表 5.2)

表 5.2　计算基数

序号	名称	计算式	单位	数量
1	建筑面积	$S_建 = (3.3 \times 3 + 5.1 + 0.24) \times (1.5 + 3.6 + 0.24) - 5.1 \times 1.5$	m²	73.73
2	外墙中心线	$L_中 = (15 + 5.1) \times 2$	m	40.2
3	外墙外边线	$L_外 = (15 + 0.24 + 5.1 + 0.24) \times 2$	m	41.16
4	内墙中心线	$L内 = 5.1 \times 2 + 3.6$	m	13.8

(2)土石方工程(表 5.3)

表 5.3　土石方工程量计算

序号	定额编号	分项名称	计算式	单位	工程量
1	1-8	挖沟槽(三类土,深在2m以内)	挖深:$H = 1.7 - 0.15 = 1.55m > 1.5m$ 应放坡　$k = 0.33$ 混凝土基础应支模　　工作面宽 $C = 0.3m$ 内墙基底净长 $L_槽 = (13.8 - 0.6 \times 6)m = 10.2\ m$ 基底宽:$B = 1.2\ m$ 内外墙沟槽挖土: $V_挖 = (L_中 + L_槽) \times (B + 2C + kH) \times H =$ $(40.2 + 10.2) \times (1.2 + 2 \times 0.3 + 0.33 \times 1.55) \times 1.55$	m³	180.57
2	1-46	回填土	(本项计算需用到其他部分计算的结果) (1)基础回填土: $V_{填1} = V_挖 - V_埋 = [180.57 - 21.17 - 18.23 - (3.14/4.95) \times$ $1.35 - (2.92/0.24) \times 0.09]m³ = 143.12\ m³$ (2)房心回填土: 市内净面积:$S = (5.1 - 0.24) \times (3.3 - 0.24) \times 3m² + (5.1 - 0.24) \times (3.6 - 0.24)m² = 60.94\ m²$ 或:$S = 73.73m² - (40.2 + 13.08) \times 0.24m² = 60.94\ m²$ 回填土厚:$H = (0.15 - 0.115)m = 0.035\ m$ $V_{填2} = S \times H = 60.94 \times 0.035m³ = 2.13\ m³$ 总回填土量:$(143.12 + 2.13)m³ = 145.25\ m³$	m³	145.25
3	1-48	场地平整	$S_场 = S_建 + L_外 \times 2 + 16 =$ 　　$73.73 + 41.16 \times 2 + 16 = 172.05$ 或:$S_场 = (15 + 0.24 + 2 \times 2) \times (5.1 + 0.24 + 2 \times 2)m² -$ $5.1 \times 1.5m² = 172.05\ m²$	m²	172.05
4	1-53 + (1-54) × 9	双轮车运余土土方(500m)	$V_余 = V_挖 - V_填 = (180.57 - 145.25)m³ = 35.32\ m³$	m³	35.32

（3）脚手架工程

本项目按西部地区普遍做法,取砌筑综合脚手架按建筑面积计算,则脚手架工程量为:73.73 m²。

（4）砌筑工程（表5.4）

表5.4　砌筑工程量计算

序号	定额编号	分项名称	计算式	单位	工程量
1	4-1	砖基础	外墙中心线:$L_中 = 40.2$ m 内墙净长线:$L_净 = (13.8 - 0.12 \times 6)$m $= 13.08$ m 砖基断面积:$F = (0.375 + 0.735) \times 0.24$m² $+ 0.062\ 5 \times 4 \times 0.375$m² $= 0.36$ m² 构造柱可在外墙长度中扣除 $V_砖基 = (40.2 - 0.24 \times 11 + 13.08) \times 0.36$m³ $= 18.23$m³	m³	18.23
2	4-10	一砖混水墙	外墙中心线:$L_中 = 40.2$ m 构造柱可在外墙长度中扣除: $L'_中 = (40.2 - 0.24 \times 11)$m $= 37.56$ m 内墙净长线:$L_净 = (13.8 - 0.12 \times 6)$m $= 13.08$ m 外墙高(扣圈梁):$H_外 = (0.9 + 1.8 + 0.6)$m $= 3.3$ m 内墙高(扣圈梁):$H_内 = (0.9 + 1.8)$m $= 2.7$ m 应扣门窗洞面积:取表5.1.1数字相加得: $S_门窗 = (7.2 + 16.2 + 7.56)$m² $= 30.96$ m² 应扣门洞过梁体积(在砼分部算得): $V_{GL1} = 0.146$ m³ 则内外墙体: $V_墙 = (L'_中 \times H_外 + L_净 \times H_内 - S_门窗) \times 墙厚 - V_{GL} =$ $(37.56 \times 3.3 + 13.08 \times 2.7 - 30.96) \times 0.24$m³ $- 0.146$m³ $=$ 30.65 m³	m³	30.65

（5）砼及钢筋砼工程

①模板工程不单独计算,一般做法是摊销在砼项目中。

②砼工程（见表5.5）。

表5.5　砼工程量计算

序号	定额编号	分项名称	计算式	单位	工程量
1	5-394	现浇带型基础	外墙中心线:$L_中 = 40.2$ m 内墙用基底净长线:$L_基 = (13.8 - 0.6 \times 6)$m $= 10.2$ m $V_基 = (40.2 + 10.2) \times 1.2 \times 0.35$m³ $= 21.17$ m³	m³	21.17
2	5-403	现浇构造柱	柱高:$H = (1.7 - 0.35 + 3.0 + 0.6)$m $= 4.95$ m $V = 4.95 \times 0.24 \times 0.24 \times 11$m³ $= 3.14$ m³	m³	3.14
3	5-405	现浇地圈梁	应扣构造柱所占体积,则 $V_{DL} = (37.56 + 13.08) \times 0.24 \times 0.24$m³ $= 2.92$ m³	m²	2.92

续表

序号	定额编号	分项名称	计算式	单位	工程量
4	5-408	现浇圈梁	应扣构造柱和窗洞圈过梁所占体积,则 (1)外纵墙圈梁 $V_{GL1} = (15 \times 2 - 0.24 \times 8) \times 0.3 \times 0.24\text{m}^3 - 1.24\text{m}^3 = 0.78$ m³ (2)内墙圈梁 $V_{GL2} = 13.08 \times 0.18 \times 0.24\text{m}^3 = 0.57$ m³ 圈梁工程量为: $V_{GL} = (0.78 + 0.57)\text{m}^3 = 1.35$ m³	m³	1.35
5	5-409	现浇过梁	(1)窗洞上圈梁代过梁 $V_{GL2} = \{(1.5 + 0.5) \times 6 + (2.1 + 0.5) \times 2\} \times 0.3 \times 0.24\text{m}^3 = 1.24$ m³ (2)门洞上独立过梁 $V_{GL1} = (0.9 + 0.12 + 0.25) \times 0.12 \times 0.24 \times 4\text{m}^3 = 0.146$ m³ 过梁工程量:$(1.24 + 0.146)\text{m}^3 = 1.38$ m³	m³	1.38
6	4 – 430	现浇雨棚	计算长度:$L = (15 + 0.24) \times 2\text{m} + 1.5\text{m} = 31.98$ m 则:$V = 31.98 \times (0.42 - 0.12) \times 0.06\text{m}^3 = 0.58$ m³	m³	0.58
7	5-453	预制预应力空心板	查西南 G221 图集知: YWB3606-3 每块砼量为 0.155 m³ YWB3306-3 每块砼量为 0.142 m³ 则空心板砼工程量(考虑第六分部损耗率规定)为 $V_B = \{0.155 \times 8 + 0.142 \times 3 \times 8\} \times (1 + 1.5\%)\text{m}^3 =$ $4.65 \times 1.015\text{m}^3 = 4.72$ m³	m³	4.72

(6)钢筋工程(见表 5.6)

表 5.6　钢筋工程量计算

序号	构件	钢筋规格	长度计算	每米重	单位	工程量
1	基础	Φ10@200	单支长: $L = 1.2 - 2 \times 0.07 + 12.5 \times 0.01 = 1.185$ 支数: C 轴:$(15 + 0.24 - 2 \times 0.07)/0.2 + 1 = 76$ A 轴:$(9.9 + 0.24 - 2 \times 0.07)/0.2 + 1 = 51$ B 轴:$(5.1 + 0.24 - 2 \times 0.07)/0.2 + 1 = 27$ ①②③④轴:$\{(5.1 + 0.24 - 2 \times 0.07)/0.2 + 1\} \times 4 = 108$ ⑤轴:$(3.6 + 0.24 - 2 \times 0.07)/0.2 + 1 = 20$ 总支数:$76 + 51 + 27 + 108 + 20 = 282$ 总长:$1.185 \times 282\text{m} = 334.17$ m	0.617	kg	206.18
2	基础	Φ6@200	每段支数:$(1.2 - 2 \times 0.07)/0.2 + 1 = 7$ 3.3 轴线间长:$(3.3 - 2 \times 0.6 + 2 \times 40 \times 0.006)\text{m} = 2.58$ m 5.1 轴线间长:$(5.1 - 2 \times 0.6 + 2 \times 40 \times 0.006)\text{m} = 4.38$ m 3.6 轴线间长:$(3.6 - 2 \times 0.6 + 2 \times 40 \times 0.006)\text{m} = 2.88$ m 1.5 轴线间长:$(1.5 - 2 \times 0.6 + 2 \times 40 \times 0.006)\text{m} = 0.78$ m 总长度 $= (2.58 \times 7 \times 6 + 4.38 \times 7 \times 5 + 2.88 \times 7 \times 2 + 0.78 \times 7)\text{m} = 307.44$ m	0.222	kg	68.25

续表

序号	构件	钢筋规格	长度计算	每米重	单位	工程量
3	圈梁	4Φ12	$L = (40.2 + 13.8) \times 4 \text{m} = 216 \text{ m}$	0.888	kg	191.81
4	圈梁	Φ6@200	(1)外纵墙:单支长 $= (0.3 + 0.24) \times 2\text{m} = 1.08 \text{ m}$ 支数 $= \{(3.3 - 0.24)/0.2 + 1\} \times 6 + \{(5.1 - 0.24)/0.2 + 1\} \times 2 = 154$ 支 (3)其他墙:单支 $= (0.18 + 0.24) \times 2\text{m} = 0.84 \text{ m}$ 支数 $= \{(5.1 - 0.24)/0.2 + 1\} \times 3 + \{(3.6 - 0.24)/0.2 + 1\} \times 2 + (1.5 - 0.24)/0.2 + 1 = 122$ 支 总长 $= (1.08 \times 154 + 0.84 \times 122)\text{m} = 268.8 \text{ m}$	0.222	kg	59.67
5	圈过梁	1Φ14	$(1.5 + 0.5) \times 6\text{m} + (2.1 + 0.5) \times 2\text{m} = 17.2 \text{ m}$	1.21	kg	20.81
6	构造柱	4Φ12	$(1.7 - 0.07 + 3.6 + 12.5 \times 0.012) \times 4 \times 11\text{m} = 236.72 \text{ m}$	0.888	kg	210.21
7	构造柱	Φ6@200	单支长:$(0.24 + 0.24) \times 2 = 0.96 \text{ m}$ 支数:$\{(1.7 - 0.07 - 0.025 + 3.6)/0.2 + 1\} \times 11 = 297$ 支 总长:$0.96 \times 297\text{m} = 285.12 \text{ m}$	0.222	kg	63.3
8	雨棚	Φ6@200	单支长:$[0.42 + 0.12 - 2 \times 0.025 + 2 \times (0.06 - 2 \times 0.015)]\text{m} = 0.55 \text{ m}$ 支数:$\{(15 + 0.24 - 2 \times 0.015)/0.2 + 1\} \times 2 + (1.5 - 2 \times 0.015)/0.2 + 1 = 165$ 支 总长:$0.55 \times 165\text{m} = 90.75 \text{ m}$	0.222	kg	20.15
9	雨棚	2Φ6	$(15 \times 2 + 1.5) \times 2 = 63$	0.222	kg	13.99
10	YWB	Φ6以内	查西南 G221: YWB3306 每块 4.81kg,YWB3606 每块 6.65kg 则:$4.81 \times 24\text{kg} + 6.65 \times 8\text{kg} = 168.64 \text{ kg}$		kg	168.64

注:钢筋计算完后,应分规格统计后套定额。

(7)砼预制构件接头灌缝(见表 5.7)

表 5.7 砼预制构件接头灌缝工程量计算

序号	定额编号	分项名称	计算式	单位	工程量
1	5-529	预制空心板	按构件工程量计算	m³	4.72

(8)构件运输及安装工程(见表 5.8)

表 5.8 构件运输及安装工程量计算

序号	定额编号	分项名称	计算式	单位	工程量
1	6-5	预制空心板运输	按构件图示工程量 $\times (1 + 0.8\% + 0.5\%) = 4.65 \times 1.013$	m³	4.71
2	6-95	木门窗运输	$0.9 \times 2.0 \times 4\text{m}^2 = 7.2 \text{ m}^2$	m²	7.2
3	6-332	预制空心板安装	按构件图示工程量 $\times (1 + 0.5\%) = 4.65 \times 1.005$	m³	4.67

(9)门窗工程(见表 5.9)

表 5.9　门窗工程量计算

序号	定额编号	分项名称	计算式	单位	工程量
1	(7-25) – (7-28)	单扇镶板门	$0.9 \times 2.0 \times 4 m^2 = 7.2\ m^2$	m^2	7.2
2	7-276	双扇铝合金推拉窗	$1.5 \times 1.8 \times 6 m^2 = 16.2\ m^2$	m^2	16.2
3	7-276	双扇铝合金推拉窗	$2.1 \times 1.8 \times 2 m^2 = 7.56\ m^2$	m^2	7.56

(10)楼地面工程(见表 5.10)

表 5.10　楼地面工程量计算

序号	定额编号	分项名称	计算式	单位	工程量
1	8-16	C10 砼垫层	$V = 室内净面积 \times 厚度 = 60.94 \times 0.08 m^3 = 4.88\ m^3$	m^3	4.88
2	8-18	水泥砂浆找平层	$S = 室内净面积 = 60.94\ m^2$	m^2	60.94
3	8-29	带嵌条水磨石面层	$S = 室内净面积 = 60.94\ m^2$	m^2	60.94
4	8-32	水磨石踢脚线	按室内主墙间净长度的延长米计算为： $L_净 = (5.1 - 0.24 + 3.3 - 0.24) \times 2 \times 3 m + (5.1 - 0.24 + 3.6 - 0.24) \times 2 m = 63.92\ m$	m	63.92
5	8-43	砼散水提浆抹光	按图示尺寸以平方米计算得： $S = L_外 \times 0.6 + 0.6 \times 0.6 \times 4 = (41.16 \times 0.6 + 0.36 \times 4) m^2 = 26.14\ m^2$	m^2	26.14

(11)屋面及防水工程(见表 5.11)

表 5.11　屋面及防水工程量计算

序号	定额编号	分项名称	计算式	单位	工程量
1	8-18	屋面水泥砂浆找平	按屋面净面积计算得： $S = (15 - 0.24) \times (5.1 - 0.24) m^2 - 5.1 \times 1.5 m^2 = 64.08\ m^2$	m^2	64.08
2	(9-55) + (9-56)	三布四涂氯丁冷胶	按屋面净面积加在女儿墙内壁上卷面积计算得： 屋面净面积：$64.08\ m^2$ 女儿墙内壁长：$L = (15 - 0.24 + 5.1 - 0.24) \times 2 m = 39.24\ m$ 在女儿墙上上卷高度：$H = 0.25\ m$ 则防水层工程量为：$S = (64.08 + 39.24 \times 0.25) m^2 = 73.89\ m^2$	m^2	73.89
3	9-68代	PVC 排水管	按外墙檐高以延长米计算得： $L = (0.15 + 3.0) \times 6(根) m = 18.9\ m$	m	18.9
4	9-70	PVC 水斗	按个数计算	个	6
5	8-14	水泥矿渣找坡层	按平均厚度乘以屋面净面积以立方米计算为： 平均厚 = $(0.01 + 0.01 + 5.1 \times 0.02)/2 m = 0.061\ m$ $V = 64.08 \times 0.061 m^3 = 3.91\ m^3$	m^3	3.91

(12)墙面装饰工程(见表 5.12)

表 5.12　墙面装饰工程量计算

序号	定额编号	分项名称	计算式	单位	工程量
1	11-36	内墙抹混合砂浆底	内墙净长度：$L_净 = 63.92$ m 内墙面高：$H = (3.0 - 0.12)$m $= 2.88$ m 应扣门窗洞面积(按门窗表统计数)：$S = 30.96$ m² 扣洞不增侧壁，则有 $S_内 = (63.92 \times 2.88 - 30.96)$m² $= 153.13$ m²	m²	153.13
2	11-635	内墙 106 涂料面	同上	m²	153.13
3	11-36	外墙抹混合砂浆底	$L_外 = 41.16$ m 外墙面高：$H = (0.15 + 3.6)$m $= 3.75$ m 则：$S_外 = (41.16 \times 3.75 - 30.96)$m² $= 123.39$ m²	m²	123.39
4	11-72	外墙水刷石面层	同上	m²	123.39

(13)天棚装饰工程(见表 5.13)

表 5.13　天棚装饰工程量计算

序号	定额编号	分项名称	计算式	单位	工程量
1	11-290	天棚抹混合砂浆底	(1)室内天棚按净面积计算为：$S = 60.94$ m² (2)雨棚底面面积为：31.98×0.3m² $= 9.59$ m² 则有：$(60.94 + 9.59)$m² $= 70.53$ m²	m²	70.53
2	11-635	天棚 106 涂料面	同上	m²	70.53
3	11-291	预制板底勾缝	按室内净面积计算为：$S = 60.94$ m²	m²	60.94

(14)油漆工程(见表 5.14)

表 5.14　油漆工程量计算

序号	定额编号	分项名称	计算式	单位	工程量
1	11-461	木门刷聚氨脂漆	按木门工程量乘系数 1.00 计算得： $S = 7.2 \times 1.00$m² $= 7.2$ m²	m²	7.2

第**6**章
安装工程预算简介

6.1 安装工程预算概述

安装工程概预算是以安装工程预算定额、地区单位估价表编制的预算。安装工程定额因专业内容和适用范围不同,分别编制成不同的定额分册,各分册定额有独立的计算规则及应用规定,编制预算时应根据安装内容的不同,套用相应的定额。

安装工程预算的编制方法与土建工程预算的编制原理、方法相同,按工程量计算规则计算工程量,套用预算定额(地区单位估价表)计算直接费。以直接费中的基本人工工资作为基数,计算间接费、法定利润和税金。

6.1.1 安装工程预算定额的种类

安装工程预算定额是用来确定工程建设中生产、动力、起重、运输和实验等设备的装配,以及附属于安装设备用的管线敷设等工程的每一分项工程所需要的人工、材料和机械台班和资金的数量标准。

现行的《全国统一安装工程预算定额》共分十五册。

第一册:机械设备安装工程

第二册:电气设备安装工程

第三册:送电线路工程

第四册:通信设备安装工程

第五册:通信线路工程

第六册:工艺管道工程

第七册:长距离输送管道工程

第八册:给排水、采暖、煤气工程

第九册:通风、空调工程

第十册:自动化控制装置及仪表工程

第十一册:工艺金属结构工程

第十二册:炉窑砌筑工程

第十三册:刷油、绝热、防腐蚀工程

第十四册:热力设备安装工程

第十五册:化学工业设备安装工程

6.1.2 安装工程预算定额的编制依据和作用

《全国统一安装工程预算定额》是根据大多数施工企业采用的施工方法、机械化程度和合理的劳动组织状况等条件编制的。

安装工程预算定额的主要作用为:

①是编制安装工程施工图预算,确定工程造价的依据。

②是安装企业进行经济核算、办理竣工结算的依据。

③是编制概算定额、单位估价表的基础。

④是安装企业编制施工组织设计,确定劳动力、材料、构配件和施工机械台班需用量的依据。

6.1.3 安装工程预算定额的组成和内容

安装工程预算定额由总说明、分章说明、分项工程定额表和附录等组成。

(1)定额总说明

主要说明定额的内容、适用范围、编制依据、定额的作用、定额中人工、材料、机械台班消耗量的确定及有关规定。

(2)分章说明

阐明各章定额包括的工作内容、适用范围及有关规定。

(3)分项工程定额表

定额表是预算定额的主要组成部分。它包括分项工程的工作内容、定额计量单位、定额子项目所需人工、材料、施工机械台班消耗量指标、定额基价等。

(4)附录

附录附于预算定额手册之后,内容一般有采用的材料价格表、施工机械台班单价;主要材料损耗率表,供使用定额参考用。

6.1.4 安装预算定额的应用

使用《全国统一安装工程预算定额》编制施工图预算时,必须详细阅读并熟悉预算定额的文字说明,以便了解定额的使用范围、工程量计算规则及有关规定。

在套用预算定额(包括单位估价表)时,常会遇到下列三种情况:

①设计项目的要求与定额内容相符时,可直接套用。所谓相符,即计量单位、材料品种规格、安装方式完全与定额相符。

②设计项目的要求与定额内容的不大相符时,不能直接套用定额上的基价(单位估价表),应根据定额规定进行调整换算,确定基价。其换算公式为:

换算后的基价 = 预算定额价 - (换出材料单价 - 换入材料单价) × 定额用量

③设计项目要求与定额完全不符时,不能套用定额,应作补充定额。作补充定额须经过当地建委或主管部门批准方可组织编制。

6.1.5 安装工程单位估价表及安装工程单位价目表

(1)安装工程单位估价表

安装工程单位估价表,是以货币形式表示安装工程预算定额中每一安装分项工程的单位预算价值的计算表。它是由安装工程预算定额和地区人工工资、材料预算价格、机械台班预算价格决定的,是安装工程预算定额在该地区的具体表现形式,也是该地区编制工程预算最直接的基础资料。

安装工程单位估价表中的人工费、材料费、机械费,是根据预算定额子目中所列出的消耗量分别乘以预算日工资、地区材料预算价格、机械台班预算价格得来的。即:

人工费 = 日工资 × 定额综合工日

材料费 = $\sum$(材料预算价格 × 定额材料量)

机械费 = $\sum$(机械台班预算价格 × 定额机械台班量)

基价 = 人工费 + 材料费 + 机械费

(2)安装工程单位价目表

从单位估价表看出,定额中以(…)出现的主材,在单位估价表中仍以(…)出现,没有列出主材费用。为了方便查找定额,提高编制预算的速度,在单位估价表基础上,将(…)中主材量乘以材料预算价格得出主材费,主材费与估价表中基价相加得出单位价值,然后汇总成单位价目表,亦作为编制预算时最直接的基础资料。

6.2 安装工程费用组成与造价计算

6.2.1 安装工程费用组成

安装工程与土建工程一样,其工程费用也是由直接工程费、间接费、利润、税金等四部分组成。有些地区还包括劳动保险费、特殊费和定额编制管理费等。

直接工程费由定额直接费、其他直接费、现场经费组成。

间接费由企业管理费、财务费用、其他费用组成。

利润是指按规定应计入安装工程造价的利润。

税金是指国家规定的应计入安装工程造价的营业税、城市维护建设税及教育费附加。

劳动保险费分为已纳入行业统筹和未纳入行业统筹两类。

特殊费,是指按照有关边疆政策所发生的边疆津贴、知识分子补贴这两项费用。特殊费以独立费形式单独计列。

定额编制管理费是指按规定支付工程造价(定额)管理部门的定额编制管理费及劳动定额管理部门的定额测定费,以及按有权部门规定支付的上级管理费。它是由间接费中分离出来,以独立费形式单独计列。

工程概预算

其内容详见第二章。

6.2.2　安装工程造价计算

安装工程造价的一般计算程序(以定额人工费为计算基数),如表6.1所示。

表6.1　安装工程造价计算程序表

序号	费用项目	计算公式
一	定额直接费 1.定额人工费 2.材料费 3.机械费	定额直接费 = 人工费 + 材料费 + 机械费 人工费 = 日工资 × 定额综合工日 材料费 = $\sum$(材料预算价格 × 定额材料量) 机械费 = $\sum$(机械台班预算价格 × 定额机械台班量)
二	其他直接费	定额人工费 × 定额费率
三	现场经费	定额人工费 × 定额费率
四	直接工程费	(一) + (二) + (三)
五	间接费	定额人工费 × 定额费率
六	劳动保险费	定额人工费 × 定额费率
七	直接工程费与间接费(劳动保险费)之和	(四) + (五) + (六)
八	利润	定额人工费 × 定额费率
九	特殊费	定额人工费 × 定额费率
十	定额编制管理费	[(七) + (八) + (九)] × 定额费率
十一	税金	[(七) + (八) + (九) + (十)] × 定额费率
十二	安装工程造价	(七) + (八) + (九) + (十) + (十一)

6.2.3　安装工程类别划分

安装工程和前面所介绍的建筑工程一样,取费是按照工程类别的不同而不同。关于安装工程的类别划分及类级,详见表6.2。

表6.2　类别划分内容及类级

序号	工程类别			工程项目内容
1	建筑安装工程	室内	Ⅰ类	Ⅰ类建筑工程的附属设备、照明、给排水、采暖、煤气、通风工程
2			Ⅱ类	Ⅱ类建筑工程附属的设备、照明、给排水、采暖、煤气、通风工程
3			Ⅲ类	Ⅲ类建筑工程附属的设备、照明、给排水、采暖、煤气、通风工程
4			Ⅳ类	Ⅳ类建筑工程附属的设备、照明、给排水、采暖、煤气、通风工程
5		室外工程		室外水、暖、煤气管道、电气线缆敷设工程,划分为Ⅳ类工程
6	炉窑砌筑工程	Ⅰ类		专业炉窑和工作压力 > 2.5MPa 的散装锅炉的炉体砌筑
7		Ⅱ类		一般工作炉窑和工作压力 ≤ 2.5MPa 锅炉的炉体砌筑

续表

序号	工程类别		工程项目内容
8	工业安装工程	Ⅰ类	1.工业生产装置的机械设备(另有说明除外),不分整体或解体,以及精密、自动半自动程控车床、引进设备; 2.自动、半自动电梯、输送设备以及起重量在30t及其以上的起重设备及相应轨道安装; 3.净化、超净、恒温、恒湿和集中空调设备及其系统; 4.热力设备蒸发量大于10t/时或工作压力大于2.5MPa的散装锅炉及其附属设备; 5.1000千伏安及其以上的变配电设备,防爆电气安装; 6.各种压力容器、气柜的制作安装,以及1 000m³以上的贮罐的制作和安装; 7.附属于本类型工程各种设备的配管、电气、仪表安装和调试、金属结构以及刷油、绝热、防腐; 8.焊口有探伤要求的厂区(室外)工艺管道、热力、煤气、供排水管网及电缆敷设工程
9		Ⅱ类	1.简单通用机械设备、小型杂物电梯、起重量在30t以下的起重设备及相应轨道; 2.热力设备蒸发量小于10t/时或工作压力1.3≤P≤2.5的散装锅炉及其附属设备; 3.1 000千伏安及其以下的变配电设备; 4.共用电视天线(列入以上项的除外); 5.简单容器的制作和安装; 6.附属于本类型各种设备的配置、电气、仪表安装和调试,金属构件以及刷油、绝热、防腐; 7.无探伤要求的厂区(室外)热管网,供排水管网
10		Ⅲ类	除Ⅰ、Ⅱ类以外的工业安装工程。

说明:

① 工程类别均以单位工程划分,一个单位工程确定一个等级类别。

② 单位工程中有多种类型的工程内容同时安装,均按主体设备或主要部分来确定等级类别。

③ 建筑安装是指与建筑工程相配套的附属设备,如动力、照明、弱电、给排水、消防、喷淋、采暖、煤气、通风、空调等安装工程。

④ 简单通用机械设备,是指只承担有泵、风机、电动葫芦等的单位工程。

⑤ 《全国统一安装定额》中第三、四、五、七册,其费用定额按国家专业部门的规定执行。

⑥ 单独零星项目,如上下水道、暖气管道、煤气管道、电气线缆敷设等工程,均按Ⅳ类标准执行。

⑦ 专业电缆敷设(厂区内或建筑物附近)等按工业安装工程Ⅲ类标准执行。

⑧ 建筑物加层扩建的建筑安装工程按建筑工程划分的工程类别确定其安装工程类别。

6.3 安装工程预算的编制

6.3.1 编制依据

①经审定的单位工程施工图纸及选用的标准图集,是工程量计算及选套定额项目的依据。

②经审定的施工组织设计中规定的施工方法、材料堆放地点等,是选套定额项目及费用的计算依据。

③预算定额、单位估价表、工程量计算规则,是确定项目划分、工程量计算、定额基价换算及直接费计算的文件。

④各地区有关政策、规定,是计算单位工程造价的依据。

6.3.2 工程量计算方法

一般安装工程计算工程量,通常采用下面四种不同方法:

①顺序计算法:从管(线)路某一位置开始,沿介质(水、气流)流动方向到某设备(用器具),按顺序计算。

②树干式计算法:干支管(线)分别计算,先计算总干管(线),再计算支管进户或室内管(线)。

③分部位计算法:按平面图计算各水平部分的管(线),再按系统图计算垂直部分管(线)。

④编号计算法:按图纸上的编号顺序分别计算。

6.3.3 安装工程预算编制程序和方法

安装工程预算编制程序和方法与建筑工程预算的编制方法基本相同,现简述如下:

①充分熟悉图纸,掌握施工方法,了解施工现场;

②按照工程量计算规则的有关规定计算工程量;

③套用定额预算基价,计算直接费;

④计算各项费用及总造价;

⑤写编制说明;

⑥装订成册。

第7章
公路工程概预算简介

7.1 概 述

7.1.1 公路基本建设的特点

公路基本建设的特点是由公路建筑产品的特点决定的。同工业生产相比,公路建筑具有许多特点,主要是产品的形体庞大,复杂多样,整体难分,不能移动。

(1)生产流动性大

公路建设点多线长,工程分布极为分散,其构造物在建造过程和建成后都无法移动,因而要组织各种工人和各种机械围绕这一固定产品,在同一工作面不同时间,或同一时间不同工作面进行生产活动。因此,要科学地解决这种空间上的布置和时间上的安排两者之间的矛盾。此外,当某一公路工程竣工之后,施工队伍就要向新的施工现场转移。因此,生产的流动性是公路建设的显著特点之一。

(2)生产的协作性高

公路生产类型多,施工环节多,生产程序复杂。每个工程项目具有不同功能,不同的施工条件,使每项工程不仅要进行个别设计,而且要个别组织施工。每一项工程都需要建设、设计、施工等单位密切配合,需要材料、动力、运输等各部门通力合作。因此,必须有严密的计划和科学管理。

(3)生产周期长

公路工程包括路基、路面、桥梁、涵洞、隧道等工程,产品形体特别庞大,产品固定而又具有不可分割性,使生产周期长,要在较长时间内占用大量劳动力和资金,耗费材料特别多,直到整个生产周期完结,才能出产品。

(4)自然因素影响大,要不断地进行养护修理

公路工程施工大部分是露天生产,因此,受自然因素影响很大。如气候冷暖、地势高低、洪水、雨雪等均对工期和工程质量具有很大影响。而且,由于公路的部分结构的易损性,不进行维修、养护,就不能进行正常运输生产。

7.1.2 公路工程计价的特点

为了对公路建设工程进行全面而有效的工程经济管理,在项目建设的各阶段都必须编制

工程概预算

有关的经济文件,即必须进行计价,这些不同经济文件的投资额测算要根据其主要内容要求,由不同计价工作来完成。公路工程计价体系如图7.1所示。从公路工程计价体系和各计价工作之间的关系及公路建设的特点出发,公路工程计价有如下特点:

(1)计价的科学性

即计价具有真实性和科学性、系统性和统一性、稳定性和实效性以及计价依据具有权威性。

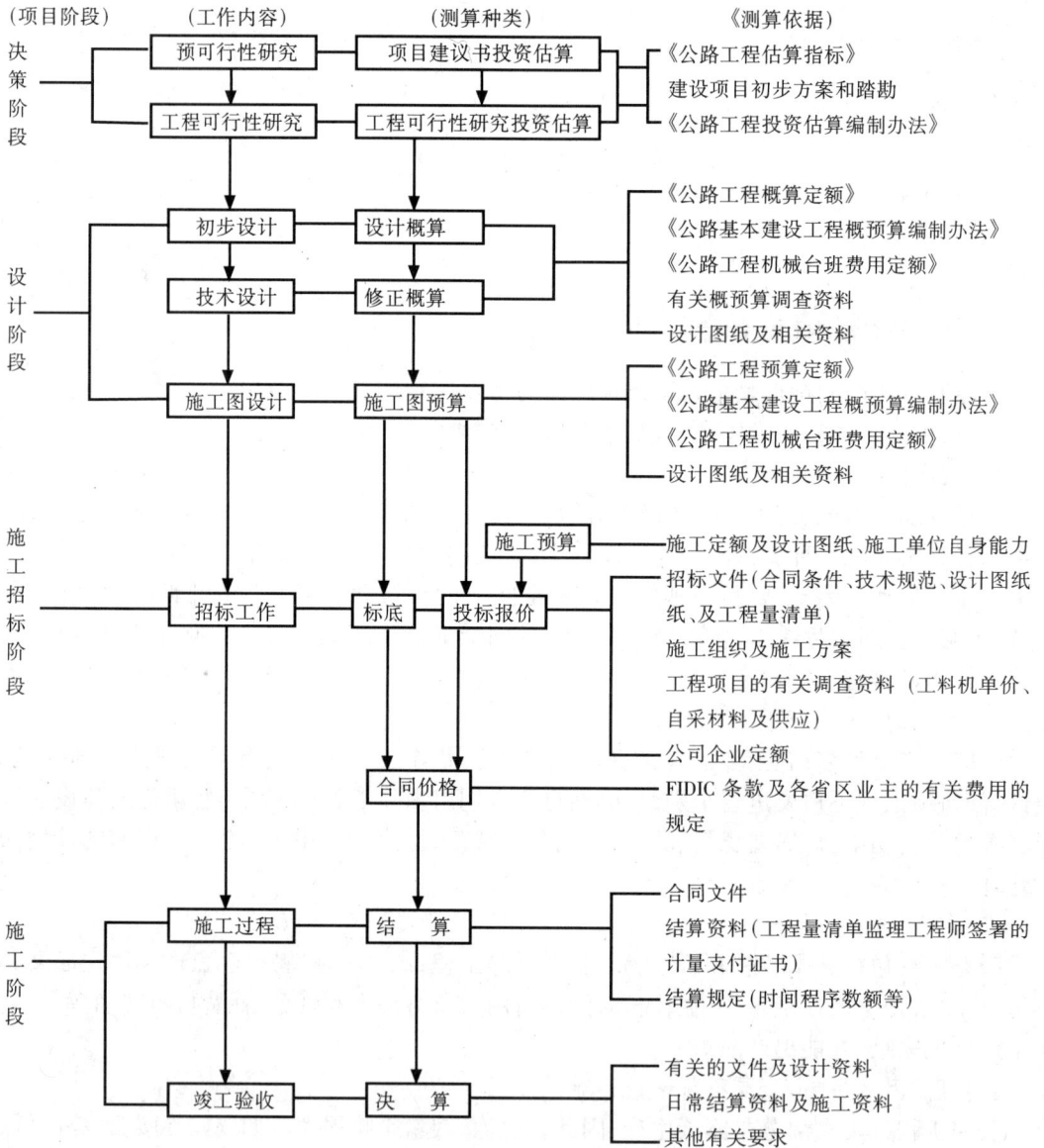

图7.1 公路工程计价体系

(2)计价的单件性

即一个工程项目对应于一个最终造价。

(3)计价的多次性

即一个工程项目从开始到结束可能发生多次分阶段计价。

(4)计价的综合性

即一个工程项目的造价可能会由多个单位工程或单项工程造价组成。

公路工程造价与一般的建筑或市政造价的区别在于：

公路工程计价采用的是分项计费办法即实物量法，其特点是计算精确严密，各项费用可直接摊入每个子项中，表格齐全，可方便不同情况的需要。建筑工程或市政工程造价采用的是集中计费办法，其特点是计算简捷，但工、料、机需要逐个调差，表格较少。在现代市场经济条件下，随着计算机的广泛应用，为了更好地落实"统一量、指导价、竞争费"的造价管理原则，实物量法更具有其优越性。

7.1.3　公路工程概、预算的分类

根据我国现行设计与概预算文件编制及管理方法，对公路建设工程有如下规定：

① 用两阶段设计的建设项目，在初步设计阶段，必须编制总概算；在施工图设计阶段，必须编制施工图预算。

② 采用三阶段设计的建设项目，除按上述要求外，在技术设计阶段，还必须编制修正概算。

③ 在基本建设全过程中，根据基本建设程序的要求和国家有关文件的规定，除编制概、预算文件外，在其他建设阶段，还必须编制以概、预算为基础（投资估算除外）的其他有关造价文件，如标底和投标报价。

7.2　公路工程概预算费用及文件组成

7.2.1　概预算费用组成

公路工程项目全部建设费用，以其基本造价表示。而公路（或桥梁）基本造价则由概预算总金额和回收金额所构成，其中概预算总金额是由各种概预算费用所组成。根据《公路工程概预算编制办法》的规定，公路基本建设工程概预算费用组成如图7.2所示。

7.2.2　概预算文件组成

概预算文件是设计文件的组成部分，它由封面、目录、概预算编制说明及全部概预算计算表格组成。

(1)封面及目录

概、预算文件的封面和扉页应按《公路工程基本建设项目设计文件编制办法》中的规定制作，扉页应有建设项目名称、编制单位、编制、复核人员姓名并加盖资格印章，编制日期及第几册共几册等内容。目录应按概、预算表的表号顺序编排。

(2)概预算编制说明

概、预算编制完成后，应写出编制说明，文字力求简明扼要。应叙述的内容一般有：

工程概预算

① 建设项目设计资料的依据及有关文号,如建设项目可行性研究报告批准文件号、初步设计和概算批准文号(编修正概算及预算时),以及根据何时的测设资料及比选方案进行编制的等等。

② 采用的定额、费用标准,人工、材料、机械台班单价的依据或来源,补充定额及编制依据的详细说明。

③ 与概预算有关的委托书、协议书、会议纪要的主要内容。

④ 总概预算金额,人工、钢材、水泥、木料、沥青的总需要量情况,各设计方案的经济比较,以及编制中存在的问题。

⑤ 其他与概预算有关但不能在表格中反映的事项。

(3)概预算表格

公路工程概预算应按统一的概预算表格计算,其中概算与预算的表式相同,在印制表格时,应将概算表与预算表分别印制。表格样式详见《公路基本建设工程概、预算编制办法》(以下简称《编制办法》)附录七。各种表格的计算顺序和相互关系如图7.3所示。

(4)甲组文件与乙组文件

公路工程概预算文件按不同的需要分为两组。甲组文件为各项费用计算表;乙组文件为建筑安装工程费用各项基础数据计算表,只供审批使用。乙组文件表式征得省、自治区、直辖市交通厅(局)同意后,结合实际情况允许变动或增加某些计算过渡表式。

公路工程概预算应按一个建设项目(如一条路线或一座独立大、中桥)进行编制。当一个编制项目需要分段或分部编制时,应根据需要分别编制,但必须汇总编制《总概(预)算汇总表》。

甲、乙组文件包括的内容如下:

①甲组文件:

编制说明
总概(预)算汇总表(01-1表)
总概(预)算人工、主要材料、机械台班数量汇总表(02-1表)
总概(预)算(01表)
人工、主要材料、机械台班数量汇总表(02表)
建筑安装工程费计算表(03表)
其他直接费、现场经费及间接综合费率计算表(04表)
设备、工具、器具购置费计算表(05表)
工程建设其他费用及回收金额计算表(06表)
人工、材料、机械台班单价汇总表(07表)

②乙组文件:

分项工程概(预)算表(08表)
材料预算单价计算表(09表)
自采材料料场价格计算表(10表)
机械台班单价计算表(11表)
辅助生产工、料、机械台班单位数量表(12表)

直接费 { 人工费
材料费
施工机械使用费 }

其他直接费 { 冬季施工增加费
雨季施工增加费
夜间施工增加费
沿海地区工程施工增加费
高原地区施工增加费
行车干扰工程施工增加费
施工辅助费 }

现场经费 { 临时设施费
现场管理费 { 基本费用定额
其他单项费用定额 { 主副食运费补贴
职工探亲路费
职工取暖补贴
工地转移费 } } }

直接工程费 { 直接费 / 其他直接费 / 现场经费 }

间接费 { 企业管理费
财务费用 }

建筑工程安装费 { 直接工程费 / 间接费 / 施工技术装备费 / 计划利润 / 税金 }

设备、工具、器具及家具购置费 { 办公及生活用家具购置费
设备、工具、器具购置费 }

工程建设其他费用 { 土地、青苗等补偿费和安置补助费
建设单位管理费
研究试验费
勘察设计费
施工机构迁移费
供电贴费
大型专用机械设备购置费
固定资产投资方向调节费
建设期贷款利息 }

预留费用 { 工程造价增涨预留费
预备费 }

概、预算总金额 { 建筑工程安装费 / 设备、工具、器具及家具购置费 / 工程建设其他费用 / 预留费用 }

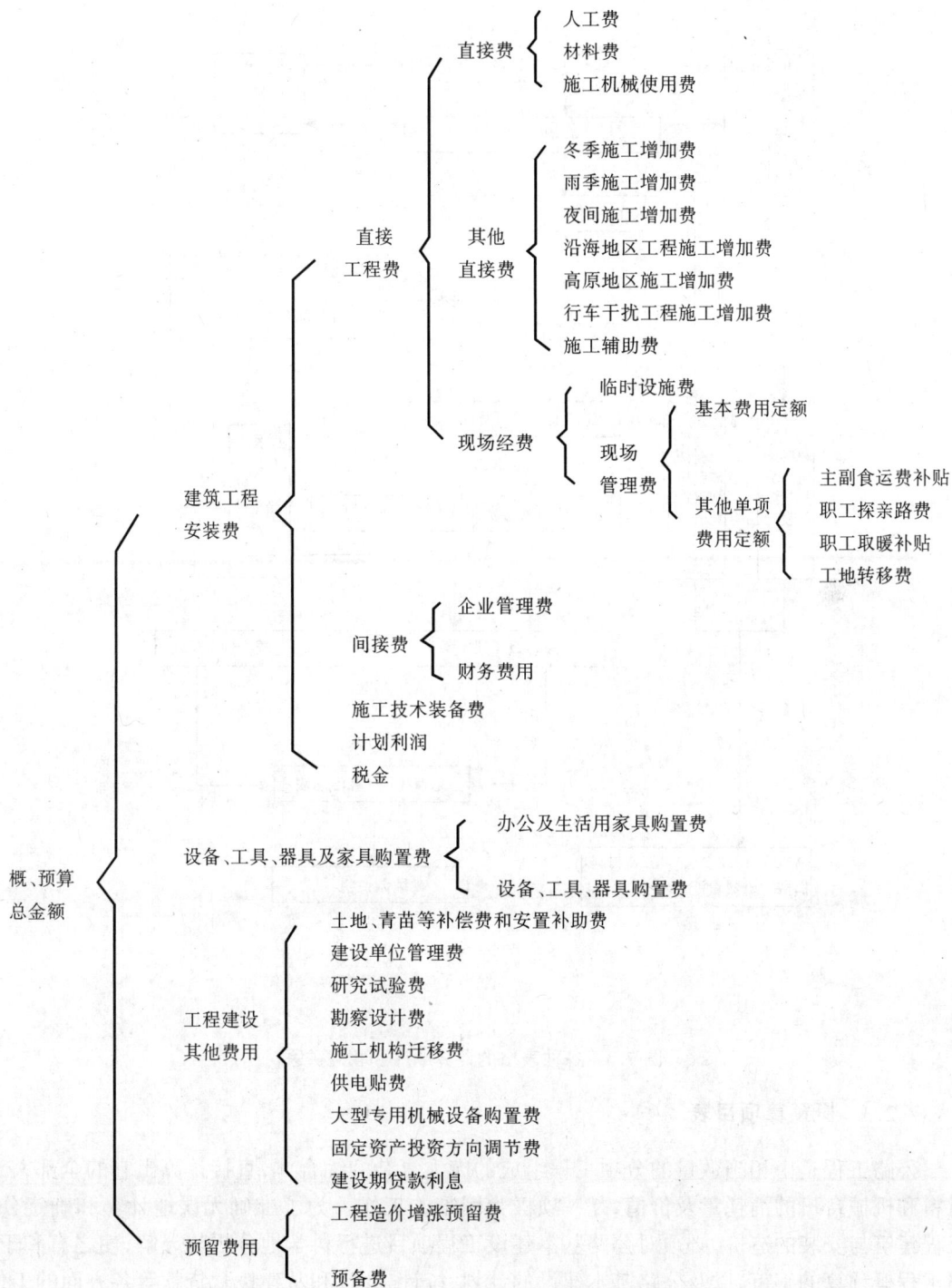

图 7.2 公路工程概预算费用组成图

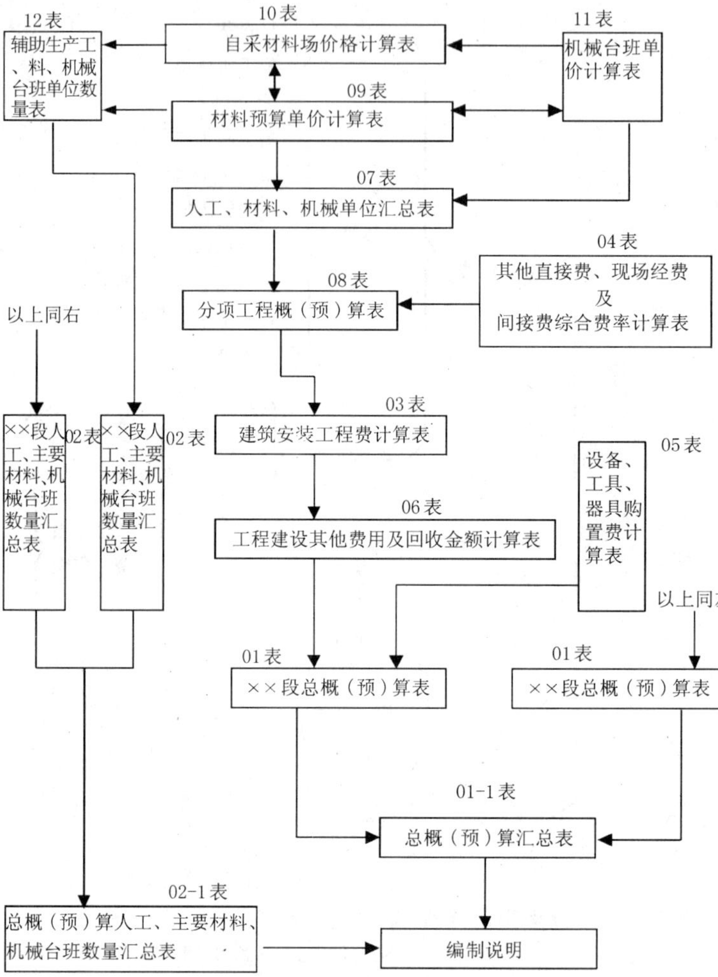

图7.3 各种表格的计算顺序和相互关系

7.2.3 概预算项目表

公路工程是由相当数量的分项工程组成的庞大复杂的综合体,直接计算出它的全部人工、材料和机械台班的消耗量及价值,是一项极为困难的工作。为了准确无误地计算和确定公路工程建筑与安装的造价,必须对公路基本建设工程项目进行科学地分析与分解,使之有利于公路工程概预算的编审,以及公路基本建设的计划、统计、会计和基建拨款贷款等各方面的工作。同时,也是为了便于同类工程之间进行比较和对不同分项工程进行技术经济分析,使编制概、预算项目时不重不漏,保证质量,因此,必须对概、预算项目的划分、排列顺序及内容作出统一规定,这就形成了公路工程概预算项目表。公路工程概预算项目表详细内容请参阅《编制办法》附录六。公路工程概预算项目应按项目表的序列及内容编制。它又分为路线工程概预算项目和独立大(中)桥工程概预算项目。

(1)路线工程概预算项目

路线工程概预算项目主要包括以下内容：

第一部分 建筑安装工程

 第一项 路基工程

 第二项 路面工程

 第三项 桥梁涵洞工程

 第四项 交叉工程

 第五项 隧道工程

 第六项 其他工程及沿线设施

 第七项 临时工程

 第八项 管理、养护及服务房屋

 第九项 施工技术装备费

 第十项 计划利润

 第十一项 税金

第二部分 设备及工具、器具购置费

第三部分 工程建设其他费用

(2)独立大(中)桥工程概预算项目

独立大(中)桥工程概、预算项目主要包括以下内容：

第一部分 建筑安装工程

 第一项 桥头引道

 第二项 基础

 第三项 下部构造

 第四项 上部构造

 第五项 沿线设施

 第六项 调治构造物及其他工程

 第七项 临时工程

 第八项 施工技术装备费

 第九项 计划利润

 第十项 税金

第二部分 设备及工具、器具购置费

第三部分 工程建设其他费用

(3)概预算项目编制的注意事项

概预算项目应严格按项目表的序列及内容编制,不得随意划分。如果实际出现的工程和费用项目与项目表的内容不完全相符时,一、二、三部分和"项"的序号应保留不变,"目","节"依次排列,不保留缺少的"目"、"节"的序号。如第二部分,设备、工具、器具购置费在该项工程中不发生时,第三部分工程建设其他费用仍为第三部分。同样,路线工程第一部分第五项为隧道工程,第六项为其他工程及沿线设施,若路线中无隧道工程项目,但其序号仍保留,其他工程及沿线设施仍为第六项。但如"目"或"节"发生这样情况时,可依次增补改变序号。路线建设项目中的互通式立体交叉、辅道、支线,如工程规模较大时,也可按概、预算项目表单独编制建筑安装工程,然后将其概预算建筑安装工程总金额列入路线的总概预算表中相应的项目内。

7.3 公路工程概预算定额简介

7.3.1 公路工程定额的分类

公路工程定额一般可分为两类,即按生产要素分类和按定额用途分类。其中按生产要素分类是基本的,按定额用途分类的定额,实际上已经包括了按生产要素分类的基本因素。现行公路工程定额按用途分为《估算指标》、《概算定额》、《预算定额》、《施工定额》。

7.3.2 概预算定额的组成及其说明

(1)基本组成

现行的《公路工程概算定额》(以下简称《概算定额》)和《公路工程预算定额》(以下简称《预算定额》)的组成部分均包括:颁发定额的文件,目录,总说明,各种工程的章说明、节说明、定额表。《预算定额》还包括附录。

定额的颁发文件,是指刊印在《概算定额》和《预算定额》前部的政府主管部门(交通部)关于发布定额、施行日期、阐明定额性质、适用范围、负责解释的部门等的法令性文件。

《概算定额》包括路基工程、路面工程、隧道工程、涵洞工程、桥梁工程、其他工程及沿线设施、临时工程等7章。

《预算定额》包括路基工程、路面工程、隧道工程、桥涵工程、防护工程、其他工程及沿线设施、临时工程、材料采集及加工、材料运输等9章及附录。附录包括路面材料计算基础数据、基本定额、材料周转及摊销以及"人工、材料代号及人工、材料、半成品单位重、损耗、基价表"等4个内容。

(2)总说明及各章节说明

在现行的《预算定额》和《概算定额》中编有"总说明"、"章说明",它们对于正确运用定额具有重要作用。要想准确而又熟练地运用定额,必须透彻地理解这些说明,而且争取全面记住。

定额的总说明是涉及定额使用方面的全面性的规定和解释。《预算定额》的总说明有20条、《概算定额》的总说明有21条。《预算定额》共9章,有9个章说明,《概算定额》共7章,有7个章说明,除此而外,每章所含若干节,每节前面都有节说明。

(3)定额表

定额表是各类定额的最基本的组成部分,是定额指标数额的具体表示。概算定额和预算定额的定额表格式基本相同,如表7.1所示。

表 7.1 4-1 人工挖基坑土、石方

工程内容:(1)人工挖土,人工打眼、装药、爆破石方,清运土、石渣出坑外;(2)安、拆简单脚手架及整修运土、石渣便道;(3)清理、整平、夯实土质基底,检平石质基底;(4)挖排水沟及集水井;(5)取土回填、铺平、洒水、夯实。

单位:100m³实体

顺序号	项目	单位	代号	土方				石方	淤泥	流砂
				干处		湿处				
				基坑深/m						
				3以内	6以内	3以内	6以内			
1	人工	工日	1	1	2	3	4	5	6	7
				7.7	9.0	10.0	13.3	22.3	17.4	25.1
2	钢钎	kg	37	—				0.6	—	
3	硝铵炸药	kg	250	—				3.3	—	
4	导火线	m	251	—				8		
5	普通雷管	个	254	—				7		
6	煤	t	266	—				0.00		
7	其他材料费	元	391	—				3		
								0.2		
8	基价	元	999	64	74	83	110	197	144	207

注:土方基坑深超过 6m 时,每加深 1m,按挖基深度 6m 以内定额干处递增 5%、湿处递增 10%。

现将定额表的构成和主要栏目说明如下:

① 表号及定额表名称,如"4-1 人工挖基坑土、石方"。

② 工程内容:主要说明本定额表所包括的操作内容。查定额时,必须将实际发生的项目操作内容与表中的工程内容进行比较,若不一致时,应进行抽换或采取其他措施。

③ 工程项目计量单位,如 10m³、10m³构件、1 000m²、1km、1 公路公里、1 道涵长及每增减 1m 等。

④ 顺序号:表征人、料、机及费用的顺序号,起简化说明的作用。

⑤ 项目:即本定额表的工程所需人工、材料、机具、费用的名称、规格。

⑥ 代号:当采用电算方法来编制公路工程概、预算时,可引用表中代号作为对工、料、机名称的识别符号。

⑦ 工程细目:表征本定额表所包括的工程细目,如预算定额"4-1"表中的"土方"、"石方"等。

⑧ 栏号:指工程细目编号,如表 7-1 所示定额中"土方"栏号为 1,"石方"栏号为 2。

⑨ 定额值:即定额表中各种资源的消耗量数值。其中括号内的数值,一般是指所需半成品的数量(定额值)。如《预算定额》第四章桥涵工程的 4-60(预制、安装 T 形梁、I 形梁)定额表中的"25 号水泥混凝土"所对应的"10.10m³",是指预制 10m³ T 形或 I 形梁实体,需消耗 25 号水泥混凝土 10.10m³。注意此值在编制概、预算文件时不可直接列入。

⑩ 基价:亦称定额基价。它是指该工程细目的工程价格。它的主要作用是计算其他直接费、现场经费和间接费的基数,从 1996 年 7 月 1 日起,使用交通部公布的概、预算定额基价表。基价表是以《预算定额》、《概算定额》为基础计算的,即定额人工费、材料费、机械使用费的合计价值,其中人工费、材料费是按交通部 1996 年公布的《编制办法》附录十一中取定的人工、材料

预算价格计算的,机械使用费是按 1996 年交通部公布的《公路工程机械台班费用定额》(包括养路费和车船使用税)计算的。

此外,有些定额列有"注",使用定额时,必须仔细阅读,以免发生错误。

(4)定额值与资源数量计算

概算定额和预算定额的定额表中的劳动定额数值,是以时间定额的形式表示的。

当已知工程数量时,则可按下式计算定额所包含的各种资源(工、料、机、费用等)的数量:

$$M_i = Q \, S_i$$

式中　　M_i——某种资源的数量(t, m³, …);

Q——工程数量(m², m³, …);

S_i——项目定额中某种资源(人工、料、机、费用、…)数量(kg, m³)。

[例 7.1]　某石台钢筋混凝土盖板涵工程,基坑采用人工开挖,其中土方为 72m³,石方为 110m³,试求所需人工和硝铵炸药的数量。

[解]　由预算定额表 4-1(如前面表 7.1 中所示)中的定额值和工程量求得:

人工:$M_人 = Q \, S_人 = [(72 \times 7.7) + (110 \times 22.3)] \div 10 = 300.74$ 工日

硝铵炸药:$M_{硝铵炸药} = Q \, S_{硝铵炸药} = (110 \times 3.3) \div 10 = 36.3$ kg

(5)定额换算

所谓定额换算,就是当设计所规定的内容与定额中的工作内容不符时,则应查用相应或基本定额予以替换。在换算前应仔细阅读定额的总说明和章节说明与注解,确定是否需要换算,以及怎样换算。

[例 7.2]　某预制 T 形梁,设计采用 30 号混凝土,试确定该项目水泥、砂、石的预算定额值及基价。

[解]　查《预算定额》(4-60-1)知:

25 号水泥混凝土:10.10m³;425 号水泥:3.464t;中(粗)砂:4.95m³

碎石(2cm):8.58m³;基价:3 973 元。

再查《基本定额(二)》砂浆及混凝土材料消耗中的混凝土配合比表得 1m³ 30 号混凝土的水泥、砂、石用量为:425 号水泥:0.39t;中(粗)砂:0.47m³;碎石(2cm)0.82m³。因此,30 号混凝土水泥、砂、石的定额值及基价为:

425 号水泥:$10.10 \times 0.39t = 3.939$ t

中(粗)砂:$10.10 \times 0.47m³ = 4.747$ m³

碎石(2cm):$10.10 \times 0.82m³ = 8.282$ m³

基价:

$[3\,973 + (3.939 - 3.464) \times 330 + (4.747 - 4.95) \times 27 + (8.282 - 8.58) \times 28.8]$元 = 4 116 元

7.4　公路工程概预算费用及计算方法

7.4.1　建筑安装工程费

(1)基本概念及工程类别划分

1)基本概念

为了区别不同的计算基数,采用以下名称:

① 定额直接费——即定额基价,指按《编制办法》附录十一规定的《概算定额》、《预算定额》基价表计算的费用。定额直接费是计算其他直接费和现场经费的基数。

② 直接费——即工、料、机费,指按《编制办法》规定计算的工程所在地的人工费、材料费、机械使用费之和。

③ 定额直接工程费——指定额直接费与其他直接费、现场经费之和,是计算间接费的基数。

④ 直接工程费——指直接费与其他直接费、现场经费之和。

凡费用名称前冠以"定额"二字的均表示是以定额基价为基数计算的。

2)工程类别划分

① 人工土方:系指人工施工的路基、改河等土方工程,以及人工施工的砍树、挖根、除草、平整场地、挖盖山土等工程项目,并适用于无路面的便道工程。

② 机械土方:系指机械施工的路基、改河等土方工程,以及机械施工的砍树、挖根、除草等工程项目。

③ 汽车运土:系指汽车、火车、拖拉机、马车运用送的路基、改河土(石)方。购买路基填料的费用不作为其他直接费、现场经费和间接费的计算基数。

④ 人工石方:系指人工施工的路基、改河等石方工程,以及人工施工的挖盖山石项目。

⑤ 机械石方:系指机械施工的路基、改河等石方工程(机械打眼即属机械施工)。

⑥ 高级路面:系指沥青混凝土路面、厂拌沥青碎石路面和水泥混凝土路面的面层。

⑦ 其他路面:系指次高级、中级、低级路面的面层,各等级路面的基层、底基层、垫层,采用结合料稳定的路基和软土等特殊路基处理等工程,以及有路面的便道工程。

⑧ 构造物 1:系指无夜间施工的桥梁、涵洞、防护及其他工程,沿线设施中的构造物工程,互通式立体交叉工程(包括立交桥、匝道中的路基土石方、路面、防护等工程),以及临时工程中的便桥、电力电讯线路、轨道铺设等工程项目。

⑨ 构造物 2:系指有夜间施工的桥梁工程。

⑩ 技术复杂大桥:系指单孔跨径在 120m 以上(含 120m)和基础水深在 10m 以上(含 10m)的大桥主桥部分的基础、下部和上部工程。

⑪ 隧道:系指隧道工程的洞门及洞内工程。

⑫ 钢桥上部:系指钢桥及钢吊桥的上部构造,并适用于金属标志牌、防撞护栏及设备安装等工程项目。

3)取费标准的地区类别

工程概预算

其他直接费、现场经费、间接费取费标准的地区类别划分如表7.2所示。

表7.2　地区类别划分表

地区类别	省、自治区、直辖市及特区
一类地区	江苏、安徽、浙江、江西、河南、湖南、湖北、广西、陕西、四川、贵州、云南、山西、河北、山西、辽宁、甘肃、宁夏
二类地区	上海、福建(不包括厦门)、广东(不包括深圳、汕头及珠海)、北京、天津、吉林
三类地区	黑龙江、内蒙古、青海、新疆、西藏、海南、深圳、汕头、珠海、厦门

现场经费和间接费费用定额适用于交通部直属公路施工企业和各省、自治区、直辖市直属公路施工企业。地区(州)、市、县所属公路施工企业的现场经费和间接费费用定额,由各省、自治区、直辖市交通厅(局)根据本地区具体情况自行制定,但费用内容应与本定额一致,且不得高于本定额的费率。

(2)直接工程费

直接工程费由直接费、其他直接费、现场经费组成。

1)直接费

直接费是指施工过程中耗费的构成工程实体和有助于工程形成的各项费用,包括人工费、材料费、施工机械使用费。其内容详见第2章2.2节。

2)其他直接费

其他直接费系指直接费以外施工过程中发生的直接用于工程的费用。公路工程中的水、电费及因场地狭小等特殊情况而发生的材料二次搬运等其他直接费已包括在概、预算定额中,不再另计。

其他直接费内容仅包括冬季施工增加费、雨季施工增加费、夜间施工增加费、高原地区施工增加费、沿海地区工程施工增加费、行车干扰工程施工增加费、施工辅助费等七项,现分述如下:

①冬季施工增加费　冬季施工增加费系指按照施工及验收规范所规定的冬季施工要求,为保证工程质量和安全生产而增加的其他直接费。内容包括材料费、保温设施费、工效降低和机械作业率降低所增加的费用,以及工地临时取暖费等。

冬季气温区的划分,是根据气象部门提供的满15年以上的气温资料确定的。每年秋冬第一次连续5天出现室外日平均温度在5℃以下,日最低温度在－3℃以下的第一天算起,至第二年春夏最后一次连续5天出现同样温度的最末一天为冬季期。冬季期内平均气温在－1℃以上者为冬一区,－1～－4℃者为冬二区,－4～－7℃者为冬三区,－7～－10℃者为冬四区,－10～－14℃者为冬五区,－14℃以下为冬六区。冬一区内平均气温低于0℃的连续天数在70天以内的为Ⅰ副区,70天以上的为Ⅱ副区;冬二区内平均气温低于0℃的连续天数在100天以内的为Ⅰ副区,100天以上的为Ⅱ副区。

气温高于冬一区,但砖石混凝土工程施工须采取一定措施的地区为准冬季区,准冬季区分两个副区,简称准一区、准二区。凡一年内日最低气温在0℃以下的天数多于20天的,日平均气温在0℃以下的天数少于15天的为准一区,多于15天的为准二区。

全国各地的冬季区划分见《编制办法》附录八。若当地气温资料与《编制办法》附录八中划定的冬季气温区划分有较大出入时,可按当地气温资料及上述划分标准确定工程所在地的冬季气温区。

冬季施工增加费的计算方法,是根据各类工程的特点,规定各气温区的取费标准。为了简化计算手续,采用全年平均摊销的方法,即不论是否在冬季施工,均按规定的取费标准计取冬季施工增加费。一条路线穿过两个以上的气温区时,可分段计算或按各区的工程量比例求得全线的平均增加率,计算冬季施工增加费。

冬季施工增加费,以各类工程的定额直接费之和为基数,按工程所在地的气温区选用表7.3的费率计算。

表7.3　冬季施工增加费费率表/%

气温区 工程类别	冬季期平均温度/℃								准一区	准二区
	−1以上		−1 ~ −4		−4 ~ −7	−7 ~ −10	−10 ~ −14	−14 ~ 以下		
	冬一区		冬二区		冬三区	冬四区	冬五区	冬六区		
	I	II	I	II						
人工土方	0.94	1.46	1.99	2.55	4.83	6.87	10.30	15.45	—	—
机械土方	0.83	1.30	1.79	2.46	4.27	6.08	9.12	13.68	—	—
汽车运土	0.15	0.23	0.32	0.40	0.76	1.07	1.61	2.42	—	—
人工石方	0.20	0.32	0.42	0.51	1.00	1.46	2.18	3.27	—	—
机械石方	0.18	0.29	0.39	0.47	0.92	1.34	2.01	3.01	—	—
高级路面	0.70	0.98	1.34	1.52	2.76	3.74	5.61	8.41	0.12	0.30
其他路面	0.23	0.42	0.60	0.77	1.28	1.66	2.48	3.72		
构造物 I	0.68	0.97	1.32	1.50	2.71	3.67	5.51	8.25	0.12	0.30
构造物 II	0.66	0.93	1.27	1 044	2.61	3.54	5.31	7.96	0.12	0.29
技术复杂 大桥	0.69	0.97	1.32	1.50	2.72	3.68	5.52	8.28	0.12	0.30
隧道	0.20	0.38	0.54	0.69	1.15	1.48	2.22	3.33	—	—
钢桥上部	0.04	0.09	0.12	0.16	0.27	0.35	0.53	0.79	—	—

②雨季施工增加费　雨季施工增加费系指雨季期间施工为保证工程质量和安全生产而增加的其他直接费。其内容包括防雨、排水、防潮措施费,材料费,工效降低和机械作业率降低所需增加的费用。

雨量区和雨季期的划分,是根据气象部门提供的满15年以上的降雨资料确定的。凡月平均降雨天数在10天以上,月平均日降雨量在3.5mm ~ 5mm之间者为I区,月平均日降雨量在5mm以上者为II区。全国各地雨量区及雨季期的划分见《编制办法》附录九。若当地气象资料与《编制办法》附录九所划定的雨量区及雨季期出入较大时,可按当气象资料及上述划分标准确定工程所在地的雨量区及雨季期。

雨季施工增加费的计算方法是将全国划分为若干雨量区和雨季期,并根据各类工程的特点规定各雨量区和雨季期的取费标准,采用全年平均摊销的方法,即不论是否在雨季施工,均按规定的取费标准计取雨季施工增加费。

一条路线若通过不同的雨量区和雨季期时,应分别计算雨季施工增加费或按工程量比例求得平均的增加率,计算全线雨季施工增加费。

雨季施工增加费,以各类工程的定额直接费之和为基数,按工程所在地的雨量区、雨季期选用表7.4的费率计算。

表 7.4 雨季施工增加费费率表/%

雨季期(月数)\雨量区\工程类别	1	1.5	2		2.5		3		4		5		6	7
	I	II	I	II	I	II	I	II	I	II	I	II	II	II
人工土方	0.12	0.18	0.24	0.35	0.29	0.44	0.35	0.53	0.47	0.71	0.58	0.88	1.06	1.23
机械土方汽车运土	0.07	0.11	0.14	0.21	0.18	0.26	0.21	0.32	0.28	0.42	0.35	0.53	0.64	0.74
人工石方	0.08	0.13	0.17	0.25	0.21	0.31	0.25	0.38	0.34	0.51	0.42	0.63	0.76	0.88
机械石方	0.07	0.12	0.15	0.23	0.19	0.29	0.21	0.35	0.31	0.46	0.38	0.58	0.69	0.81
高级路面其他路面	0.06	0.09	0.11	0.17	0.14	0.22	0.15	0.26	0.23	0.34	0.29	0.43	0.51	0.60
构造物 I	0.05	0.07	0.10	0.15	0.12	0.18	0.15	0.22	0.19	0.29	0.24	0.37	0.44	0.51
构造物 II	0.05	0.07	0.09	0.14	0.12	0.17	0.14	0.21	0.19	0.28	0.24	0.35	0.42	0.49
技术复杂大桥	0.05	0.07	0.10	0.15	0.12	0.18	0.15	0.22	0.19	0.29	0.25	0.37	0.44	0.51

③夜间施工增加费 夜间施工增加费系指根据设计、施工的技术要求和合理的施工进度要求,必须在夜间连续施工而发生的工效降低、夜班津贴以及有关照明设施等增加的费用。

夜间施工增加费按夜间施工工程项目(如桥梁工程项目包括上、下部构造全部工程)的定额直接费之和的 0.50% 计算。

④高原地区施工增加费 高原地区施工增加费系指在海拔高度 2 000m 以上地区施工,由于受气候、气压的影响,致使人工、机械效率降低而增加的费用。该费用以各类工程定额直接费之和为基数,按表 7.5 的费率计算。

表 7.5 高原地区施工增加费费率表/%

工程类别	海拔高度/m			
	2 001 ~ 3 000	3 001 ~ 4 000	4 001 ~ 5 000	5 000 以上
人工土方	11	33	55	110
机械土方汽车运土	10	20	39	73
人工石方	10	31	52	104
机械石方	10	29	49	97
高级路面	2	6	11	22
其他路面	3	7	12	24
构造物 I	4	12	19	39
构造物 II	4	11	18	37
技术复杂大桥	5	14	24	48
隧道	5	13	21	42
钢桥上部	3	5	8	17

⑤沿海地区工程施工增加费 沿海地区工程施工增加费系指工程项目在沿海地区施工受海风、海浪和潮汐的影响,致使人工、机械效率降低等所需增加的费用。本项费用,由沿海各省、自治区、直辖市交通厅(局)制定具体和适用范围(地区),并抄送部公路工程定额站备案。

沿海地区工程施工增加费,以各类工程的定额直接费之和为基数,按表 7.6 的费率计算。

表7.6　沿海地区工程施工增加费费率表/%

工程类别	费率
构造物Ⅱ 技术复杂大桥 钢桥上部	0.15

⑥行车干扰工程施工增加费　行车干扰工程施工增加费系指由于边施工边维持通车,受行车干扰的影响,致使人工、机械效率降低而增加的费用。该费用以受行车影响部分的工程的定额直接费之和为基数,按表7.7的费率计算。

表7.7　行车干扰工程施工增加费费率表/%

工程类别	施工期平均每周夜双向行车次数(汽车兽力车合计)			
	51～100	101～500	501～1 000	1 000以上
人工土方	5.52	8.29	11.05	13.81
机械土方	2.45	4.89	7.34	9.78
汽车运土	2.63	5.26	7.89	10.53
人工石方	5.24	7.57	10.50	12.80
机械石方	2.45	4.81	7.49	9.63
高级路面 其他路面	1.31	1.97	2.63	3.28
构造物Ⅰ	1.29	1.93	2.58	3.22
构造物Ⅱ	1.24	1.87	2.49	3.11

⑦施工辅助费　施工辅助费包括生产工具用具使用费、检验试验费和工程定位复测、工程点交、场地清理等费用。

生产工具用具使用费系指施工所需不属于固定资产的生产工具、检验、试验用具等的购置、摊销和维修费,以及支付给工人自备工具的补贴费。

检验试验费系指对建筑材料、构件和建筑安装工程进行一般鉴定、检查所发生的费用,包括自设试验室进行试验所耗用的材料和化学药品的费用,以及技术革新和研究试验费。但不包括新结构、新材料的试验费和建设单位要求对具有出厂合格证明的材料进行检验、对构件破坏性试验及其他特殊要求检验的费用。

施工辅助费以各类工程的定额直接费之和为基数,按表7.8的费率计算。

表7.8　施工辅助费费率表/%

工程类别	费率
人工土方	2.76
机械土方	0.83
汽车运土	0.26
人工石方	2.62
机械石方	0.91
高级路面 其他路面	1.31
构造物Ⅰ	2.26
构造物Ⅱ	2.18
技术复杂大桥	2.26

续表

工程类别	费率
隧道	2.04
钢桥上部	0.70

3)现场经费

现场经费系指为施工准备、组织施工生产和管理所需的费用,其内容包括临时设施费和现场管理费。

①临时设施费　是指施工企业为进行建筑安装工程施工所必需的生活和生产用的临时建筑物、构筑物和其他临时设施的费用等,但不包括概、预算定额中临时工程在内。

临时设施包括:临时宿舍、文化福利及公用房屋与构筑物、仓库、办公室、加工厂,工地范围内的各种临时的工作便道、人行便道,工地临时用水、用电的水管支线和电线支线,以及其他小型临时设施。临时设施费用内容包括:临时设施的搭设、维修、拆除费或摊销费。

临时设施费以各类工程的定额直接费之和为基数,按表7.9的费率计算。

表 7.9　临时设施费费率表/%

工程类别	地区类别		
	一类地区	二类地区	三类地区
人工土方	5.13	5.65	6.67
机械土方	2.60	2.86	3.38
汽车运土	1.63	1.79	2.12
人工石方	5.13	5.65	6.67
机械石方	4.40	4.84	5.72
高级路面	3.35	3.68	4.35
其他路面	3.33	3.66	4.33
构造物Ⅰ	4.70	5.17	6.11
构造物Ⅱ	4.53	4.99	5.90
技术复杂大桥	3.92	4.32	5.10
隧道	4.07	4.48	5.29
钢桥上部	3.10	3.42	4.04

②现场管理费　是指企业在现场为组织和管理工程施工所需的费用,包括基本管理费用和其他单项费用。单项费用为主副食运费补贴、职工探亲路费、职工取暖补贴、工地转移费四项。

A.现场管理费内容如下:

现场管理人员的基本工资、工资性补贴、职工福利费、劳动保护费等。

办公费是指现场管理办公用的文具、纸张、账表、印刷、邮电、书报、会议、水、电、烧水和集体取暖(包括现场临时宿舍取暖)用煤等费用。

差旅交通费是指职工因公出差期间的旅费、住勤补助费、市内交通费和误餐补助费、职工探亲路费、劳动力招募费、职工离退休、退职一次性路费、工伤人员就医路费、工地转移费以及现场管理使用的交通工具的油料、燃料、养路费及牌照费。

固定资产使用费是指现场管理及试验部门使用的属于固定资产的设备、仪器等的折旧、大修理、维修费或租赁费等。

工具用具使用费是指现场管理使用的不属于固定资产的工具、器具、家具、交通工具和检验、试验、测绘、消防用具等的购置、维修和摊销费。

保险费是指施工管理用财产、车辆保险,以及特殊工种的安全保险等。

工程保修费是指工程竣工交付使用后,在规定保修期以内的修理费用。

工程排污费是指施工现场按规定交纳的排污费用。

其他费用。

B.现场管理费基本费用

现场管理费基本费用,以各类工程的定额直接费之和为基数,按表7.10的费率计算。

表 7.10　现场管理费基本费用费率表/%

工程类别	地区类别		
	一类地区	二类地区	三类地区
人工土方	8.67	9.49	11.15
机械土方	3.74	4.06	4.68
汽车运土	1.84	2.20	2.57
人工石方	8.67	9.49	11.15
机械石方	4.70	5.03	6.05
高级路面	1.57	1.88	2.20
其他路面	3.54	3.87	4.51
构造物Ⅰ	5.55	5.95	7.14
构造物Ⅱ	5.35	5.74	6.89
技术复杂大桥	4.86	5.29	6.17
隧道	4.81	5.15	6.18
钢桥上部	1.51	1.82	2.12

C.现场管理费其他单项费用

现场管理费其他单项费用,是指现场管理费中需要单独计算的费用,包括主副食运费补贴、职工探亲路费、职工取暖补贴和工地转移费四项,以各类工程的定额直接费为基数,分别按表7.11、表7.12、表7.13、表7.14的费率计算。

表 7.11　主副食运费补贴费费率表/%

工程类别	综合里程/km											
	1	3	5	8	10	15	20	25	30	40	50	每增加 10
人工土方	0.64	0.92	1.14	1.44	1.66	2.06	2.48	2.82	3.29	3.91	4.51	0.60
机械土方 汽车运土	0.27	0.39	0.48	0.61	0.70	0.86	1.05	1.18	1.38	1.64	1.91	0.27
人工石方	0.47	0.68	0.86	1.06	1.22	1.51	1.84	2.09	2.42	2.87	3.32	0.44
机械石方	0.30	0.44	0.55	0.70	0.80	1.00	1.20	1.36	1.59	1.88	2.19	0.30
高级路面 其他路面	0.16	0.23	0.29	0.37	0.42	0.52	0.62	0.71	0.83	0.98	1.14	0.16
构造物Ⅰ	0.25	0.35	0.44	0.55	0.63	0.78	0.95	1.08	1.26	1.49	1.73	0.23
构造物Ⅱ	0.24	0.34	0.43	0.53	0.61	0.75	0.91	1.04	1.21	1.44	1.67	0.22
技术复杂大桥	0.19	0.27	0.33	0.42	0.49	0.61	0.73	0.83	0.96	1.14	1.33	0.19
隧道	0.22	0.31	0.38	0.47	0.55	0.67	0.82	0.94	1.09	1.29	1.50	0.20
钢桥上部	0.17	0.25	0.31	0.40	0.46	0.57	0.68	0.78	0.91	1.07	1.25	0.17

注:(1)综合里程 = 粮食运距×0.06 + 燃料运距×0.09 + 蔬菜运距×0.15 + 水运距×0.70;粮食、燃料、蔬菜、水的运距均

为全线平均运距；

(2)综合里程数在表列里程之间时,费率可内插。

表 7.12　职工探亲路费费率表/%

工程类别	一般省、自治区、直辖市施工的工程	青海、云南、新疆、海南省(区)施工的工程
人工土方	0.40	0.64
机械土方	0.48	0.78
汽车运土	0.28	0.45
人工石方	0.40	0.62
机械石方	0.58	0.93
高级路面	0.28	0.45
其他路面	0.35	0.55
构造物 I	0.63	1.01
构造物 II	0.61	0.98
技术复杂大桥	0.35	0.56
隧道	0.55	0.87
钢桥上部	0.26	0.42

表 7.13　职工取暖补贴费费率表/%

工程类别	气温区						
	准二区	冬一区	冬二区	冬三区	冬四区	冬五区	冬六区
人工土方	0.11	0.21	0.34	0.50	0.55	0.84	1.01
机械土方	0.11	0.23	0.38	0.56	0.76	0.94	1.13
汽车运土	0.10	0.22	0.37	0.55	0.74	0.92	1.11
人工石方	0.11	0.21	0.34	0.50	0.55	0.84	1.01
机械石方	0.12	0.25	0.41	0.61	0.83	1.03	1.24
高级路面其他路面	0.07	0.13	0.22	0.34	0.44	0.55	0.66
构造物 I	0.10	0.21	0.34	0.50	0.66	0.84	1.01
构造物 II	0.10	0.20	0.32	0.48	0.64	0.81	0.97
技术复杂大桥	0.08	0.15	0.25	0.38	0.50	0.63	0.76
隧道	0.09	0.17	0.29	0.44	0.58	0.73	0.87
钢桥上部	0.06	0.12	0.20	0.31	0.41	0.51	0.61

表 7.14　工地转移费费率表/%

工程类别	工地转移距离/km					
	50	100	300	500	1 000	每增加 100
人工土方	0.59	0.81	1.23	1.66	2.15	
机械土方	0.98	1.32	2.05	2.69	3.57	0.10
汽车运土	0.58	0.74	1.16	1.53	2.00	0.16
人工石方	0.59	0.81	1.23	1.66	2.15	0.09
机械石方	0.80	0.96	1.66	2.19	2.89	0.13
高级路面其他路面	1.12	1.51	2.37	3.09	4.14	0.21

工程类别	工地转移距离/km					
	50	100	300	500	1000	每增加 100
构造物Ⅰ 构造物Ⅱ	1.10	1.48	2.32	3.03	4.06	0.21
技术复杂大桥	1.10	1.49	2.33	3.04	4.07	0.21
隧道	0.99	1.34	2.09	2.73	3.66	0.18
钢桥上部	1.09	1.47	2.30	3.00	4.02	0.20

注:(1)转移距离以转移前后工程主管单位(如工程处、队等)驻地距离或两路线中点的距离为准;

(2)编制概、预算时,如施工单位不明确,省、自治区、直辖市属施工企业承包的建设项目,可按省城(自治区首府)至工地的里程计算工地转移费;

(3)工地转移里程数在表列里程之间时,费率可内插计算。

③辅助生产现场经费 是指由施工单位自行开采加工的砂、石等自采材料及施工单位自办的人工装卸和运输的现场经费。

辅助生产现场经费按人工费的15%计。该项费用并入材料预算单价内构成材料费,不直接出现在概、预算中。

高原地区施工单位的辅助生产,可按其他直接费中高原地区施工增加费费率,以定额直接费为基数计算高原地区施工增加费(其中:人工采集、加工材料、人工装卸、运输材料按人工土方费率计算;机械采集、加工材料按机械石方费率计算;机械装、运输材料按机械土方费率计算)。辅助生产高原地区施工增加费不作为辅助生产现场经费的计算基数。

(3)间接费

间接费由企业管理费、财务费用两项组成,其内容详见第 2 章 2.2 节。

企业管理费以各类工程的定额直接工程费之和为基数按表 7.15 的费率计算:

表 7.15　企业管理费费率表/%

工程类别	地区类别			
	一类地区	二类地区	三类地区	其中:上级管理费
人工土方	3.74	4.09	4.81	0.56
机械土方	3.32	3.59	4.14	0.55
汽车运土	0.93	1.12	1.33	0.12
人工石方	3.74	4.09	4.81	0.56
机械石方	3.46	3.71	4.45	0.58
高级路面	2.12	2.55	2.97	0.25
其他路面	3.46	3.78	4.41	0.69
构造物Ⅰ	4.27	4.57	5.49	0.71
构造物Ⅱ	4.12	4.41	5.29	0.68
技术复杂大桥	3.03	3.30	3.86	0.73
隧道	3.88	4.15	4.98	0.65
钢桥上部	2.12	2.55	2.97	0.25

财务费用以各类工程的定额直接工程费之和为基数,按表 7.16 的费率计算。

表 7.16　财务费用费率表/%

工程类别	地区类别		
	一类地区	二类地区	三类地区
人工土方	0.58	0.73	0.88
机械土方汽车运土	0.33	0.42	0.51
人工石方	0.56	0.70	0.93
机械石方	0.36	0.46	0.55
高级路面	0.42	0.54	0.63
其他路面	0.50	0.64	0.75
构造物Ⅰ 构造物Ⅱ 技术复杂大桥 隧道钢桥上部	0.60	0.75	0.90

(4)施工技术装备费

施工技术装备费系指为施工企业逐步扩大施工技术装备的费用。施工技术装备费按定额直接工程费与间接费之和的3%计算。该项费用直接列入企业资本公积金。

(5)计划利润

计划利润系指按照国家有关规定的施工企业应取得的计划利润。计划利润按定额直接工程费与间接费之和的4%计算。

(6)税金

税金系指按国家税法规定应计入建筑安装工程造价内的营业税、城市维护建设税及教育费附加。

计算公式:

$$综合税金额 = (直接工程费 + 间接费 + 计划利润) \times 综合税率$$

综合税率 = ｛1/[1 - 营业税税率×(1 + 城市维护建设税税率 + 教育费附加税率)]｝- 1

概算综合税率按3.41%计。

预算综合税率分别为:

纳税人在市区的,综合税率为3.41%;

纳税人在县城、乡镇的,综合税率为3.35%;

纳税人不在市区、县城、乡镇的,综合税率为3.22%。

7.4.2　设备、工具、器具及家具购置费

(1)设备、工具、器具购置费

设备、工具、器具购置费系指为满足公路的营运、管理、养护需要购置的设备、工具、器具的费用。包括渡口设备、隧道照明、通风的动力设备、高等级公路的监控设备,养护用的机械、设备和工具、器具等的购置费用。

设备、工具、器具购置费应列出计划购置清单。

设备、工具、器具购置费按以下公式计算:

$$购置费 = \sum (设备、工具、器具购置数量 \times 单价 + 运杂费) \times (1 + 采购保管费率)$$

需要安装的设备,应在第一部分建安工程费的有关项目内另计安装工程费。

(2)办公和生活用家具购置费

办公和生活用家具购置费系指为保证新建、改建项目初期正常生产、使用和管理所必须购置的办公和生活用家具、用具的费用。

范围包括:办公室、单身宿舍及生活福利设施等的家具、用具。

办公和生活用家具购置费按表7.17的规定计算。

表 7.17　办公和生活用家具购置费标准

工程所在地	路线/(元·km⁻¹)				有桥房的独立大桥/(元·座⁻¹)	
	高速公路	一级公路	汽车专用二级公路	二、三、四级公路	一般大桥	技术复杂大桥
内蒙古、黑龙江、青海、新疆、西藏	16 500	12 000	6 000	3 000	12 000	24 000
其他省、自治区、直辖市	13 500	11 200	4 500	2 200	9 800	19 600

注:改建工程按表列数80%计。

7.4.3　工程建设其他费用

(1)土地、青苗等补偿费和安置补助费

土地、青苗等补偿费和安置补助费系指按照国家规定所应支付的土地补偿费、青苗补偿费,被征用土地上的房屋、水井、树木等附着物补偿费,迁坟费和安置补助费以及土地征收管理费和租用土地费、复耕费。

计算方法:根据有权单位批准的建设用地和临时用地面积,按各省、自治区、直辖市人民政府规定的各项补偿费、安置补助费标准和耕地占用税税率计算。

建设的公路、桥梁与原有的电力电讯设施、水利工程、铁路及铁路设施互相干扰时,应与有关部门联系,商定合理的解决方案和赔偿金额,也可由这些部门按规定编制费用以确定赔偿金额。

(2)建设单位管理费

建设单位管理费除本身费用外,工程质量监督费、工程监理费、定额编制管理费、设计文件审查费也在本项单独计算。

1)建设单位管理费

建设单位管理费系指建设单位为建设项目的立项、筹建、建设、竣工验收、总结等工作所发生的管理费用。不包括应计入设备、材料预算价格的建设单位采购及保管设备、材料所需的费用。

费用内容包括:工作人员的基本工资、工资性补贴、劳动保险基金、职工福利费、工会经费、劳动保护费、办公费、差旅交通费、工具用具使用费、固定资产使用费、职工教育经费、工程招标费、合同契约公证费、咨询费、法律顾问费、业务招待费、完工清理费、建设单位的临时设施费、房产税、车、使船使用税、印花税和其他管理费用性质的开支。

由施工企业代建设单位办理"土地、青苗等补偿费"的工作人员所发生的费用,应在建设单位管理费项目中支付。

建设单位管理费以定额建筑安装工程费总额为基数,按表 7.18 的费率,以累进办法计算。

表 7.18　建设单位管理费费率表

第一部分定额建安工程费总额/万元	费率/%		算例/万元	
	国内招标	国际招标	建安工程费	建设单位管理费(国内招标)
500 以下	1.67	—	500	$500 \times 1.67\% = 8.35$
501～1 000	1.31	—	1 000	$8.35 + 500 \times 1.31\% = 14.9$
1 001～5 000	0.95	—	5 000	$14.9 + 4 000 \times 0.95\% = 52.9$
5 001～10 000	0.80	—	10 000	$52.9 + 5 000 \times 0.80\% = 92.9$
10 001～30 000	0.66	0.55	30 000	$92.9 + 20 000 \times 0.66\% = 224.9$
30 001～50 000	0.55	0.41	50 000	$224.9 + 20 000 \times 0.55\% = 334.9$
50 001～100 000	0.41	0.33	100 000	$334.9 + 50 000 \times 0.41\% = 139.9$
100 001～150 000	0.33	0.26	150 000	$539.9 + 50 000 \times 0.33\% = 704.9$
150 001～200 000	0.26	0.14	200 000	$704.9 + 50 000 \times 0.26\% = 834.9$
200 000 以上	0.14	0.06	210 000	$834.9 + 10 000 \times 0.14\% = 848.9$

国际招标的建设单位管理费计算方法同国内招标,即按累进办法计算。

2)工程质量监督费

工程质量监督费系指根据国家有关部门规定,支付给各省、自治区、直辖市公路工程质量监督站的管理费用。

工程质量监督费以定额建筑安装工程费总额为基数,按 0.15% 计算。

3)工程监理费

工程监理费系指建设单位委托具有公路工程监理资格证书的单位,按施工监理办法进行全面的监督与管理所发生的费用。实行国际招标的工程,包括工程监理费、国际招标费和人员培训费。

工程监理费以定额建筑安装工程费总额为基数,按下列费率计算:

国内招标工程费为 1.6%;

国际招标工程费率为 3.5%;

4)定额编制、管理费

定额编制、管理费系指各省、自治区、直辖市公路(交通)工程定额(造价管理)站为搜集定额资料、测定劳动定额、编制工程定额及定额管理所需要的工作经费。

定额编制、管理费以定额建筑安装工程费总额为基数,按 0.17% 计列,其中劳动定额测定费 0.05%、额定编制费为 0.08%、定额管理费为 0.04%。

5)设计文件审查费

设计文件审查费系指上级主管部门对公路工程建设项目可行性研究报告和勘察设计文件进行审查时收取的费用。

设计文件审查费以定额建筑安装工程费总额为基数,按 0.05% 计列。

7.4.4　预留费用

预留费用由工程造价增涨预留费用和预备费两部分组成。在公路工程建设期限内,凡需动用时,属于公路交通部门投资的项目,需经建设单位提出,按建设项目隶属关系,报交通部或交通厅(局)基建主管部门核定批准。

(1)工程造价增涨预留费

工程造价增涨预留费系指设计文件编制年至工程竣工年期间,第一部分费用的人工费、材料费、机械使用费、其他直接费、现场经费、间接费等以及第二、三部分费用由于政策、价格变化可能发生上浮而预留的费用及外资贷款汇率变动部分的费用。

计算方法:工程造价增涨预留费以概算或修正概算第一部分建筑安装工程费总额为基数,按设计文件编制年始至建设项目工程竣工年终的年数和年工程造价增涨率计算。

计算公式如下:

$$工程造价增涨预留费 = P \times [(1+i)^{n-1} - 1]$$

式中　P——建筑安装工程费总额;

　　　i——年造价增涨率(%);

　　　n——设计文件编制年至建设项目开工年 + 建设项目建设期限。

年造价增涨率应由设计单位根据该工程人工费、材料费、施工机械使用费、现场经费、间接费以及第二、三部分费用可能发生的上浮因素,以第一部分建安费为基数进行综合分析预测。一般可按 5% 估列。

设计文件编制至工程完工在一年以内的工程,不列此项费用。

(2)预备费

预备费系指经初步设计和概算中难以预料的工程和费用,其中包括按施工图预算加系数包干费用,其用途如下:

要进行技术设计、施工图设计和施工过程中,在批准的初步设计和概算范围内所增加的工程和费用。

在设备订货时,由于规格、型号改变以及因规格不同而代换使用等原因发生的价差。

由于一般自然灾害所造成的损失和预防自然灾害所采取的措施费用。

在上级主管部门组织竣工验收时,验收委员会(或小组)为鉴定工程质量必须开挖和修复的费用。

计算方法:以第一、二、三部分费用之和(扣除大型专用机械设备购置费、固定资产投资方向调节税和建设期贷款利息三项费用)为基数按下列费率计算:

设计概算按 5% 计列;

修正概算按 4% 计列;

采用施工图预算按 3% 计列。

采用施工图预算加系数包干承包的工程,包干系数为施工图预算中直接工程费之和的3%。施工图预算包干费用由施工单位包干使用。

该包干费用的内容为:

在施工过程中,设计单位对分部分项工程修改设计而增加的费用。但不包括因水文地质条件变化造成的基础变更、结构变更、标准提高、工程规模改变而增加的费用。

预算审定后,施工单位负责采购的材料由于货源变更、运输距离或方式的改变以及因规格不同而代换使用等原因发生的价差。

由于一般自然灾害所造成的损失和预防自然灾害所采取的措施费用(例如一般防台风、防洪的费用)等。

7.5 公路工程概预算各项费用的计算及编制程序

7.5.1 公路工程概预算各项费用的计算程序

在前一节中已对各费用的计算方法和费用标准做了说明,在本节中对各项费用的计算程序及计算方式加以归纳如表 7.19。

表 7.19 公路用的计算程序及计算方式

代号	项目	说明及计算式
(1)	定额直接费(即定额基价)	指概、预算定额的基价
(2)	直接费(即工、料、机费)	按编制年工程所在地的预算价格计算
(3)	其他直接费	(1)×其他直接费综合费率
(4)	现场经费	(1)×现场经费综合费率
(5)	定额直接工程费	(1)+(3)+(4)
(6)	直接工程费	(2)+(3)+(4)
(7)	间接费	(5)×间接费综合费率
(8)	施工技术装备费	[(5)+(7)]×施工技术装备费率
(9)	计划利润	[(5)+(7)]×计划利润率
(10)	税金	[(6)+(7)+(9)]×综合税率
(11)	定额建筑安装工程费	(5)+(7)+(8)+(9)+(10)
(12)	建筑安装工程费	(6)+(7)+(8)+(9)+(10)
(13)	设备、工具、器具购置费(包括备品备件) 办公和生活用家具购置费	$\sum$(设备、工具、器具购置数量×单价+运杂费)×(1+采购保管费率) 按有关定额计算
(14)	工程建设其他费用	
	土地补偿费和安置补助费	按有关规定计算
	建设单位管理费	(11)×费率
	工程质量监督费	(11)×费率
	工程监理费	(11)×费率
	定额编制管理费	(11)×费率
	设计文件审查费	(11)×费率
	研究试验费	按批准的计划编制
	勘察设计费	按有关规定计算
	施工机构迁移费	按实计算
	供电贴费	按有关规定计算
A	大型专用机械设备购置费	按需购置的清单编制
B	固定资产投资方向调节税	按有关规定计算
C	建设期贷款利息	按实际贷款数及利息计算
(15)	预留费用	包括工程造价增涨预留费和预备费两项
	工程造价增涨预留费	按规定的公式计算
	预备费	[(12)+(13)+(14)-A-B-C]×费率
	预备费中施工图预算包干系数	[(6)+(7)]×费率
(16)	建设项目总费用	(12)+(13)+(14)+(15)

7.5.2　公路工程概预算的编制步骤

(1)编制步骤

1)在编制概、预算文件之前,应认真掌握设计文件、设计图纸、施工组织设计及概、预算调查资料,对工程的全局做到融会贯通、心中有数。

2)准备文件、工具书、表格

在编制概、预算文件之前,应将有关文件如《公路工程概算、预算编制办法》、《公路工程设计文件编制办法》、国家及地方的有关文件等准备齐全。同时也要把定额等工具书以及概、预算表格准备好。

3)列项,即根据工程设计,参照"项目表",结合《公路工程概算、预算定额》的分析,将工程项、目、节列出,经复核后,再一一算出工程数量一并填入项目表的相应栏内(应先写在草稿上,审查无误后再填入正式的项目表)。

4)初编 08 表

根据已填好的项目表以及所用的《定额》,逐"节"(无"节"按"目")分别在 08 表中填列编制范围、工程名称、工程细目、定额单位工程数量、定额表号以及(各工程细目所用定额中所列的)工、料、机名称、基价等栏。

5)编制 10 表

根据初编 08 表所发生的自采材料规格名称,并结合外业料场调查资料编制"自采材料料场价格计算表"(10 表)。

6)编制 09 表

根据初编 08 表所出现的各种材料名称及其来源,先在 09 表草稿上按调拨、外购、自采加工顺序并考虑其材料代号次序进行登记、填表计算,然后随着 08 表编制的需要不断登记、计算,最后再在草稿的基础上正式编制"材料预算单价计算表"(09 表)。这个表一次是编不成的,要与 08 表的编制交叉进行,相辅相成。

7)编制 11 表

根据编制 08 表、10 表所出现的机械规格、名称,先在 11 表草稿上按机械的代号次序登记、计算;然后再不断登记、计算;最后正式编制"机械台班单价计算表"(11 表)。

8)编制 07 表

将人工单价及 09 表材料预算单价、11 表机械台班单价汇总于 07 表,形成"人工、材料、机械单价汇总表"。

9)编制 04 表

根据工程的自然条件、施工条件等具体情况,按工程分类,将其他直接费、现场经费及间接费综合费率计算出来,列于"其他直接费、现场经费及间接费综合费率计算表"(04 表)中。

10)编制 05 表

根据工程的实际需要,按《编制办法》的规定,编制"设备、工具、器具购置费计算表"(05表)。

11)编制 08 表

根据本工程项目表、07 表、11 表、04 表、05 表,在初编 08 表的过程中经过各表间的相互补充、交叉,最后完成"分项工程概(预)算表"(08 表)。

12)编制 03 表

根据 08 表、04 表将定额基价、直接工程费、定额直接工程费、间接费、施工技术装备费率、计划利润费率、税金综合税率,填入并做计算即可编制"建筑安装工程费计算表"(03 表)。

13)编制 06 表

根据施工组织设计和外业调查资料(包括协议书)以及有关的政策性文件规定,编制"工程建设其他费用及回收金额计算表"(06)。

14)编制 01 表及 01-1 表

根据经过复校的 03 表、05 表、06 表、08 表即可汇编"总概(预)算表"(01 表)。若工程是分段编制概(预)算时,尚应根据各"××××段总概(预)算表"汇编成"总概(预)算表"(01-1表)。

至此,概(预)算总费用金额已得出结果,计算完毕。

15)编制 12 表

根据 10 表所列的自采材料规格和名称及其他辅助生产项目,按所用定额编制"辅助生产工、料、机械台班单位数量表"(12 表),以供 02 表计算辅助生产工、机数量之用。

16)编制辅助 1 表

当工程发生自办运输(10km 以内)且采用人工装卸汽车时,则应编制"自办运输人工装卸用工计算表"(辅助 1 表)以供汇入 02 表之用。

17)编制辅助 2 表

根据 08 表和冬、雨、夜增工百分率可编制"冬季、雨季及夜间增加工数计算表"(辅助 2表),以供 02 表汇总之用。

18)编制 02 表及 02-1 表

根据 08 表各"工程名称"(即项目表中的节或目)的数量及辅助 1 表和辅助 2 表的数量,并根据 12 表的辅助生产单位数量工料消耗量,结合本表自采材料数量算得的工、料、机数量,则可编制"人工、主要材料、机械台班汇总表"(02 表)。若分段编制概(预)算时,尚应根据各"××段人工、主要材料、机械台班数量汇总表",汇总编制"全概(预)算人工、主要材料、机械台班数量汇总表"(02-1 表)。

19)编写"编制说明"

当概、预算各表格全部编制完成后,应根据编制过程和内容,参照 7.1 节所述有关编制说明的主要内容和要求,编写本概(预)算的"编制说明"。

20)复核、印刷、装订、报批

当概(预)算各表及编制说明全部完成后,应再进行一次全面的复核,当确认无误并签字后,即可按规定对甲组文件印制规定份数,并对甲、乙组文件分别装订成册,上报待批。

上述步骤并非一成不变。不仅有些表可以按规定不编,而且各表的编制次序也是可以变换的。为了正确地编制概、预算,仅仅了解其编制步骤是不够的,最根本的还是要掌握《编制办法》的各项规定;明确各表的作用和相互关系;精通表中各栏的填列方法。

(2)注意事项

①若材料价格可按各地交通厅(局)规定的价格计列时,则 10 表可以不必编制;若工程中不发生某表内容的费用,则可不编该表。

②对各项、目、节的工程量计算一定要严格按照定额的口径、要求以及工程计算规则,既不要多算也不要少算,这是编好概、预算至关重要的一环。工程量出错,一动百摇,修改工作费时费力。计算与分列工程量时,要与技术设计人员紧密配合,在设计阶段最好就能按照定额分项口径"对号入座"。

③要加强复核工作,这是由于概、预算编制是一项系统工程,须环环相扣的特点所决定的,每个表格均应由"编制"与"复核"两人完成,并应分步完成,每步复核无误后再进行下步,切勿单人自编自核,更不要未复核就引用。

④08 表与 09 表、11 表、10 表、07 表在编制过程中是交叉进行、相互补充的。09 表与 10 表之间、09 表与 11 表之间也是相互利用、相互补充的关系。

⑤进行 02 表编制时,不要忘记汇总那些按费率或指标计算的增工、增料数量。如自办运输、人工装卸用工、公路交工前用工,冬雨夜增工、临时设施用工及辅助生产所需工、料、机数量等。为了统计汇总这些工、料、机数量,最主要的是不要忘记在 02 表的"分项"中列项,特别是对 12 表单位数量的应用更应注意。

⑥编制概、预算的原始资料均应有据可查。特别是对 06 表的计算内容、05 表中设备购置内容以及年造价增涨率等伸缩性较大的项目、数量、指标、费率的确定,更应项项有据,切勿以权谋私。

⑦引用定额值要瞻前顾后,注意章节说明和表下的小注。

⑧要全面地、全过程地遵循编制概、预算的总则以及国家和地方的有关规定;特别是在每次编制之前都要查询有无新的有关文件或规定下达,切不墨守成规。

⑨注意正确计算工程量。设计人员提供的工程量和概、预算的工程量含义不尽相同。如路基填方的工程量,概算的填方量应该是填方的设计断面方 + 预计的沉降方 + 表土清除和耕地填前压实后的回填量,至于路基填方两边加宽以保证路肩压实的增加方和压实后又需刷坡的土方,应将其发生的费用摊入填方价格内,即计价不计量,不列入计量工程量。又如用天然密实方的挖方来填筑时,应乘以不同的系数,而不是挖一方填一方。以上这种例子是很多的,在编制时必须理顺和计算一遍适用于概、预算的工程量,既不能漏项也不能重复。

⑩应做造价分析:编制出的概、预算是否正确,还要进行造价分析加以验证。造价分析是保证概、预算质量的重要环节;在进行多方案比选时,还可为设计人员提供技术经济分析结果,使概、预算人员能动地参与设计方案的优化工作。

造价分析包括两方面的内容:一是项目本身各部位相互之间造价关系是否合理;二是与其他相同或相类似结构工程的造价相比是否合理。具体做法是:将完成的概、预算结果,按结构部位计算出各自的经济指标,分析这些指标与相对应的工程条件和工程量是否符合,把这些指标与其他项目同类结构的指标进行横向比较,找出它们之间的关系,分析这种关系是否合理。若有不正常突变,要及时查找原因,属于工程量的问题,要向设计人员反馈信息,核对工程量;属于工程量以外内容的,要查对材料价格、选用定额等方面是否有误;根据查对结果及时修正概、预算。反复分析对比,直到满意为止。

到完整的概、预算文件出版,概、预算编制工作即告全部结束。但是,还有一项重要的工作需要概、预算人员去做,就是对所作的概、预算进行资料整理和总结,做出造价指标。这样每做一次概、预算都会有收获和提高,长期坚持下去,概、预算人员分析造价的能力就会大大提高。

7.5.3 计算机软件编制公路工程概预算的基本方法

计算机软件编制公路工程概、预算与手工编制概、预算的最大区别在于:手工编制是直接在 12 张概、预算表格中进行计算和编制;而软件编制是通过文件把概、预算的基本数据输入软件,通过运行软件,自动生成 12 张概、预算表格,把繁琐的抄写和计算工作由软件来完成,大大提高了工作效率。下面以珠海同望科技有限公司开发的《公路工程造价管理系统》(Wcost2000)为例,简单说明用软件编制概、预算的基本方法。

用 Wcost2000 编制概、预算只要建立 4 个文件:建设项目文件、费率文件、单价文件和工程项目文件(分路线、独立桥预算和路线标、独立桥标标底两类四种)。通常一个建设项目可以包含多套费率文件、单价文件和工程项目文件。具体过程如下:

①建立和打开建设项目文件;

②在右上角的文件管理窗口新建费率文件,打开其文件属性,根据建设项目的工程特性和《编制办法》选取各费率参数,确定即生成费率文件;

③在右上角的文件管理窗口新建单价文件名,即准备一个单价文件;

④在右上角的文件管理窗口新建工程项目文件(根据编制需要选择路线、独立桥预算和路线标、独立桥标标底中的一种),打开其文件属性,确定工程属性和选择对应的费率文件和单价文件,通过标准增加或导入由 Excel、Word、WPS 等软件建立的工程量清单(或 XJTU 格式的数据准备表)建立项目表,对项目表中的各分项进行组价即套定额(注意各定额的数量和取费类别),运行"工、料、机分析";

⑤打开单价文件,确定各个工、料、机的预算单价;

⑥打开工程项目文件,运行"造价计算",打开报表,浏览或检查结果,如有不当,重复以上步骤,最后打印报表,可以打印成 A₃和 A₄幅面或 Excel 格式,如果 08 表要打印则在页面设置里要选择排版。

主要参考文献

[1]　建设部.全国统一建筑工程基础定额(土建).北京:中国计划出版社,1995

[2]　建设部.全国统一建筑工程预算工程量计算规则(土建工程).北京:中国计划出版社,1995

[3]　建设部.全国统一建筑工程基础定额编制说明(土建).哈尔滨:黑龙江科学技术出版社,1997

[4]　建设部标准定额司.全国统一建筑工程预算工程量计算规则、全国统一建筑工程基础定额有关问题解释.哈尔滨:黑龙江科学技术出版社,1998

[5]　建设部.全国统一安装工程预算定额.北京:中国计划出版社,1994

[6]　交通部.公路工程概算定额.北京:人民交通出版社,1992

[7]　交通部.公路工程预算定额.北京:人民交通出版社,1992

[8]　交通部.公路基本建设工程概算、预算编制办法.1996

[9]　交通部.公路工程机械台班费用定额.1996

[10]　四川省建设委员会.四川省建筑工程计价定额.成都:四川科学技术出版社,1999

[11]　云南省建设厅.全国统一建筑工程基础定额云南省预算基价.昆明:云南科技出版社,1998

[12]　云南省建设厅.云南省建筑安装工程综合费用定额.1999

[13]　李宏扬.建筑工程预算——识图、工程量计算与定额应用.北京:中国建材出版社,1997

[14]　全国造价工程师考试培训教材编写委员会.工程造价的确定与控制.北京:中国计划出版社,2000

[15]　建设部.混凝土结构工程施工及验收规范.1993

[16]　罗福周.建设工程造价与计价实务全书.北京:中国建材出版社,1999

[17]　袁建新,迟晓明.施工图预算与工程造价控制.北京:中国建筑工业出版社,2000

[18]　张建平.建筑工程计量与定额应用.昆明:云南科技出版社,2001